Avaliando com o
WISC-III
Prática e Pesquisa

Avaliando com o
WISC-III

Prática e Pesquisa

Vera L. M. de Figueiredo • Jaciana M. G. Araujo • Francisco A. Vidal

© 2012 Casapsi Livraria e Editora Ltda.
É proibida a reprodução total ou parcial desta publicação, para qualquer finalidade, sem autorização por escrito dos editores.

1ª Edição	*2012*
Diretor Geral	*Ingo Bernd Güntert*
Publisher	*Marcio Coelho*
Coordenadora Editorial	*Luciana Vaz Cameira*
Produção Editorial	*ERJ Composição Editorial*
Projeto de Capa	*Patrick Tedesco*
Ilustrações	*Ruriá Gama Azzi*

Dados Internacionais de Catalogação na Publicação (CIP)
Angélica Ilacqua CRB-8/7057

Avaliando com o WISC-III : prática e pesquisa /
organizado por Vera L. M. de Figueiredo; Jaciana M. G.
Araujo, Francisco A. Vidal. - São Paulo : Casa do Psicólogo, 2012.

ISBN 978-85-8040-148-6

1. Testes psicológicos para crianças - Aplicação 2. Testes de inteligência
- Correção 3. Validade e interpretação I. Figueiredo, Vera L. M. de II.
Araujo, Jaciana M. G. III. Vidal, Francisco A.

12-0306   CDD- 155.41393

Índices para catálogo sistemático:
1. Wechsler, Escala de inteligência para crianças de.

Impresso no Brasil
Printed in Brazil

As opiniões expressas neste livro, bem como seu conteúdo, são de responsabilidade de seus autores, não necessariamente correspondendo ao ponto de vista da editora.

Reservados todos os direitos de publicação em língua portuguesa à

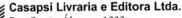

Casapsi Livraria e Editora Ltda.
Rua Simão Álvares, 1020
Pinheiros • CEP 05417-020
São Paulo/SP — Brasil
Tel. Fax: (11) 3034-3600
www.casadopsicologo.com.br

Vera L. M. de Figueiredo dedica este livro para seu marido, José Fernando Vergara de Mattos, que, há trinta anos, a acompanha, a incentiva e a apoia em todos os momentos.

Jaciana M. G. Araujo dedica este livro a seus pais, Ana e Cezar, pelo apoio constante e por ensinarem a respeitar o ser humano, e a Beatriz e Helena, por todas as alegrias.

Francisco A. Vidal dedica este livro aos psicólogos brasileiros que buscam avaliar a inteligência de modo mais integral e científico.

APRESENTAÇÃO

Minha intimidade com as Escalas Wechsler de Inteligência para crianças e adolescentes iniciou-se a partir do começo da minha carreira profissional, em 1980, quando ministrei a disciplina que instrumentalizava os alunos no manejo do WISC – forma do teste utilizada, naquela ocasião.

Nós, os profissionais, vivíamos em um paradoxo relacionado a essa técnica, tida como padrão-ouro na avaliação da inteligência. Ao mesmo tempo em que reconhecíamos a relevância do instrumento, a praticidade de seu uso clínico e a utilidade dos resultados nas avaliações educacionais, também reconhecíamos a limitação de se empregar uma escala sem a devida adaptação cultural.

Esse conflito motivou-me a propor, como projeto de mestrado, em 1991, o início do processo de adaptação do WISC-III – versão que acabava de ser editada nos Estados Unidos. Posteriormente, este projeto consolidou-se, também, como pesquisa de meu doutorado, culminando na publicação dos resultados, como parte do manual do teste, pela Casa do Psicólogo em 2002. Assim, a editora oportunizou que o estudo fosse utilizado, pelos psicólogos, como uma referência de normatização nacional.

Desde então, segui pesquisando sobre essa técnica, com o objetivo de complementar os estudos sobre a validade, a fidedignidade e as normas das Escalas Wechsler assim como de verificar o perfil cognitivo de diferentes grupos especiais. *Avaliando com o WISC-III: Prática e Pesquisa* traz quinze capítulos que relatam o desenvolvimento desses trabalhos ao longo dos últimos dez anos, cujas publicações permaneciam inéditas até hoje, apesar de alguns temas terem sido apresentados em eventos científicos.

A obra divide-se em três partes, abordando os procedimentos de aplicação, de pontuação e de interpretação, os usos especiais e as características psicométricas do teste. Dessa forma, este livro será útil para estudantes e profissionais da Psicologia, tanto para os que queiram iniciar seus estudos sobre o teste como para os que buscam complementar seus conhecimentos.

No desenvolvimento das pesquisas publicadas neste livro, contei com o apoio de meus alunos de graduação e pós-graduação da Universidade Católica de Pelotas (UCPel). Faço um agradecimento a eles pela confiança na minha orientação e pelo interesse que mostraram nos trabalhos realizados sobre o WISC-III.

Agradeço, em especial a Jaci, minha orientanda do mestrado, e a Francisco, meu ex-orientando. Convidei-os para serem os organizadores do livro, porque minha deficiência visual dificultaria muitas etapas dessa produção. Além da competência e do profissionalismo, demonstraram extrema dedicação e responsabilidade. Eles foram parceiros em todos os momentos, assim como a Josi, minha secretária e fiel escudeira. Para finalizar, não poderia deixar de registrar meu carinho e minha eterna gratidão pela amiga e parceira de elucubrações científicas, Beth, que além de ter incentivado minha proposta inicial, me apoiou até o final, revisando todos os capítulos e elaborando o Prefácio.

Vera L. M. Figueiredo
Pelotas, outubro de 2011

PREFÁCIO

A relevância das Escalas Wechsler de Inteligência é certamente reconhecida por nós, membros da comunidade profissional e acadêmica, em especial, da psicologia, e também é compartilhada por membros das Ciências da Saúde e da Educação. É surpreendente constatar a vitalidade dessas Escalas. Passadas décadas desde a publicação da primeira versão para adultos, em 1939, e das versões para crianças, em 1949, as Escalas Wechsler de Inteligência mantêm-se dentre os mais importantes instrumentos de avaliação cognitiva tanto na prática profissional como na pesquisa.

A publicação do WISC-III no Brasil, em 2002, representou uma importante contribuição para a área da avaliação psicológica, pois passamos a dispor de uma versão adaptada do instrumento mais importante no cenário mundial para a avaliação da inteligência em crianças. O percurso investigativo que a professora Vera Figueiredo iniciou no curso de mestrado e concluiu no curso de doutorado, com vistas à adaptação cultural do WISC-III para o contexto brasileiro, é um exemplo admirável do rigor metodológico exigido em processos de adaptação de testes psicológicos. Dada a formação acadêmica e a experiência profissional da professora Vera Figueiredo, esse percurso não se encerraria com a conclusão do processo de adaptação do WISC-III. Sensível às indagações científicas e aos desafios presentes na avaliação cognitiva de crianças, grande parte de sua carreira nos últimos anos esteve direcionada para o desenvolvimento de pesquisas com o WISC-III, de modo a levantar novas evidências de validade, incluindo a investigação entre grupos especiais, e a refinar as normas para correção e interpretação. O presente livro oferece ao leitor a oportunidade de conhecer e aprender os resultados dos estudos conduzidos pela professora Vera Figueiredo e pela sua equipe de valiosos colaboradores.

A obra é vigorosa pelo volume de informações que reúne em quinze capítulos, organizados em três partes. A primeira parte tem um caráter introdutório e prático, sendo apresentados os fundamentos do WISC-III, bem como as orientações sobre sua aplicação, correção e interpretação. Nos cinco capítulos contidos nessa primeira parte, a professora Vera Figueiredo sistematiza orientações práticas para o ensino e a aprendizagem sobre como usar o teste, oferecendo, inclusive, novas informações relevantes para o processo de correção. Em caráter introdutório, o primeiro capítulo descreve, brevemente, o WISC-III. O Capítulo 2 apresenta orientações práticas para aplicação e pontuação de escores, resumindo as principais regras contidas no manual do teste. O Capítulo 3 salienta a relevância da análise qualitativa na interpretação dos escores padronizados. Traz uma breve descrição dos subtestes e das funções cognitivas envolvidas em cada um deles, e propõe uma análise das discrepâncias de escores, exemplificada com um caso clínico. Apresenta, em um apêndice, material de apoio para o planejamento de intervenção terapêutica, com sugestões de exercícios para desenvolver as habilidades defasadas. O Capítulo 4 relata estudo sobre os erros cometidos por estudantes de Psicologia na aplicação e na correção do WISC-III. Os resultados mostram quais procedimentos devem ser enfatizados ao se treinar estudantes no uso da técnica. O Capítulo 5 aborda as dificuldades na pontuação de respostas diferentes daquelas exemplificadas no manual. Em seu apêndice, oferece listagem de respostas adicionais coletadas em pesquisas posteriores à adaptação do teste, as quais poderão ser úteis na etapa de definição dos escores.

A Parte II é composta por seis capítulos que reportam estudos desenvolvidos com amostras de grupos especiais. Esses capítulos, nos quais são relatados a revisão da literatura e os resultados descritivos dos desempenhos do grupo investigado no WISC-III, foram elaborados seguindo estrutura similar. Os grupos de crianças e adolescentes contemplados foram os de altas habilidades, com dificuldades de aprendizagem, com deficiência intelectual, com surdez, vítimas de violência e nascidos com baixo peso. A proposta geral foi fazer uma investigação preliminar sobre a presença de padrões no perfil cognitivo em cada um desses grupos. Ressalto o estudo realizado com surdos, pois a investigação revelou os muitos desafios presentes na avaliação dessa população. Essa parte da obra representa importante contribuição para a compreensão da avaliação cognitiva de grupos especiais, oferecendo referências aos profissionais e pesquisadores sobre as especificidades de cada grupo estudado.

Os quatro capítulos finais integram a terceira parte do livro, na qual foram reunidos os estudos de validade, fidedignidade e padronização, realizados tanto com a amostra de padronização de 2002 como em estudos posteriores com amostras independentes. Os resultados relatados sobre as qualidades psicométricas da versão adaptada do WISC-III reforçam a sua utilidade clínica em avaliações cognitivas, gerando informações confiáveis que subsidiam o usuário do teste a alcançar melhor compreensão sobre o desenvolvimento cognitivo do indivíduo avaliado. Além disso, é apresentado ao leitor o resultado da pesquisa de refinamento das normas do teste. Isso significa que as normas foram ampliadas, contemplando, agora, escores ponderados para onze faixas de idade e não mais para os seis grupos etários apresentados quando da adaptação do WISC-III.

Na área da Avaliação Psicológica brasileira, ainda são escassos os livros sobre testes psicológicos em que são reunidas orientações práticas e informações novas, resultantes de pesquisas, que sejam úteis para a prática profissional e para o avanço do conhecimento científico. Desta forma, a presente obra configura-se como uma exceção que atenderá as necessidades de estudantes, professores, profissionais e pesquisadores interessados em utilizar o WISC-III.

A constante atualização das Escalas Wechsler é um dos fatores que tem contribuído para a sua permanência entre as escalas mais utilizadas no campo da avaliação psicológica. A familiaridade dos usuários com uma das versões favorece a passagem para o uso de outra mais recente. Do mesmo modo, no campo da pesquisa, os estudos com diferentes versões têm possibilitado o acúmulo de evidências sobre as propriedades psicométricas e sobre a utilidade clínica em diferentes contextos. Ou seja, as versões existentes do WISC, por exemplo, mantêm muitos aspectos em comum para permitir a continuidade entre uma versão e outra e, portanto, para sustentar a identidade da própria escala. Assim, posso afirmar que os conhecimentos adquiridos por meio da leitura da presente obra certamente não se perderão com o surgimento de uma nova versão. Pelo contrário, servirão como referência e aprofundamento sobre entendimento da estrutura do teste e dos inúmeros aspectos envolvidos na sua utilização.

Por fim, quero registrar a grande admiração que tenho pela professora Vera Figueiredo e, também, os meus sinceros agradecimentos pelo trabalho incansável que vem realizando em prol do ensino e da pesquisa em avaliação cognitiva de crianças brasileiras.

Elizabeth do Nascimento
Universidade Federal de Minas Gerais
Outubro de 2011

SUMÁRIO

PARTE 1
Tópicos essenciais para aplicação, correção e interpretação................... 15

Capítulo 1 | Caracterização do WISC-III... 17

Capítulo 2 | Orientações práticas sobre aplicação e pontuação 23

Capítulo 3 | Orientações para a interpretação qualitativa............................. 37

Capítulo 4 | Quais os erros mais frequentes dos estudantes de Psicologia
no uso do WISC–III? 81

Capítulo 5 | Padronizando novas respostas-modelo para o WISC-III 95

PARTE 2
Utilizações especiais do WISC-III 131

Capítulo 6 | Perfil da capacidade intelectual de crianças com altas
habilidades.. 133

Capítulo 7 | O WISC-III em crianças com dificuldades de aprendizagem........ 147

Capítulo 8 | Habilidades cognitivas de crianças com deficiência intelectual ... 163

Capítulo 9 | Aplicação do WISC-III em crianças e adolescentes surdos:
um estudo exploratório.. 177

Capítulo 10 | Habilidades cognitivas de crianças vítimas de maus-tratos 199

Capítulo 11 | Desenvolvimento cognitivo e comportamental de crianças
nascidas com baixo peso: uma breve revisão da literatura 219

PARTE 3
Validade, fidedignidade e padronização 231

Capítulo 12 | Evidências de validade na amostra de padronização brasileira 233

Capítulo 13 | Evidências de fidedignidade e variância dos subtestes na
amostra de padronização brasileira 247

Capítulo 14 | WISC-III e R-2: um estudo de validade 257

Capítulo 15 | Refinamento das normas de interpretação do teste WISC-III
para o contexto brasileiro 271

Sobre os autores.. 317

PARTE 1

TÓPICOS ESSENCIAIS PARA APLICAÇÃO, CORREÇÃO E INTERPRETAÇÃO

CAPÍTULO 1

CARACTERIZAÇÃO DO WISC-III

Vera L. M. de Figueiredo

O presente capítulo apresenta uma breve descrição sobre a *Wechsler Intelligence Scale for Children – Third Edition* (WISC-III). Caso o leitor queira aprofundar-se na caracterização do teste, informações detalhadas podem ser encontradas em Figueiredo (2000) e Wechsler (2002).

O teste foi publicado pela Psychological Corporation nos Estados Unidos (Wechsler, 1991). Assim como as demais escalas apresentadas por David Wechsler para avaliar a inteligência, o WISC-III se propõe a verificar a capacidade global do sujeito, produto da constituição genética individual, por um lado, e das experiências socioeducacionais, da motivação e de preferências da personalidade, por outro.

O WISC-III é utilizado para as idades entre seis a dezesseis anos, em aplicações individuais com duração aproximada de noventa minutos. Na forma original, o instrumento é composto por dez subtestes padrões e três suplementares, que medem diferentes habilidades da inteligência. Esses treze subtestes são agrupados em um conjunto verbal e em um conjunto não verbal ou de execução, conforme Tabela 1.1. No Apêndice deste capítulo, apresenta-se uma lista das habilidades avaliadas por cada subteste.

A soma dos escores ponderados dos subtestes verbais e dos subtestes de execução, excluindo os suplementares indica, respectivamente, os Quocientes de Inteligência Verbal (QIV) e os de Execução (QIE). Os escores de cinco subtestes verbais e 5 de execução combinam-se para resultar no QI Total (QIT). Os subtestes suplementares não são usados para estabelecer os três QIs tradicionais (QIV, QIE e QIT), podendo ser aplicados toda vez que houver tempo disponível ou interesse do examinador por obter informações adicionais sobre os fatores Resistência à Distração e Velocidade de Processamento.

Os suplementares contam na pontuação do QI somente no caso de substituírem algum subteste padrão: Dígitos pode substituir qualquer subteste verbal e Procurar Símbolos pode substituir somente Código. No original norte-americano, Labirintos pode substituir qualquer subteste de execução.

Tabela 1.1   Subtestes do WISC-III

Conjunto Verbal	Conjunto de Execução
Informação	Completar Figuras
Semelhanças	Arranjo de Figuras
Vocabulário	Armar Objetos
Dígitos *	Código
Compreensão	Cubos
Aritmética	Procurar Símbolos*
	Labirintos*

*Nota: Subtestes suplementares.

Adicionalmente às escalas de QIs, o teste proporciona índices fatoriais: Compreensão Verbal, Organização Perceptual, Resistência à Distração e Velocidade de Processamento. Seus escores resultam da soma dos pontos ponderados obtidos nos subtestes que formam cada fator, conforme mostra a Tabela 1.2.

Tabela 1.2   Índices fatoriais do WISC-III

Compreensão Verbal	Organização Perceptual	Resistência à Distração	Velocidade de Processamento
Informação	Completar Figuras	Aritmética	Código
Semelhanças	Arranjo de Figuras	Dígitos	Procurar Símbolos
Vocabulário	Cubos		
Compreensão	Armar Objetos		

Os quatro fatores oferecem dimensões relevantes sobre o conhecimento das habilidades cognitivas das crianças. Porém, o manual original do teste não fornece informações complementares para a interpretação dos índices fatoriais, material que pode ser encontrado em Kaufman (1994). O conjunto dos subtestes verbais engloba dois fatores. O primeiro denomina--se Compreensão Verbal e envolve itens que exigem compreensão como processos mentais, avalia o conhecimento verbal, e o entendimento obtido tanto da educação formal como informal e reflete a capacidade de se aplicar a habilidade verbal a novas situações. O segundo chama-se Resistência à Distração e reflete habilidades para manter a atenção concentrada em um processo de informação rápida.

O conjunto dos subtestes de execução também abarca dois fatores. Organização Perceptual envolve itens que englobam processos mentais de organização; é uma medida não verbal que reflete a habilidade para interpretar e organizar material perceptovisual dentro de um tempo limite. Velocidade de Processamento representa a habilidade para itens de percepção de conteúdo abstrato e exige velocidade no processo mental; avalia a habilidade para processar rapidamente informação perceptiva não verbal. São componentes importantes para este fator a concentração e a rápida coordenação visomotora.

Na Figura 1.1, visualiza-se a estrutura global do teste. Os doze subtestes que avaliam habilidades cognitivas específicas se agrupam segundo os quatro domínios referidos (índices fatoriais), os quais, por sua vez, avaliam três dimensões mais amplas da inteligência (QIs).

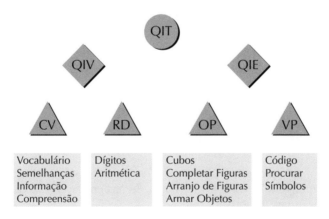

Figura 1.1   Estrutura fatorial do WISC-III – níveis de desempenho

O WISC-III NO BRASIL

A pesquisa de adaptação do WISC-III ao contexto brasileiro desenvolveu-se por ocasião da tese de doutorado de Figueiredo (2001). As etapas de adaptação transcultural iniciaram-se a partir da tradução do teste original em inglês, inserindo-se alguns ajustes de expressões, principalmente nos subtestes verbais. Na etapa seguinte, procedeu-se à análise teórica dos itens, que consistiu de dois momentos: a) análise semântica, que investigou a compreensão dos itens e das instruções dos subtestes por parte dos sujeitos e b) análise de juízes, na qual professores e psicólogos opinaram sobre a adequação dos itens.

A versão final do WISC-III foi aplicada a uma amostra (N = 801) composta por escolares da rede pública e particular da zona urbana de Pelotas (RS). Com base nestes dados, foram estabelecidos os critérios de padronização, assim como foram realizados os estudos relativos aos parâmetros de validade e fidedignidade do teste e à análise empírica dos itens (Figueiredo, Mattos, Pasquali, & Freire, 2008). Também foram estabelecidas as normas para interpretação dos resultados para seis grupos etários (seis anos; sete anos; oito e nove anos; dez e onze anos; doze e treze anos; e de catorze a dezesseis anos) e para doze subtestes. O subteste Labirintos não foi adaptado por questões de viabilidade da pesquisa e por sua baixa utilidade prática para o cálculo dos QIs, o que não prejudica os resultados finais, uma vez que esse subteste não é incluído no cálculo de nenhum índice fatorial. Os resultados foram publicados, posteriormente, pela editora Casa do Psicólogo (Wechsler, 2002).

REFERÊNCIAS BIBLIOGRÁFICAS

Figueiredo, V. L. M. (2000). WISC-III. In J. A. Cunha et al., *Psicodiagnóstico-V*. Porto Alegre: Artes Médicas.

Figueiredo, V. L. M. (2001). *Uma adaptação brasileira do teste de inteligência WISC-III*. Tese de Doutorado. Instituto de Psicologia, Universidade de Brasília.

Figueiredo, V. L. M., Mattos, V. L. D., Pasquali, L., & Freire, A. P. (2008). Propriedades psicométricas dos itens do teste WISC-III. *Psicologia em Estudo, 13*(3), 585-592.

Kaufman, A. (1994). *Intelligent testing with the WISC-III*. New York: John Wiley & Sons.

Nascimento, E., & Figueiredo, V. L. M. (2002). A terceira edição das Escalas Wechsler de Inteligência. In R. Primi (Org.), *Temas em avaliação psicológica* (p. 61-79). Campinas: IBAP.

Wechsler, D. (1991). *Wechsler Intelligence Scale for Children Third Edition (WISC-III): Manual*. San Antonio: Psychological Corporation.

Wechsler, D. (2002). *WISC-III: Escala de Inteligência Wechsler para Crianças – Terceira Edição: Manual. (V. L. M. de Figueiredo adaptação e padronização brasileira)* São Paulo: Casa do Psicólogo.

APÊNDICE – HABILIDADES QUE OS SUBTESTES AVALIAM

Subteste	O que avalia
Vocabulário	Desenvolvimento da linguagem e conhecimento de palavras
Semelhanças	Formação de conceito verbal e de pensamento lógico abstrato (categórico)
Aritmética	Capacidade de resolver as quatro operações matemáticas básicas e habilidade de resolução de problemas complexos
Dígitos	Recordação e repetição imediata
Informação	Quantidade de informação geral que a pessoa assimila do seu ambiente circundante
Compreensão	Manifestação de informação prática, avaliação e uso de experiências passadas e conhecimento dos padrões convencionais de comportamento
Completar Figuras	Diferenciar o essencial dos detalhes não essenciais; requer o conhecimento do objeto, algum raciocínio e memória de longo prazo. Reconhecimento visual sem atividade motora essencial
Código	Aprender tarefas não familiares, envolvendo velocidade e acurácia na coordenação olho/mão e memória visual de curto prazo
Cubos	Organização perceptual e visual, conceitualização abstrata (análise do todo em suas partes componentes), formação de conceito não verbal e visualização espacial
Arranjo de Figuras	Reconhecer a essência da história e antecipar e compreender a sequência de eventos, particularmente, de eventos sociais, estando então envolvidas a capacidade de antecipação das consequências, a habilidade de planejamento e sequência temporal e os conceitos temporais
Procurar Símbolos	Atenção e rapidez de processamento
Armar Objetos	Coordenação visomotora e habilidade de organização perceptual, bem como a capacidade de percepção das partes e do todo
Labirintos	Capacidade de planejamento e coordenação visomotora

Fonte: Nascimento e Figueiredo (2002)

CAPÍTULO 2

ORIENTAÇÕES PRÁTICAS SOBRE APLICAÇÃO E PONTUAÇÃO

Vera L. M. de Figueiredo

No manual do WISC-III (Wechsler, 2002), o Capítulo 3 apresenta, de forma completa, instruções gerais que norteiam o examinador quanto ao uso do material e ao contexto da aplicação do teste. Aborda, ainda, orientações relativas à correção e à pontuação. A seguinte seção apresenta, de forma mais resumida e didática, as instruções para aplicação e correção do WISC-III, a fim de proporcionar uma leitura rápida e a recordação dos princípios mais relevantes.

RESUMO DAS REGRAS GERAIS PARA APLICAÇÃO

ADMINISTRAÇÃO DO TESTE

- Dar "ajuda" somente nos itens dos exemplos e nos itens iniciais assinalados com *ampersand* ("&").
- Errar um item fácil e acertar um difícil sugere que a criança provavelmente sabe responder ao teste. Reaplicar o item ao final do subteste (exceto nas provas cronometradas ou em Dígitos), concedendo a pontuação em caso de acerto.
- Repetir as questões do teste, principalmente as verbais, é permitido.
- Repetir itens é permitido nos subtestes verbais (exceto Dígitos), quando solicitado pela criança. Em Aritmética, o tempo continua sendo cronometrado durante a repetição do item.

TEMPO DE APLICAÇÃO

- Aplicar o teste, de preferência, em uma única sessão (em cerca de noventa minutos). Em caso de cansaço ou de desmotivação da criança, marcar outra sessão em um intervalo máximo de uma semana.
- Retestar a criança quando necessário, no mínimo após seis meses.
- Aguardar o final da aplicação de um subteste, se a criança pedir uma interrupção.

ITENS INICIAIS DA APLICAÇÃO

- Aplicar os subtestes seguindo, a princípio, a sequência apresentada no Manual e na Folha de Resposta. Mudar a ordem dos subtestes somente em casos especiais: por exemplo, se a criança se negar a responder algum subteste. Nesse caso, retornar ao subteste no final da sessão.

- Iniciar a aplicação pelo item 1 de cada subteste e continuar até o critério de suspensão. Nos subtestes Informação, Aritmética, Completar Figuras e Cubos, os itens iniciais dependem da idade mental do examinando:

  a. Obtendo-se a resposta *correta* dos dois primeiros itens, continuar a aplicação do teste e considerar corretos os itens anteriores não aplicados.

  b. Não se obtendo a resposta correta em *qualquer um* dos dois primeiros itens, retroceder a aplicação para itens anteriores, seguindo a ordem inversa (exceto em Cubos), até que se tenham dois itens consecutivos com pontuação máxima, incluindo o item inicial. Ao alcançar esse critério, considerar os itens anteriores corretos e continuar a aplicação.

  c. Em Código e Procurar Símbolos, independentemente da idade mental, aplicar a forma B a examinandos com mais de oito anos.

QUESTIONAMENTOS/INQUÉRITO

- Questionar *sempre* respostas incompletas e ambíguas, para que a criança esclareça o significado delas.

- Registrar essa intervenção com (Q) na Folha de Resposta.

- Usar, como formas de inquérito, "Fale mais alguma coisa" ou "Explique melhor".

- Não questionar respostas erradas.

- Observar que a maioria das respostas que necessitam de inquérito estão assinaladas no Manual com (Q).

- Pedir esclarecimentos à criança sempre que ficar em dúvida sobre a pontuação do subteste.

EXEMPLOS DE RESPOSTAS DUVIDOSAS:

Compreensão, item 4: para não bater.

[Seria para as pessoas não baterem no vidro ou para os carros não se baterem?].

Compreensão, item 6: para economizar.

[Seria para economizar dinheiro ou luz?].

CRONOMETRAGEM

- Utilizar o cronômetro de forma discreta, para não distrair ou pressionar a criança.

- Cronometrar o tempo utilizado para a realização de todos os subtestes do conjunto de execução, assim como Aritmética, do conjunto verbal.

- Considerar, em cada subteste, diferentes atitudes do examinador quando o tempo de execução da tarefa esgotar (ver Tabela 2.1).

Tabela 2.1   Conduta do examinador quando o tempo de execução esgotar

Subteste	Conduta
Código e Procurar Símbolos	Interromper
Completar Figuras e Aritmética	Passar para o próximo item
Cubos e Arranjo de Figuras	No caso de fracasso, deixar finalizar a execução, caso a criança esteja motivada, mas pontuar com zero
Armar Objetos	No caso de fracasso, deixar finalizar a execução, caso a criança esteja motivada, mas pontuar apenas as junções corretas feitas dentro do tempo de execução da tarefa

CONDIÇÕES ESPECIAIS DE APLICAÇÃO

Adequar o procedimento padrão do teste a algumas situações especiais:

a. Adolescentes: aceitar suas tendências controladoras, desde que não interfiram nas condições de padronização.

b. Crianças menores: apresentar o teste como um jogo.

c. Crianças tímidas ou com dificuldade de expressão verbal: deixar os subtestes verbais para o final da aplicação e usar frequentemente o reforço positivo.

d. Crianças com déficit de atenção e hiperatividade: aplicar o teste em duas ou três sessões, se necessário, evitando que o material não utilizado fique sobre a mesa, para não dispersar a atenção delas.

e. Crianças com necessidades especiais: respeitar as limitações e adequar o procedimento de aplicação. Por exemplo, para estimar a inteligência de crianças com problemas motores ou dificuldade visual, podem-se utilizar os escores dos subtestes verbais.

RESUMO DAS REGRAS GERAIS PARA PONTUAÇÃO
PROCEDIMENTOS EM DIFERENTES SITUAÇÕES DE RESPOSTAS

- Considerar a última resposta dada pela criança, se ela der outra(s) em substituição da primeira.
- Perguntar qual é a resposta final, se a criança der uma resposta certa e outra errada, sem deixar claro qual delas é a que vale.
- Pontuar a melhor resposta quando houver várias delas com diferentes pontuações.
- Considerar as diferentes situações diante de respostas acrescentadas após o questionamento (Q) nos subtestes Semelhanças, Vocabulário e Compreensão. Exemplo: "O que é um guarda-chuva?"/"É para chuva" = 1 ponto (Q):

    a. Se após o questionamento, a criança responder "Plástico" (resposta de zero ponto), não houve qualquer melhora e o escore permanecerá 1.

    b. Se ela responder "Protege você da chuva, você não se molha", melhora a resposta e o escore será 2, porque a resposta inteira tem a mesma qualidade que os modelos de 2 pontos.

    c. Se a criança disser "É um chapéu", estraga a resposta, mostrando desconhecimento, e a pontuação será zero.

ANOTAÇÕES NO PROTOCOLO DE REGISTRO

- Anotar literalmente as respostas dos examinandos;
- Não deixar sem anotações nenhum dos itens aplicados;
- Utilizar, quando for o caso, as abreviaturas, conforme lista a Tabela 2.2.

Tabela 2.2   Abreviaturas para folha de registro

Sigla	Significado	Situação
AJ	Ajuda	Examinador dá a resposta nos itens iniciais
Q	Questionamento	Examinador pede para explicar a resposta
NS	Não sei	Criança verbaliza que não sabe
NR	Não respondeu	Criança não emite resposta

Continua

Continuação

Sigla	Significado	Situação
INC	Incompleto	Criança não completa a tarefa dentro do tempo limite
ATE	Acerto com tempo esgotado	Criança acerta o item após o tempo limite esgotar
AC	Apontou Correto	Criança aponta corretamente em Completar Figuras
AE	Apontou Errado	Criança não aponta o lugar correto em Completar Figuras
R	Rotação	Criança realiza rotação em Cubos

OBTENÇÃO DOS PONTOS PONDERADOS EM SUBTESTES, QIs E ÍNDICES FATORIAIS

Transformar os pontos brutos em ponderados, após a pontuação das respostas (acertos), seguindo as etapas apresentadas na Tabela 2.3.

Tabela 2.3 **Passos gerais para correção do WISC-III**

Correção

- Apurar os acertos e os erros em cada subteste
- Somar os acertos de cada subteste, o que corresponderá aos pontos brutos

Conversão dos resultados brutos em ponderados

- Transferir os pontos brutos para o Quadro da Folha de Registro
- Transformar os pontos brutos em pontos ponderados, consultando a tabela de correspondência de idade (Wechsler, 2002, p. 229-234)

Conversão dos resultados ponderados em QIs e Índices Fatoriais

- Somar os pontos ponderados dos cinco subtestes padrões da Escala Verbal
- Somar os pontos ponderados dos cinco subtestes padrões da Escala de Execução
- Somar o total de pontos ponderados das duas escalas (Verbal e Execução) para obter o resultado da Escala Total
- Somar os pontos ponderados dos subtestes que compõem cada um dos Índices Fatoriais

Continua

Continuação

Obtenção dos resultados em QIs e Índices Fatoriais
• Converter as somas dos pontos ponderados das escalas em QIs (QIV, QIE, QIT) e em Índices Fatoriais (ICV, IRD, IOP, IVP), consultando as tabelas (Wechsler, p. 237-243)   • Obter o percentil correspondente a cada resultado em QIs e Índices Fatoriais, consultando as mesmas tabelas   • Obter o intervalo de confiança para cada QI e Índice Fatorial (recomenda--se 95%)   • Fazer a descrição qualitativa dos QIs, conforme tabela de classificação (Wechsler, p. 31)   • Transferir todos os pontos ponderados dos subtestes e dos resultados de QIs e de Índices Fatoriais para os gráficos da Folha de Registro   • Proceder à análise qualitativa dos resultados

Fonte: Nascimento e Figueiredo (2002).

LISTA DE CHECAGEM

Verificar, antes da aplicação e da pontuação das respostas, o resumo de procedimentos destacados na Tabela 2.4.

Tabela 2.4 *Check list*

Preparo do examinador
• Estar familiarizado com o material do teste, as regras de aplicação e o uso do cronômetro.   • Acompanhar a aplicação do teste pelo manual do WISC-III para seguir as instruções corretamente, evitando improvisos.
Aplicação
• Observar em qual item se inicia a aplicação do subteste, considerando a idade da criança.   • Cuidar da necessidade de se retornar a itens anteriores, caso a criança erre um dos dois primeiros itens a partir dos quais foi iniciada a aplicação.   • Transcrever textualmente, na Folha de Registro, as respostas dadas pela criança nos subtestes Verbais, podendo abreviar algumas palavras para agilizar a anotação.   • Nos subtestes de Execução, deve-se anotar na Folha de Registro em quanto tempo (logo que se desligar o cronômetro), o subteste foi concluído e se o desempenho foi adequado ou inadequado.   • Usar o cronômetro nos subtestes de Execução e Aritmética.   • Não deixar a criança visualizar o material de anotação.   • Dar ajuda (resposta correta), caso a criança erre, somente nos itens iniciais assinalados com "&".

Continua

Continuação

- Fazer inquérito nos subtestes Verbais quando a resposta for incompleta e quando o manual indicar um item com (Q).
- Não fazer inquérito diante de respostas claramente erradas.
- Fazer as advertências indicadas no subteste Completar Figuras uma única vez, em cada situação.
- Questionar, conforme orientação do manual, as respostas dos itens sublinhados na Folha de Registro dos subtestes Completar Figuras e Informação.
- Pedir ao examinando para que guarde as peças do subteste Armar Objetos ao final de sua execução para que se distraia enquanto o examinador organiza a aplicação do próximo item.
- Pedir uma segunda resposta, se não for dada espontaneamente pela criança, nos itens do subteste Compreensão assinalados com asterisco (*).
- Fazer algum assinalamento das respostas de zero ponto para se orientar quando suspender a aplicação dos subtestes.

Pontuação

- Pontuar as respostas somente no final da sessão de aplicação.
- Pontuar a melhor resposta, no caso de verbalizações múltiplas.
- Consultar sempre o manual para pontuar respostas, evitando critérios pessoais.
- Considerar os princípios gerais, no subteste Vocabulário, para pontuar as verbalizações diferentes das respostas-modelo (Wechsler, p. 120).
- Consultar as respostas adicionais da amostra brasileira, diante de verbalizações diferentes das respostas-modelo do manual (ver Capítulo 5 deste livro).
- Recorrer a outros profissionais diante de dúvidas para pontuar respostas.
- Revisar as somas dos pontos brutos de cada subteste.
- Manter atenção ao transferir os pontos brutos para o quadro resumo de resultados na Folha de Registro, ao ponderar os dados e ao calcular os QIs.

RESUMO DAS INSTRUÇÕES PARA APLICAÇÃO E PONTUAÇÃO DOS SUBTESTES

No manual do teste (Wechsler, 2002), o Capítulo 4 traz, de forma completa, instruções específicas que norteiam o examinador na administração dos subtestes e na pontuação das respostas. Nesta seção, as mesmas regras são apresentadas de forma resumida, permitindo uma rápida verificação dos princípios mais relevantes.

RAPPORT

É essencial explicar para a criança que:

- serão apresentadas perguntas e jogos;
- haverá perguntas fáceis e difíceis;

- se não souber responder às perguntas, é porque ainda não as aprendeu;
- será feito uso de cronômetro;
- as respostas serão anotadas.

1. COMPLETAR FIGURAS

Instruções gerais

- Mostrar as figuras por, no máximo, vinte segundos.
- Se o significado da resposta verbal da criança for ambíguo, pedir a ela que mostre com o dedo onde a parte deveria estar.
- Fazer cada advertência somente uma vez, diante das seguintes situações:
  a. Se a criança simplesmente nomear *o que está vendo na figura*, em vez de identificar a parte que está faltando, diga: "Sim, mas o que está faltando?"
  b. Se a criança mencionar a parte *que está ausente* no desenho (ex.: "perna do homem", no item 6), anote a resposta e diga: "Uma parte está faltando na figura; o que está faltando nela?"
  c. Se a criança mencionar uma parte que está faltando na figura, mas que *não é essencial* (ex.: resposta "anel", no item 5), anote a resposta e diga: "Sim, mas qual é a parte mais importante que está faltando?"
- Fazer alguma intervenção, se necessário, nos itens que estão sublinhados na Folha de Registro (ex. item 17).

Pontuação

- Se a criança indicar corretamente a parte omitida, apenas apontando-a, considerar como resposta correta.
- Se a criança apontar para o lugar correto na figura, mas der uma resposta verbal claramente errada, considerar a resposta errada.
- Se a criança usar um sinônimo ou suas próprias palavras para descrever a resposta, pontuá-la como correta.
- Se a criança usar uma palavra incorreta ou inventada para designar a parte omitida, pedir para que ela aponte, no desenho, onde é que está faltando algo.

2. INFORMAÇÃO

Instruções gerais

- Ler, em voz alta, cada questão exatamente como está escrita.

- Se a resposta da criança não for clara, fazer Inquérito (Q) ("Explique melhor").
- Se a resposta da criança indicar que ela não ouviu ou não entendeu o significado exato da pergunta, repetir a questão.
- Fazer alguma intervenção, se necessário, nos itens que estão sublinhados na Folha de Registro (ex.: item 5).

3. CÓDIGO

Início
- Parte A: seis e sete anos.
- Parte B: oito a dezesseis anos, independentemente da idade mental.

Instruções gerais
- Cuidar para que a superfície de trabalho esteja adequada.
- Usar folhas extras com o modelo para crianças canhotas.
- Cuidar para que a criança não pule itens.
- Realizar os itens do exemplo (para treino) sem cronometrar nem pontuar.
- Interromper a tarefa quando o tempo limite (120 segundos) esgotar.
- No Código A, anotar o tempo de execução se a criança completar corretamente todos os itens antes do término do tempo limite, pois receberá pontos adicionais.

Pontuação
- Utilizar o crivo para correção das respostas.

4. SEMELHANÇAS

Instruções gerais
- Dar ajuda (&) nos itens 1 e 2, quando necessário.
- Dar exemplo de uma resposta de 2 pontos nos itens 6 e 7 se a criança der uma resposta de 1 ponto.
- Perguntar, no item 18, "Em que mais se parecem?", se a criança der resposta de 1 ponto.

5. ARRANJO DE FIGURAS

Instruções gerais
- Colocar as figuras da esquerda para a direita da criança, retirando-as no mesmo sentido.
- Considerar quanto ao verso dos cartões, a impressão de:

a. Números – norteiam o examinador para a colocação das figuras;

b. Letras – indicam o código para registrar e pontuar cada resposta.

- Perguntar "Onde sua história começa?", se a criança montar a estória da direita para a esquerda.

- Deixar a criança terminar a tarefa, mesmo após o tempo esgotar, se estiver motivada; porém, pontuar zero.

Instruções para os itens

- Item do exemplo: montar a história, verbalizando, para observação da criança, e retirar os cartões.

- Item 1: colocar os cartões e dizer "É a história de uma menina que está brincando". No caso de erro da criança (primeira tentativa), montar toda a história e pedir para que a criança a monte novamente (segunda tentativa).

- Item 2: colocar os cartões e dizer "É a história de um piquenique". No caso de erro da criança (primeira tentativa), indicar apenas o primeiro cartão da história, pedindo para que arrume os demais (segunda tentativa).

- Nos demais itens, colocar os cartões sem dizer o tema das histórias e retirá-los quando a criança terminar a tarefa.

6. ARITMÉTICA

Instruções gerais

- Itens de 1 a 5: ler os problemas apresentando o Livreto de Estímulos.

- Itens de 6 a 18: ler os problemas sem que a criança visualize o material.

- Itens de 19 a 24: apresentar o Livreto de Estímulos para a criança ler em voz alta.

- Iniciar a cronometragem imediatamente após a leitura de cada problema.

- Repetir a leitura do item uma vez, se a criança solicitar ou se parecer que não entendeu o problema. Porém, a cronometragem valerá desde o final da primeira leitura.

7. CUBOS

Instruções gerais

- Cuidar que a criança se posicione de frente em relação aos modelos, visualizando-os pela parte superior.

- Deixar a criança terminar a tarefa, mesmo após o tempo se esgotar, se estiver motivada; porém, pontuar zero.

- Considerar como erro a rotação do desenho em trinta graus ou mais.

- A partir do item 4, se a criança fizer uma rotação, mostrar-lhe o desenho correto, apenas na primeira vez, mas pontuar com zero.

Instruções para crianças com seis e sete anos (ou com oito anos ou mais e suspeita de retardo mental)
- Item 1: fazer o modelo com dois cubos e dar outros dois cubos para a criança reproduzir o modelo. Se ela errar, refazer a figura com os cubos da criança, desmanchá-la e pedir para que ela tente novamente (segunda tentativa).
- Item 2: fazer o modelo com quatro cubos e dar outros quatro cubos para a criança reproduzir o modelo. Se ela errar, refazer a figura com os cubos da criança, desmanchá-la e pedir para que ela tente novamente (segunda tentativa).
- Item 3: mostrar o modelo do livreto e reproduzir a figura com quatro cubos. Desmontá-la e pedir para que a criança reproduza o modelo. Se ela errar, refazer a figura com os cubos da criança, desmanchá-la e pedir que ela faça novamente (segunda tentativa).

Instruções para oito anos ou mais
- Item 3: retornar para o item 1 em ordem direta se a criança errar a primeira tentativa, independentemente de acertar ou errar a segunda.

8. VOCABULÁRIO
Instruções gerais
- Pedir à criança outro significado se ela responder um item com uma expressão regional ou em caso de dúvidas sobre a aceitabilidade de qualquer resposta.
- Repetir a palavra, sem soletrar, se a resposta (errada) da criança sugerir que ela não escutou corretamente ("absolver" em vez de "absorver", por exemplo).

Pontuação
- Considerar corretos todos os sinônimos reconhecidos pelos dicionários.
- Considerar, na pontuação, além dos exemplos apresentados após cada item, os princípios gerais enunciados na seção de avaliação (Wechsler, p. 120-121).

9. ARMAR OBJETOS
Instruções gerais
- Usar anteparo para apresentação padronizada das peças.

- Quando o tempo se esgotar, deixar que a criança termine a tarefa se estiver motivada, pontuando as junções corretas feitas dentro do tempo limite.

Instruções para os itens
- Nomear o objeto que será formado somente nos itens 1 e 2 (menina e carro).
- Aplicar todos os itens do subteste, sem interrupção.

Pontuação
- Estar familiarizado com o esquema de junções corretas de cada figura (Wechsler, p. 123-126) para contá-las e registrá-las com maior agilidade.
- Considerar como *junção* cada união correta de duas peças.
- Considerar, para a pontuação:

  a) o tempo de execução, se o arranjo estiver correto;

  b) as junções corretas, se o arranjo for parcial.

10. COMPREENSÃO

Instruções gerais
- Observar os itens assinalados com asterisco (*), pois exigem respostas de duas ou mais categorias de conceito geral.
- Solicitar uma segunda resposta somente uma vez, nos itens assinalados com (*), quando a criança der:

  a) uma única resposta, satisfazendo somente um dos conceitos gerais;

  b) duas respostas que reflitam o mesmo conceito geral.

11. PROCURAR SÍMBOLOS

Início
- Parte A: seis e sete anos.
- Parte B: de oito a dezesseis anos, independentemente da idade mental.

Instruções gerais
- Itens do exemplo: serão executados pelo examinador para explicar a tarefa à criança.
- Itens do treino: serão executados pela criança para exercitar sua compreensão.
- Pedir para que a criança circule a resposta errada que quiser desconsiderar, evitando o uso da borracha.

- Cuidar que os itens sejam assinalados com "/" e não com "X", para evitar perda de tempo durante a execução da tarefa.
- Cuidar que a criança não pule itens.
- Iniciar a cronometragem somente após a execução do treino.
- Interromper a tarefa quando o tempo limite (120 segundos) se esgotar.

Pontuação
- Utilizar o crivo para correção das respostas.

12. DÍGITOS

Instruções gerais
- Aplicar ambas as tentativas de cada item.
- Enunciar os dígitos no ritmo de um por segundo, variando o tom de voz somente no final, para não sugerir agrupamentos dos números.
- Ler cada sequência somente uma vez. Caso a criança peça repetição, dizer: "Vamos passar para o próximo".
- Aplicar a Ordem Inversa mesmo que a criança não tenha êxito na Ordem Direta.
- Interromper a aplicação quando a criança errar as duas tentativas de um item (seja na Ordem Direta, seja na Inversa).

Pontuação
- Atribuir dois pontos se a criança acertar ambas as tentativas.
- Atribuir um ponto se a criança acertar uma das tentativas.
- Atribuir zero se a criança errar ambas as tentativas.

REFERÊNCIAS BIBLIOGRÁFICAS

Nascimento, E., & Figueiredo, V. L. M. (2002). A terceira edição das Escalas Wechsler de Inteligência. In R. Primi (Org.), *Temas em avaliação psicológica* (p. 61-79). Campinas: Impressão Digital do Brasil.

Wechsler, D. (2002). *WISC-III: Escala de Inteligência Wechsler para Crianças – Terceira Edição: Manual.* (V. L. M. de Figueiredo adaptação e padronização brasileira) São Paulo: Casa do Psicólogo.

CAPÍTULO 3

ORIENTAÇÕES PARA A INTERPRETAÇÃO QUALITATIVA

Vera L. M. de Figueiredo
Josiane Puchalski Sousa

A utilização de um teste deve ter como finalidade auxiliar o processo de avaliação psicológica. A aplicação de testes cognitivos tem por objetivo identificar as habilidades e defasagens do examinando, proporcionando alternativas que colaborem com seu desenvolvimento. Assim, torna-se importante realizar uma análise mais minuciosa dos instrumentos e dos resultados oferecidos por eles.

Os escores resultantes das Escalas Wechsler de Inteligência, além de quantificar o nível intelectual do indivíduo, proporcionam uma vasta gama de dados qualitativos. A análise qualitativa das respostas possibilita identificar falhas na estrutura intelectual, assim como características emocionais e socio-culturais. Neste caso específico, o WISC-III permite identificar os processos psíquicos da criança, assim como os conhecimentos adquiridos por ela, seus métodos de resolução de problemas e sua capacidade de verbalizar (Glasser & Zimmerman, 1977).

No *setting*, deve-se considerar a facilidade/dificuldade da criança ou do adolescente de estabelecer vínculos, a introversão/extroversão ao responder aos itens, a preocupação/despreocupação com o controle do tempo, a atenção/desatenção aos questionamentos e, ainda, comportamentos como ansiedade, impulsividade, impersistência e inabilidade motora. Tanto os comentários relacionados às respostas dos itens verbais como os referentes às tarefas manipulativas são fontes valiosas de informação. Nas falas espontâneas, os examinandos revelam suas preferências, suas preocupações com o ambiente familiar, sua imaturidade ou sua independência; expressam suas ansiedades, hostilidades, sentimentos de culpa, afetos atípicos e conflitos interpessoais, ou seja, suas experiências de vida. Além disso, o exame pode refletir os aspectos adaptativos e defensivos da personalidade, a rigidez e flexibilidade de pensamento e até que ponto as funções intelectuais da criança estão influenciadas por conflitos emocionais.

Deve-se dar atenção também à pobreza nas respostas, a qual nem sempre indica baixa produção de pensamento. Crianças retraídas ou inseguras costumam dar respostas curtas e, por essa razão, devem sempre ser questionadas em busca de melhores pontuações. Segundo Cunha (2000), o inquérito não serve apenas para esclarecer a pontuação, mas para permitir uma compreensão mais ampla das peculiaridades do pensamento, assim como identificar conteúdos emocionais.

A relevância dos resultados gerados com o WISC-III, sejam eles quantitativos ou qualitativos, consiste na identificação das habilidades cognitivas que estão menos desenvolvidas no sujeito. Na maioria das vezes, são capacidades que foram pouco estimuladas ou que foram adquiridas parcialmente, independentemente de a causa disso estar associada à imaturidade da própria criança, a falhas de estimulação em contexto familiar ou a problemas pedagógicos.

Todas as funções cognitivas implicadas nos subtestes do WISC-III estão diretamente relacionadas ao desempenho na leitura, na escrita e na matemática. Por essa razão, a maior demanda de aplicação do teste ocorre diante de queixas relacionadas às dificuldades de aprendizagem da criança. Definir os déficits cognitivos permite uma intervenção que, quanto mais precocemente for realizada, minimizará os prejuízos ao desempenho acadêmico do aluno.

Para finalizar esse capítulo sobre análise qualitativa dos escores, incluiu-se um Apêndice com uma série de exercícios, os quais aparecem agrupados segundo níveis de desenvolvimento escolar para treinar capacidades envolvidas nos doze subtestes do WISC-III. O material será de grande utilidade para psicólogos e psicopedagogos que trabalham com reeducação, auxiliando-os no planejamento da intervenção terapêutica.

CONSIDERAÇÕES GERAIS SOBRE OS SUBTESTES

A seguir, apresenta-se um resumo das funções envolvidas em cada subteste e das implicações de escores altos e baixos, com base em Glasser e Zimmerman (1977), Cayssials (2000), Cunha (2000) e Simões (2002). Entretanto, essas interpretações não devem ser consideradas como definições únicas e absolutas do comportamento de uma criança. Esses indicativos devem ser contextualizados com a história clínica do sujeito considerando idade, momento de vida e fatores socioculturais.

SUBTESTE INFORMAÇÃO

É composto por perguntas apresentadas oralmente que avaliam conhecimentos do examinando sobre situações, lugares e pessoas. Este subteste explora a capacidade de compreensão dos aspectos comportamentais e de natureza social. Tem por finalidade avaliar se a criança consegue recordar e utilizar, de um modo socialmente aceitável, as experiências que reconhece em seu ambiente. O subteste Informação não visa avaliar a capacidade da criança de estabelecer relações entre fatos, mas apenas a analisar se ela os captou e os reteve como conhecimento geral. Enquanto alguns itens procedem da vivência diária, outros são tomados da experiência escolar. O escore de Informação depende mais do conhecimento adquirido de maneira formal, ao passo que o de Vocabulário avalia, em maior grau, o conhecimento adquirido espontaneamente ao longo do desenvolvimento.

Escores Médios Altos	Escores Baixos
Amplitude de informação Boa memória Atenção e interesse com o meio intelectual e educativo Curiosidade Maturidade Pensamento racional	Memória diminuída Problemas de compreensão verbal Pouco contato com a realidade Falta de conhecimentos gerais Imaturidade Baixa capacidade de verbalização Problemas de equilíbrio emocional

SUBTESTE SEMELHANÇAS

Apresenta uma tarefa em que o sujeito deve explicar a similaridade entre um par de palavras (objetos ou temas). Este subteste mede os processos fundamentais à formação de conceitos verbais e de pensamento lógico. Envolve a função de formação do conceito verbal em três níveis: concreto, funcional (abstração inferior) e conceitual (abstração superior).

Escores Médios Altos	Escores Baixos
Pensamento conceitual adequado Pensamento lógico, abstrato e associativo Habilidade para discriminar as relações fundamentais das superficiais Habilidade para selecionar e verbalizar relações apropriadas entre dois objetos ou conceitos Boa formação de conceitos verbais	Dificuldade para perceber as relações Dificuldade para selecionar e verbalizar relações apropriadas entre dois objetos ou conceitos Rigidez ou prejuízo dos processos de pensamento Dificuldade em realizar síntese Baixa aquisição cultural Pouca capacidade de compreensão verbal

SUBTESTE ARITMÉTICA

Trata-se de um conjunto de problemas aritméticos que o sujeito resolve mentalmente, expressando sua resposta de forma oral, com tempo determinado. Avalia a capacidade de cálculo mental e a compreensão de enunciados verbais que envolvam complexidade, capacidade de raciocínio e abstração. A prova requer uma boa capacidade da memória de trabalho (e da memória para sequências de procedimentos), necessária para manter presentes todos os elementos do problema a ser resolvido. O examinador deverá estar atento ao modo de resolução utilizado pela criança, sobretudo quando a sua resposta estiver errada.

Escores Médios Altos	Escores Baixos
Habilidade para aplicar as capacidades de raciocínio na solução de problemas matemáticos Habilidade para aplicar as aptidões aritméticas em situações de solução de problemas pessoais e sociais Boa capacidade de concentração Habilidade para centrar a atenção Habilidade para trabalhar com pensamentos complexos	Habilidade inadequada em matemática Capacidade de atenção diminuída Ansiedade para uma tarefa do tipo escolar Bloqueio para tarefas matemáticas Memória diminuída Raciocínio aritmético prejudicado Dificuldade de abstração

SUBTESTE VOCABULÁRIO

Consiste em uma série de palavras que o sujeito deve conceitualizar. A definição de palavras pressupõe uma organização de ideias mediante o uso implícito de símbolos verbais e da memória evocativa. Esta prova mede a competência linguística, os conhecimentos lexicais e, sobretudo, a facilidade de elaboração do discurso. O subteste é uma medida da capacidade de aprendizagem e do pensamento abstrato; reflete a riqueza de ideias e a qualidade da linguagem. Avalia também a influência do ambiente educativo e cultural.

Escores Médios Altos	Escores Baixos
Boa capacidade de compreensão verbal Habilidades verbais e desenvolvimento da linguagem Boa estimulação familiar e cultural Habilidade para conceituar Capacidade de consolidação de informação	Compreensão verbal diminuída Desenvolvimento da linguagem prejudicado Antecedentes educativos e familiares limitados Dificuldade de expressão verbal Memória diminuída Pouca habilidade na formação de conceitos

SUBTESTE COMPREENSÃO

É formado por perguntas que avaliam a capacidade de compreensão de situações comportamentais de natureza social, utilizando o juízo prático e moral interiorizado pela criança. Permite observar a capacidade de utilizar experiências passadas de uma maneira socialmente aceitável. A utilização da informação prática é influenciada pela educação e pelas experiências vividas, refletindo o equilíbrio e o estado emocional do examinando. Também avalia a facilidade de argumentação, quando é pedido ao sujeito que justifique as suas respostas, e a flexibilidade mental, quando é solicitada à criança uma resposta adicional.

Escores Médios Altos	Escores Baixos
Juízo social adequado	Juízo social diminuído
Bom-senso	Dificuldade em aceitar uma
Reconhecimento das demandas	responsabilidade pessoal
sociais, quando é necessário juízo	Pensamento concreto
prático	Imaturidade social
Reconhecimento de regras de	Dificuldade para expressar
comportamento convencional	verbalmente as ideias
Habilidade para organizar	Atitude contestatória e oposicionista
conhecimentos	Juízo prático prejudicado
Maturidade social	
Habilidade para verbalizar	

SUBTESTE DÍGITOS

Divide-se em duas partes: Dígitos Ordem Direta (repetir números solicitados na ordem apresentada) e Dígitos Ordem Inversa (repetir números solicitados de trás para frente). A Ordem Direta avalia a memória auditiva imediata e sequencial, assim como as flutuações da atenção. Quando o sujeito repete todos os números, mas modifica a ordem em que eles lhe foram apresentados, trata-se especificamente de capacidade de evocação sequencial em modalidade auditiva e não de um déficit de memória ou de atenção. No sentido inverso, o subteste mede a capacidade de memória de trabalho. Esta tarefa é geralmente mais difícil do que a anterior. É esperado que o resultado da Ordem Inversa seja um ou dois pontos inferior ao obtido na aplicação da Ordem Direta.

Escores Médios Altos	Escores Baixos
Boa memória mecânica e sequencial	Ansiedade
Habilidade para recordações imediatas	Déficit de atenção
Habilidade para atender a estímulos auditivos	Dificuldade sequencial auditiva
Resistência à distração	Rigidez de pensamento
Motivação	Pouca flexibilidade de pensamento

SUBTESTE COMPLETAR FIGURAS

Consiste em figuras de objetos nas quais falta uma parte importante. Esta prova baseia-se na capacidade de reconhecer visualmente os objetos e determinar a ausência de detalhes essenciais. Atenção, concentração, organização perceptual e habilidade visomotora são fatores importantes nesta prova.

Escores Médios Altos	Escores Baixos
Boa percepção e concentração	Ansiedade que afeta a concentração e a atenção
Boa atenção a detalhes	Preocupação por detalhes irrelevantes
Habilidade para estabelecer uma série de aprendizagens rapidamente	Dificuldades de organização perceptual
Habilidade para diferenciar os detalhes essenciais dos não essenciais	Dificuldade de reconhecimento visual
	Incapacidade para reconhecer objetos familiares

SUBTESTE CÓDIGO

Requer que o sujeito copie e associe símbolos a outros símbolos, em pares. Mede a capacidade de associar números a símbolos e a de memorizar corretamente essas associações, a fim de executar a tarefa o mais rapidamente possível. Avalia a capacidade de aprendizagem mecânica automatizada, a habilidade motora e a agilidade mental. A reprodução dos símbolos requer uma boa caligrafia, muitas vezes ausente nas crianças impulsivas (os problemas neuromotores finos são frequentemente relacionados à hiperatividade). Parece explorar mais a motivação da criança do que o aspecto intelectual.

Escores Médios Altos	Escores Baixos
Boa coordenação visomotora	Dificuldades motoras
Velocidade de processamento	Problemas de percepção visual
Capacidade de seguir instruções sob a pressão da restrição de tempo	Pouca motivação relativa à tarefa
	Dificuldade de concentração
Resistência à distração	Baixa capacidade de atenção seletiva
Eficiência e flexibilidade mental	Preocupação excessiva por detalhes, ao reproduzir símbolos com exatidão
Agilidade motora e mental	
Boa recordação visual	Lentificação dos processos mentais

SUBTESTE ARRANJO DE FIGURAS

É formado por figuras que, quando colocadas em sequência, constroem uma pequena história que envolve uma situação social. Avalia a compreensão de inter-relações comuns na cultura atual. O sujeito necessita ter boa percepção visual e adequado pensamento lógico para antecipar o surgimento das figuras e organizá-las por relações de causa e efeito. Esta prova está relacionada a fatores como o planejamento de situações consecutivas e causais e a habilidade de síntese. Proporciona, também, uma oportunidade para observar diretamente estratégias de resolução de problemas.

Escores Médios Altos	Escores Baixos
Capacidade de planejamento	Dificuldade de organização visual (sequenciamento)
Capacidade de antecipar, de forma significativa, resultados que se podem esperar de diversos atos de conduta	Dificuldade para antecipar acontecimentos e suas consequências
	Falta de atenção a detalhes
Atenção a detalhes	Ansiedade
Processos de pensamentos sequenciais adequados	Dificuldade no uso de sinais
	Organização perceptual prejudicada
Habilidade para sintetizar partes de um todo inteligível	Dificuldade de interpretação de situações sociais
Habilidade de raciocínio não verbal	Pensamento lógico prejudicado

SUBTESTE CUBOS

Consiste de reproduzir desenhos manipulando cubos bicolores. É considerada uma prova de resolução de problemas não verbais, e é usada para avaliar déficits nas funções executivas. Permite observar a capacidade de organização e de processamento visoespacial executivo; envolve a habilidade para compor mentalmente os elementos constituintes do modelo a ser reproduzido; avalia capacidades construtivas, coordenação e rapidez psicomotora. Também ajuda a perceber dificuldades de auto-observação, ou seja, quando a criança não consegue reconhecer erros evidentes, mesmo quando é desafiada a descobrir essas falhas ou a comparar o seu trabalho ao estímulo, após a aplicação formal do subteste. A escolha do tipo de estratégia (global, analítica ou sintética) para a execução da tarefa revela-se um excelente índice da inteligência não verbal, bem como das capacidades de raciocínio visoespacial.

Escores Médios Altos	Escores Baixos
Boa integração visomotora	Integração visomotora prejudicada
Boa habilidade para conceitualizar	Orientação espacial diminuída
Boa orientação espacial	Dificuldade de organização perceptual
Capacidade de analisar e sintetizar	Dificuldade de conceitualização abstrata
Velocidade e exatidão para avaliar um problema	Dificuldade de análise de síntese
Boa capacidade de raciocínio não verbal	Baixa velocidade e exatidão perceptual
Bons métodos de ensaio e erro	Pouca persistência

SUBTESTE ARMAR OBJETOS

Implica a combinação de peças para formar um conjunto. Não envolve cópias e o objeto a ser construído deve ser deduzido pelo sujeito; no entanto, representa um objeto simples, familiar, e não um desenho geométrico. Avalia a antecipação visual das relações entre as partes de um todo para organizar e integrar estímulos, a habilidade motora, a organização perceptual e a flexibilidade para trabalhar em uma composição que pode não ser facilmente reconhecível. Requer acuidade visual adequada e capacidade de síntese de formas concretas visuais. Permite observar a capacidade construtiva, a velocidade, a precisão, a memória visual e a persistência da criança.

Escores Médios Altos	Escores Baixos
Boa coordenação visomotora	Dificuldades motoras
Êxito em ensaio e erro	Problemas de percepção visual
Habilidade para perceber o todo, com entendimento crítico sobre as relações das partes individuais	Capacidade de planejamento diminuída
Experiência em montar quebra-cabeças	Dificuldade para perceber o todo
Integração perceptiva	Experiência mínima com tarefas de construção
	Dificuldade de análise e de síntese

SUBTESTE PROCURAR SÍMBOLOS

Composto por um conjunto de pares de símbolos, cada par consiste de um grupo de símbolos que representam objetos e um grupo de busca. O examinando deve observar os grupos e indicar, com tempo cronometrado se o símbolo aparece ou não no grupo de busca. Avalia atenção, concentração, capacidade visomotora, discriminação perceptual e memória de curto prazo. Esta prova de velocidade, assim como o subteste Código, está sujeita à influência de fatores como ansiedade, baixo nível de motivação e preocupação demasiada com detalhes.

Escores Médios Altos	Escores Baixos
Capacidade de tomada de decisão	Ansiedade
Flexibilidade cognitiva	Impulsividade
Boa coordenação visomotora	Dificuldades motoras
Velocidade de processamento	Problemas visoperceptuais
Capacidade de seguir instruções sob a pressão da restrição de tempo	Pouca motivação para a tarefa
Resistência à distração	Baixa capacidade de atenção seletiva
Eficiência e flexibilidade mental	Preocupação excessiva por detalhes, ao reproduzir símbolos com exatidão
Agilidade motora	Dificuldade de simbolização
Capacidade associativa	Memória de curto prazo prejudicada

MODELO PARA ANÁLISE QUALITATIVA

Para o melhor entendimento dos escores quantitativos, a literatura recomenda um estudo relacionado às discrepâncias entre as escalas de QIs e os subtestes. Tais análises permitirão identificar a unicidade dos construtos avaliados e verificar a frequência com que essas diferenças ocorrem na amostra de padronização para, dessa forma, determinar as forças e as fraquezas cognitivas do indivíduo.

Apresenta-se, a seguir, uma proposta que pode guiar a análise dos dados qualitativos. O modelo resulta da sistematização das análises sugeridas por Wechsler (1991) e por Kaufman (1994). As etapas consistem de dez procedimentos para os quais são utilizadas as Tabelas do Apêndice B – tabelas de diferenças significantes, frequências e desvios da amostra brasileira (Wechsler, 2002, p. 249-255).

PASSOS PARA ANÁLISE QUALITATIVA

1. Calcular a discrepância entre as áreas Verbal e Não Verbal (QIV menos QIE) ou, ainda, entre os índices fatoriais.

- Os valores possibilitam a análise da unicidade dos construtos. Exemplos: Verbal (Compreensão Verbal menos Resistência à Distração) e Execução (Organização Perceptual menos Velocidade de Processamento). Grandes dispersões dentro da própria escala prejudicam a unicidade do construto, dando informações pouco confiáveis sobre a habilidade.

2. Identificar as discrepâncias mínimas esperadas em cerca de 0,05, conforme a idade da criança (Tabela B.1 BR), para analisar se o valor observado é real e não aconteceu ao acaso.

3. Verificar a frequência com que a discrepância observada foi encontrada na amostra de padronização (Tabela B.2 BR).

   - Discrepâncias pequenas entre QIV/QIE, menores que treze pontos (Tabela B.2 BR), são comuns (ocorrem em mais de 25% da amostra de padronização) e podem ser desconsideradas.

4. Calcular a média dos escores ponderados da criança, considerando todos os subtestes aplicados (pode-se analisar os dez subtestes padrões ou os doze). No caso de grande discrepância entre QIV e QIE, calcular, separadamente, a média da Escala Verbal e a da Escala de Execução.

5. Calcular as discrepâncias entre o escore ponderado da criança em cada subteste e a média do conjunto total, caso não haja diferença significativa entre QIV e QIE. Havendo diferença, deve-se comparar o escore da criança à média da escala em que o subteste está incluído. Exemplo: Informação *versus* média do Conjunto Verbal.

6. Identificar as discrepâncias mínimas esperadas em cerca de 0,05, para analisar se o valor observado é real e não aconteceu ao acaso (Tabela B.3 BR).

7. Verificar com que frequência a discrepância da criança ocorreu na amostra de padronização e qual percentagem acumulada está mais próxima do valor da diferença (Tabela B.3 BR).

8. Identificar a Dispersão Intersubtestes, calculando a amplitude entre o escore ponderado mais alto e o mais baixo de cada escala. Verificar a frequência com que o valor encontrado ocorreu na amostra de padronização (Tabela B.5 BR). Quando a amplitude entre subtestes for grande, eles não deverão ser utilizados como medidas isoladas.

   - Pode-se também analisar a discrepância entre os subtestes em cerca de 0,05, o que permite identificar se há dispersão significativa (Tabela B.4 BR). Exemplo: uma discrepância maior que 4,17 entre Dígitos e Aritmética indica que não há unicidade no índice Resistência à Distração; desta forma, sua interpretação não é confiável.

9. Calcular a discrepância entre o máximo de dígitos obtidos na Ordem Direta e na Ordem Inversa, considerando que podem envolver diferentes processos cognitivos. Verificar a frequência com que o valor ocorre na amostra de padronização (Tabela B.7 BR, para análises complementares em relação ao subteste Dígitos, consultar Figueiredo & Nascimento, 2007).

- Pode-se, ainda, comparar a quantidade máxima de dígitos memorizada pela criança na Ordem Direta e na Ordem Inversa, observando a frequência com que esse valor ocorreu na amostra de padronização (Tabela B.6 BR). Exemplo: em relação a crianças de nove anos, a memorização de cinco dígitos na Ordem Direta ocorreu entre 46,7% da amostra de padronização, enquanto que a memorização de quatro dígitos na Ordem Inversa foi comum entre 21,9% da amostra.

10. Interpretar os subtestes considerando escores altos (forças) e escores baixos (fraquezas); escores médios não são interpretáveis. Estas diferenças devem ser consideradas na elaboração de um plano terapêutico.

- Pode-se também comparar os escores da criança aos da amostra de padronização (média = 10; desvio padrão = ±3), definindo-se como escores medianos valores entre 7 e 13.

RECOMENDAÇÕES GERAIS

- Iniciar a análise qualitativa do geral ao específico (QI Total $\Rightarrow$ Escalas Verbal/de Execução $\Rightarrow$ Índices Fatoriais $\Rightarrow$ Subtestes).

- As diferenças consideradas significativas (p = 0,05) entre os escores são reais, e não ocorreram ao acaso.

- Valores que ocorrem, na amostra de padronização, entre a frequência de 15% a 25% devem ser interpretados.

- Os escores que ocorrem entre menos de 15% da população são considerados raros e não devem ser interpretados.

- Interpretar o QI Total, desde que as diferenças QIV/QIE estejam entre treze e dezessete pontos, uma vez que são reais (p < 0,05) e que ocorrem entre 15% e 25% da amostra de padronização (Tabela B.2 BR). Não interpretar o QIT no caso de as discrepâncias QIV/QIE serem muito altas (maiores que dezessete pontos), uma vez que isso ocorre entre menos de 15% da amostra de padronização. Nesse caso, o QIT não é uma estimativa adequada da inteligência geral. Deve-se utilizar as áreas Verbal/Não Verbal com base nos índices fatoriais, Compreensão Verbal (CV) e Organização Perceptual (OP), dimensões mais puras das habilidades cognitivas.

- Para interpretar as escalas QIV/QIE, pelo menos três subtestes devem ter pontos brutos diferentes de zero.

- As flutuações nos subtestes podem indicar fadiga, ansiedade e desmotivação.

CASO ILUSTRATIVO

O WISC-III foi aplicado em um processo de avaliação psicológica. Os pontos brutos e ponderados podem ser observados na Figura 3.1. Os dez passos para a análise qualitativa são demonstrados em quatro etapas: a Tabela 3.1 contempla os passos de 1 a 3; a Tabela 3.2 corresponde ao passo 4, e as Tabelas 3.3 e 3.4 apresentam os demais passos, separando os subtestes verbais dos subtestes de execução. Logo, segue-se a interpretação do caso e do Perfil da Área Intelectiva (Figura 3.2), material utilizado para devolução à escola dos resultados da avaliação.

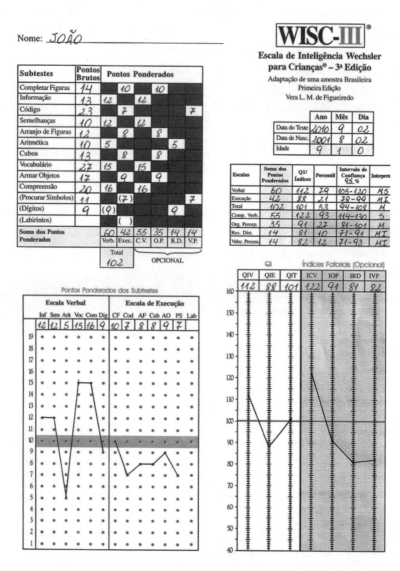

Figura 3.1   Resumo dos pontos brutos e ponderados

Tabela 3.1 Análise das discrepâncias entre as escalas em QIs

Discrepâncias	Diferenças	Significância estatística (0,05)*	Frequência da discrepância na amostra (%)**
QIV – QIE	(112 – 88) = 24	15,6	5,4 (raro)
QICV – QIRD	(122 – 81) = 41	15,0	1,1 (raro)
QIOP – QIVP	(91 – 82) = 09	19,1	56,4 (comum)
QICV – QIOP	(122 – 91) = 31	14,4	3,7 (raro)

Nota: * Ver Tabela B.1 (BR). Nove anos. Os valores maiores indicam significância
    ** Ver Tabela B.2 (BR)

Tabela 3.2 Média dos pontos ponderados da própria criança

	Verbal	Execução	Total*
Soma dos seis subtestes	69	49	
Média na Escala	12 (11,5)	8 (8,16)	

Nota: * Não foi calculada a média da Escala Total devido à discrepância QIV/QIE

Tabela 3.3 Análise das forças e fraquezas nos subtestes verbais

Subtestes verbais	Discrepância	Significância estatística* (0,05)	Frequência da diferença na amostra*	Interpretação
Informação	(12 – 12) = 0	3,34	> 25%	Dentro da média
Semelhanças	(12 – 12) = 0	3,57	> 25%	Dentro da média
Aritmética	(5 – 12) = –7	3,55	< 1%	Fraqueza
Vocabulário	(15 – 12) = +3	3,44	5% a 10%	Força
Compreensão	(16 – 12) = +4	3,98	2% a 5%	Força
Dígitos	(9 – 12) = –3	3,69	10% a 25%	Dentro da média
Dígitos (OD-OI)***	(5 – 4) = 1	---	84,7%	Comum
Dispersão Intersubtestes**	(16 – 5) = 11	X	1,9%	Presença de dispersão

Nota: * Ver Tabela B.3 (BR)   ** Ver Tabela B.5 (BR)   *** Ver Tabela B.7 (BR). Nove anos

Tabela 3.4 Análise das forças e fraquezas nos subtestes de execução

Subtestes de execução	Discrepância	Significância estatística* (0,05)	Frequência da diferença na amostra*	Interpretação
Completar Figuras	(10-8) = 2	3,47	> 25%	Dentro da média
Código	(07-8) = -1	3,92	> 25%	Dentro da média
Arranjo de Figuras	(8-8) = 0	3,91	> 25%	Dentro da média
Cubos	(8-8) = 0	3,28	> 25%	Dentro da média
Armar Objetos	(9-8) = +1	3,96	> 25%	Dentro da média
Procurar Símbolos	(7-8) = -1	4,28	> 25%	Dentro da média
Dispersão Intersubtestes**	(10-7) = 3	X	94,8%	Sem dispersão

Nota:* Ver Tabela B.3 (BR)   ** Ver Tabela B.5 (BR)   *** Ver Tabela B.7 (BR). Nove anos

RESULTADO DA AVALIAÇÃO INTELECTUAL

João tinha nove anos e um mês e frequentava a segunda série de uma escola particular. Foi encaminhado para avaliação psicológica por apresentar problemas de aprendizagem, especialmente na leitura. Na escola, mostrava dificuldades para memorizar e para seguir instruções; trocava e invertia letras e números. Em avaliações anteriores, foram descartadas as hipóteses de dislexia e de problemas auditivos. Nas sessões, mostrou-se tímido e um pouco ansioso, mas foi colaborativo.

O QI Total encontra-se dentro da média. O QI Verbal é significativamente maior do que o QI de Execução. A dispersão na Escala Verbal faz com que o QIV não seja interpretável, sendo o fator Compreensão Verbal o melhor indicador da habilidade verbal.

A habilidade verbal variou de um escore baixo no subteste Aritmética a um escore superior no subteste Compreensão, que envolve questões sociais relevantes. Seu escore pobre para resolução de problemas orais de aritmética – junto ao desempenho mediano no subteste de repetição de dígitos – reflete dificuldade na capacidade de ativar a memória auditiva de curto prazo, uma vez que não há queixa de déficit de atenção nem de dificuldade em matemática. Assim, seu escore rebaixado de Resistência à Distração também está associado a um déficit na memória auditiva de curto prazo.

O alto escore do subteste de Compreensão, quando comparado ao desempenho da criança no subteste Vocabulário (capacidade para definir palavras apresentadas oralmente), indica ótima habilidade para expressão verbal. Teve bom desempenho nos subtestes Informação e Semelhanças, que envolvem informação geral e a habilidade de identificar a comunalidade entre dois conceitos.

A análise da discrepância entre as áreas verbal e não verbal (observada pelos fatores Compreensão Verbal e Organização Perceptual) sugere desempenho superior nos subtestes que exigem habilidades para resolver problemas verbais ao desempenho nos testes que exigem pensamento não verbal e coordenação visomotora. Os dados indicam maior facilidade de reflexão do que de ação. A diferença entre os dois fatores é estatisticamente significativa e infrequente, ocorrendo apenas entre 3,7% das crianças da amostra de padronização.

Os escores dos subtestes de execução foram consistentes, apesar de se observar níveis diferentes de habilidades que envolvem percepção visual e velocidade de coordenação visomotora. Os escores de processamento visual estão dentro da média, sugerindo habilidade para resolver problemas utilizando informação visoespacial. No entanto, quando o componente *velocidade* foi envolvido, os escores foram mais baixos.

O desempenho inferior na área não verbal parece se dar em função de sua lentidão ao resolver tarefas que envolvem tempo, talvez por causa de seu estilo cognitivo reflexivo e de sua necessidade de usar verbalizações nos problemas não verbais. O rendimento rebaixado de Velocidade de Processamento sugere que a lentidão diminuiu expressivamente o desempenho da criança nos subtestes de execução.

Pode-se concluir que João tem potencial e capacidade cognitiva dentro da média, sobressaindo-se em seu raciocínio verbal, especialmente pelas habilidades de compreensão de expressão verbal. Observa-se, entretanto, déficit substancial de memória auditiva de curto prazo e de velocidade de processamento da informação visual, dificultando seu rendimento de leitura e em outras áreas.

Nome: João   Idade: 9 anos

Data Nascimento: 02/08/2001

Escola: Particular

Data do exame: 02/09/2010

Série: 2ª

Estágio atual de evolução e organização das funções cognitivas

ÁREA VERBAL						ÁREA NÃO VERBAL					
Compreensão Verbal (CV)				Atenção (Resistência Distração-RD)		Organização Perceptual (OP)				Velocidade de Processamento (VP)	
				Concentrada	Automática						
Precisão de Vocabulário Flexibilidade e eficiência de Linguagem	Organização e eficiência de memória	Compreensão Verbal. Reflexão e elaboração de situações sócio-afetivas	Formação de conceitos verbais Raciocínio lógico e abstrato	Raciocínio aritmético.	Memória imediata	Fixação e integração de esquemas perceptivos. Concentração	Antecipação Estruturação Temporal	Análise e síntese dedutiva. Orientação espacial.	Análise e síntese indutiva. Integração perceptiva espacial.	Precisão e ritmo das atividades visomotoras	Velocidade mental
Vocabulário	Informação	Compreensão	Semelhanças	Aritmética	Dígitos	Completar Figuras	Arranjo de Figuras	Cubos	Armar Objetos	Código	Procurar Símbolos

Legenda: ☐ escores abaixo da média   ▨ escores dentro ou acima da média   ☐ escores acima da média

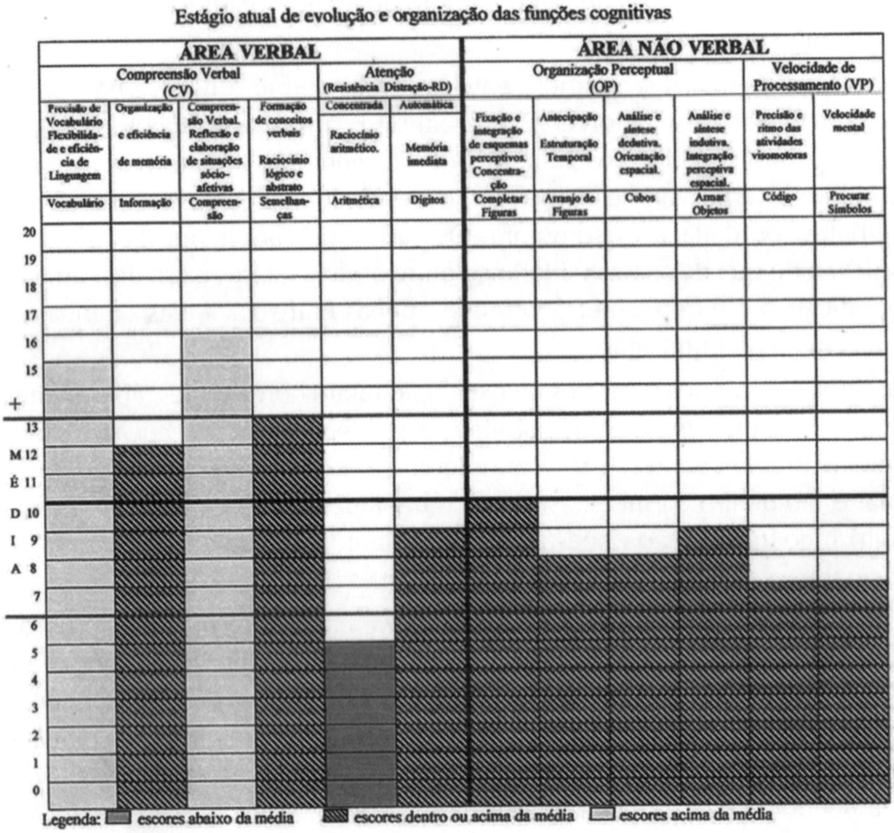

QI Verbal: 112 Médio Superior
QI Não Verbal: 88 Médio Inferior
QI Total:101 Médio
QI CV:122 Superior
QI OP:91 Médio
QI RD:81 Médio Inferior
QI VP:82 Médio Inferior

Figura 3.2   Perfil da área intelectiva

BIBLIOGRAFIA SUGERIDA

Figueiredo, V. L. M. (2000). WISC-III. In J. A. Cunha et al., *Psicodiagnóstico-V* (pp. 603-614). Porto Alegre: Artes Médicas.

Figueiredo, V. L. M. & Nascimento, E. (2007). Desempenhos nas duas tarefas do Subteste Dígitos do WISC-III e do WAIS-III. *Psicologia: Teoria e Pesquisa, 23*(3), 13-18.

Groth-Marnat, G. (1999). *Handbook of Psychological Assessment* (3rd ed.). New York: Wiley & Sons.

Nascimento, E., & Figueiredo, V. L. M. (2002). A terceira edição das Escalas Wechsler de Inteligência. In R. Primi (Org.), *Temas em Avaliação Psicológica* (pp. 61-79). Campinas: IBAP.

Prifitera, A., & Saklofske, D. (1998). *WISC-III clinical use and interpretation.* San Diego: Academic Press.

Sattler, J. M. (1992). *Assessment of Children: WISC-III and WPPSI-R supplement.* San Diego, CA.

REFERÊNCIAS BIBLIOGRÁFICAS

Cayssials, A. N. (2000). *La escala de inteligencia WISC-III en la evaluación psicológica infanto-juvenil.* Buenos Aires: Paidós.

Cunha, J. A. (2000). Escalas Wechsler. In J. A. Cunha et al., *Psicodiagnóstico-V* (pp. 529-615). Porto Alegre: Artes Médicas.

Figueiredo, V. L. M., & Nascimento, E., (2007). Desempenho nas duas tarefas do subteste Dígitos do WISC-III e do WAIS-III. *Psicologia Teoria e Pesquisa, 23*(3), 313-318.

Glasser, A. J., & Zimmerman, I. L. (1977). *WISC: Interpretación clínica de la Escala de Inteligencia de Wechsler para Niños.* Madrid: TEA Ediciones.

Kaufman, A. (1994). *Intelligent testing with the WISC-III.* New York: John Wiley & Sons.

Simões, M. (2002). Utilizações da WISC-III na avaliação neuropsicológica de crianças e adolescentes. *Paideia, 12*(23), 113-122.

Wechsler, D. (1991). *Wechsler Intelligence Scale for Children – Third Edition (WISC-III): Manual.* San Antonio: Psychological Corporation.

Wechsler, D. (2002). *WISC-III: Escala de Inteligência Wechsler para Crianças – Terceira Edição: Manual* (V. L. M. de Figueiredo, adaptação e padronização brasileira) São Paulo: Casa do Psicólogo.

Whitworth, J. R., & Sutton, D. L. (1993). WISCI-III Compilation (Leão, L. L. P. S., trad.). Novato, Califórnia: Academic Therapy Publications.

APÊNDICE – SUGESTÕES DE ATIVIDADES PARA DESENVOLVER HABILIDADES COGNITIVAS DEFASADAS (WHITWORTH & SUTTON, 1993)[1]

FATOR I: COMPREENSÃO VERBAL

INFORMAÇÃO

I. PROPÓSITO DO SUBTESTE

Medir o conhecimento do aluno sobre fatos particulares.

II. FATORES QUE INFLUENCIAM O DESEMPENHO NO SUBTESTE E NA ESCOLA

A. Grau de instrução

B. Interesse e motivação

C. Memória

D. Influências culturais e ambientais

E. Habilidade de pensamento associativo

F. Ansiedade

G. Habilidades de linguagem (compreensão e expressão)

III. IMPORTÂNCIA EDUCACIONAL

A. O aluno deve ser exposto a uma variedade de experiências, diretas e indiretas, por meio de livros, figuras, passeios, palestras, revistas etc., dando oportunidade para a assimilação. O professor deve encorajar o aluno a raciocinar e a pensar por inferência.

B. Para desenvolver a autoconfiança e motivar os alunos a aprender, o professor deve criar um sistema de recompensas prováveis e improváveis.

C. As atividades familiares devem ser incentivadas para que se ampliem as habilidades de aprendizagem dos alunos.

D. O professor deve fazer atividades que permitam mais atenção individual e explicações adicionais aos alunos. Devem ser dadas oportunidades para a apresentação oral feita por alunos.

E. O professor deve rever, periodicamente, conceitos básicos e relacioná-los às ideias novas que estão sendo aprendidas.

---

1 Fonte: Whitworth, J. R. & Sutton, D. L. (1993). WISC-III Compilation. Novato, Califórnia: Academic Therapy Publications. Material traduzido e adaptado pela acadêmica do Curso de Psicologia da UCPel Lorena Lima Pinheiro Souza Leão.

IV. OBJETIVO DE LONGO PRAZO

O aluno será capaz de se lembrar de fatos particulares relativos a experiências de aprendizado anteriores.

Atividades (alfabetização – 3° ano)

1. Desenhar a si mesmo, a família e o meio ambiente.

2. Recriar o quarto, salas de estar e de jantar, cozinha etc., usando pequenos brinquedos, bonecas ou móveis (sofá, cadeiras, camas etc.).

3. Falar sobre os relacionamentos da família, amigos, escola e comunidade.

4. Preparar um calendário para cada mês do ano e marcar cada dia com um símbolo, por exemplo, estrelas, números etc., dando ênfase aos feriados, juntamente com seus significados.

   Material: criar uma atividade de construção do calendário a partir da utilização de cartolinas e canetas hidrográficas coloridas.

5. Identificar e discutir tipos de profissões e as habilidades implicadas em cada uma delas.

Atividades (3° ano – 6° ano)

1. Localizar, no mapa ou no globo, lugares específicos.
   Material: mapa do Brasil e do mundo.

2. Escrever em um papel ou discutir em classe a razão de existirem certos feriados, como, por exemplo, Independência do Brasil, Proclamação da República, Natal, entre outros.

3. Recortar figuras de revistas, ilustrando como as pessoas vivem em outros países.
   Material: revistas diversas.

4. Encontrar no mapa pontos específicos e suas longitudes e latitudes.
   Material: mapa do Brasil e do mundo.

5. Relatar sobre as ocupações profissionais.
   Material: figuras que representem várias ocupações profissionais.

Atividades (6° ano – 9° ano)

1. Discutir, com os colegas, histórias populares, mitologias e lendas.
   Material: vinte questões, feitas pelo professor, sobre histórias populares, mitologias e lendas.

2. Discutir, em grupo, regras gerais de boa convivência.

3. Durante uma viagem de uma cidade a outra, listar no mapa as cidades pelas quais você deveria passar.

   Material: mapa do estado com todos os municípios.

4. Reconhecer no mapa os estados e suas capitais, as siglas dos estados e os estados que fazem fronteira com outros estados e com outros países.

   Material: cartões com os nomes dos estados, capitais, siglas e fronteiras.

5. Discutir fatores envolvidos em uma boa nutrição.

   Material: pirâmide alimentar.

Atividades (ensino médio)

1. Discutir, com os colegas, o comércio local.

   Material: informações sobre a Câmara dos Dirigentes Lojistas.

2. Listar e discutir atributos pessoais e qualificações necessárias para se encontrar e manter um trabalho.

3. Relatar acontecimentos sobre cidades e estados brasileiros.

   Material: fatos sobre as cidades e estados.

4. Discutir as eleições para presidente e as responsabilidades do cargo.

5. Relacionar os nomes de inventores com suas invenções.

SEMELHANÇAS

I. PROPÓSITO DO SUBTESTE

Medir a habilidade de pensar e de raciocinar, usando, de maneira associativa, a lógica nos níveis concreto e abstrato.

II. FATORES QUE INFLUENCIAM O DESEMPENHO NO SUBTESTE E NA ESCOLA

A. Formação do conceito verbal, especialmente relativo a igualdades e diferenças

B. Influência cultural

C. Interesses

D. Memória

E. Pensamento associativo

F. Habilidades de linguagem, de compreensão e de expressão

G. Visualização

III. IMPORTÂNCIA EDUCACIONAL

A. Antes de se desenvolver o pensamento analógico, é necessário que o aluno entenda o conceito de semelhança.

B. Todas as modalidades sensoriais devem ser usadas para o ensino dos conceitos semelhança-diferença.

C. Instruções concretas devem ser enfatizadas e dadas de maneira específica pelo professor até que o aluno seja capaz de entender abstrações.

D. Relacionar vários conceitos aprendidos a novos conhecimentos adquiridos para fortalecer habilidades de pensamento associativo e estimular no aluno a capacidade de reconhecimento de semelhanças e diferenças.

E. Providenciar ajuda visual quando possível. Tenha certeza de que o aluno está perto do professor para que uma associação possa ser formada entre as palavras faladas e o auxílio visual utilizado.

F. A visão geral de uma ideia deve ser apresentada de maneira tão concreta quanto possível, de modo a assegurar o entendimento.

IV. OBJETIVO DE LONGO PRAZO

O estudante será capaz de mostrar a habilidade de pensar e de raciocinar logicamente nos níveis concreto e abstrato, em termos de desenvolvimento verbal, analógico, associativo e de relações semânticas.

Atividades (alfabetização – 3° ano)

1. Classificar e comparar objetos idênticos guardados em uma caixa.
   Material: caixa e brinquedos idênticos.

2. Interpretar o conceito de diferença usando cartões com figuras que reflitam diferenças (exemplo: alto/baixo, grande/pequeno).
   Material: cartões que representem as diferenças entre as figuras.

3. Reconhecer as semelhanças e as diferenças entre as letras do alfabeto.
   Material: letras maiúsculas e minúsculas.

4. Reconhecer e circular números iguais (1-10) que apareçam em determinada linha.
   Material: preparado pelo professor.

5. Completar figuras com as caras, mostrando similaridades e diferenças de humor como feliz, triste etc.
   Material: figuras que ensinem sobre o humor e as emoções.

Atividades (3° ano – 6° ano)

1. Classificar objetos ou figuras de acordo com categorias gerais (por exemplo, transporte, comida).

   Material: categorias, funções, animais, transporte.

2. Descrever o objeto diferente em figuras de quatro objetos.

   Material: três figuras mostrando objetos iguais e uma mostrando um objeto diferente.

3. Figuras que representem grupos de objetos que tenham usos semelhantes (por exemplo: liquidificador, batedeira).

   Material: revistas com figuras.

4. Comparar palavras e figuras que tenham significados opostos.

   Material: cartões com figuras.

5. Completar uma lista de coisas que sejam similares a determinada categoria descritiva (por exemplo: coisas quadradas, azedas).

Atividades (6° ano – 9° ano)

1. Reconhecer sinônimos e antônimos com a ajuda de cartões e de papéis com atividades.

   Material: Nos cartões, escrever palavras usando o sinônimo e o antônimo.

2. Em uma lista, identificar as palavras que mostrem ideia de ação.

3. Identificar os sabores de comidas, tais como doce, azedo, amargo etc.

   Material: pedaços de comidas.

4. Completar os espaços usando palavras opostas (exemplo: "Os bebês são pequenos; os homens são _____.").

   Material: Frases em um papel para os alunos completarem as frases usando os opostos.

5. Relacionar respostas apropriadas a problemas básicos de adição, subtração, multiplicação e divisão.

   Material: Jogo de tabuleiro demonstrando os problemas básicos da matemática.

Atividades (Ensino Médio)

1. Escrever os antônimos das palavras escritas pelo professor (exemplo: "quente"/"frio", " molhado"/"seco", "devagar"/"rápido"). O uso de antônimos e sinônimos auxilia na construção das habilidades de comunicação.

2. Classificar figuras de animais de acordo com suas categorias: mamíferos, répteis, aves, anfíbios, insetos etc.

   Material: cartões com fotos de animais.

3. Classificar e listar ferramentas de acordo com a sua função.

   Material: ferramentas elétricas ou não (martelo, furadeira, serra elétrica etc.).

4. Classificar verbos nos tempos presente, passado e futuro.

   Material: todos os tipos de verbos.

5. Desenvolver uma lista de objetos que existem na escola ou em casa, e, usando o dicionário, atribuir sinônimos a cada um deles.

   Material: dicionário.

VOCABULÁRIO

I. PROPÓSITO DO SUBTESTE

Medir a habilidade da criança para definir palavras específicas.

II. FATORES QUE INFLUENCIAM O DESEMPENHO NO SUBTESTE E NA ESCOLA

A. Influência cultural

B. Grau de instrução

C. Memória

D. Desenvolvimento conceitual

E. Compreensão e expressão verbal

F. Desenvolvimento linguístico

G. Limitações auditivas

H. Atenção

III. IMPORTÂNCIA EDUCACIONAL

A. Introduzir novas palavras por meio de frases diretas e exemplos concretos, tais como, por exemplo, mostrar um bloco e dizer: "Isto é um bloco".

B. Todas as apresentações devem ser feitas utilizando um vocabulário já conhecido pelo estudante. O professor deve checar frequentemente o entendimento do aluno.

C. Encorajar o aluno a utilizar palavras recém-aprendidas por meio de incentivos e recompensas.

D. Providenciar atividades que permitam a livre expressão de ideias.

E. As leituras de materiais selecionados devem ser supervisionadas pelo professor.

F. Os ditados devem ser incluídos na experiência de construção do vocabulário.

G. Discutir como os múltiplos significados de palavras específicas são dependentes de um contexto. Salientar as pequenas e sutis diferenças entre palavras de significado similar.

IV. OBJETIVO DE LONGO PRAZO

O estudante será capaz de definir e usar apropriadamente palavras específicas.

Atividades (alfabetização – 3° ano)

1. Identificar verbalmente todas as letras do alfabeto.

   Material: cartões ilustrados com as letras do alfabeto.

2. Manipular blocos para distinguir os conceitos de: igual/diferente, grande/pequeno, em cima/embaixo, frente/atrás, primeiro/último etc.

   Material: blocos mostrando a relação entre essas palavras.

3. Descrever figuras ou objetos pela cor, pelo tamanho, pela forma e pelo uso.

   Material: figuras que representem objetos; pequenos objetos da sala de aula ou de casa.

4. "Comprar" itens de comida de um supermercado de brinquedo.

   Material: latas vazias, caixas etc., em que as comidas serão acondicionadas, fotos de comida, dinheiro de brinquedo.

5. Colocar palavras recortadas de revistas em ordem alfabética.

   Material: revistas.

Atividades (3° ano – 6° ano)

1. Os alunos devem demonstrar que sabem usar o dicionário com as palavras que foram pré-selecionadas pelo professor e escrevê-las.

   Material: dicionário.

2. Preparar um caderno de vocabulário, categorizando palavras de acordo com suas áreas ou com outra classificação apropriada (podem ser incluídas figuras).

   Material: caderno.

3. Descrever uma história vista na televisão ou em um filme.

4. Uma criança irá descrever um colega de classe e os outros colegas deverão descobrir quem está sendo descrito.

5. Descrever vários objetos de acordo com o tamanho, a cor, a forma, os materiais de que são feitos, o modo como podem ser usados, dentre outras características (por exemplo: "duro"/"macio", "longo"/"curto").

   Material: objetos da sala de aula, de casa, brinquedos etc.

Atividades (6° ano – 9° ano)

1. Utilizar um vocabulário específico para descrever tópicos sobre aventura e esportes.

2. Oralmente descrever pessoas, lugares e coisas.

3. Discutir, em grupo, regras de vestuário, cigarros, drogas e interesses dos adolescentes.

4. Localizar e definir palavras desconhecidas encontradas no jornal.

   Material: jornal e dicionário.

5. Usando uma lista de dez palavras, dramatizar uma entrevista de emprego em sala de aula.

   Material: vídeo de uma entrevista de emprego.

Atividades (Ensino Médio)

1. Demonstrar o conhecimento do vocabulário por meio de uma lista de dez palavras específicas de cada área acadêmica ou disciplina que o aluno estiver cursando.

2. Fazer uma leitura que interesse ao aluno e, depois, discutir sobre o que foi lido.

3. Discutir, em sala, como o prefixo modifica o significado da raiz da palavra.

4. Modificar frases prontas utilizando antônimos das palavras sublinhadas em cada frase.

5. Utilizar vocabulário em associação com atividades esportivas.

COMPREENSÃO

I. PROPÓSITO DO SUBTESTE

Medir a habilidade de avaliar apropriadamente uma situação típica da vida real e determinar respostas apropriadas para cada caso.

II. FATORES QUE INFLUENCIAM O DESEMPENHO NO SUBTESTE E NA ESCOLA

A. Influências ambientais e de vivência

B. Influência cultural

C. Valores morais

D. Raciocínio

E. Conhecimentos práticos e julgamento

F. Consciência social

III. IMPORTÂNCIA EDUCACIONAL

A. Discutir, na sala de aula, as relações de causa e efeito que são essenciais para promover o entendimento.

B. Estimular o aluno a perguntar e a responder questões do tipo "por quê?" e "e se?".

C. As tarefas devem ser explicadas aos alunos para que eles entendam os objetivos que devem ser alcançados.

D. Ajudar o aluno a entender as exigências morais e sociais impostas pela sociedade por meio de discussões e das atividades em grupo na sala de aula. Incentivar a participação dos pais.

E. Utilizar recursos visuais que ajudem os alunos a entender e a executar comandos ou tarefas.

IV. OBJETIVO DE LONGO PRAZO

O aluno deve ser capaz de avaliar e de responder apropriadamente a situações da vida real.

Atividades (alfabetização – 3° ano)

1. Demonstrar a compreensão básica dos conceitos de em cima, embaixo, atrás, antes, primeiro, último etc., usando somente objetos.
Material: pequenos brinquedos e objetos.

2. Responder a perguntas que apresentem a expressão "por que" (exemplos: "Por que temos casas?"; "Por que existem os policiais?").

3. Descrever o emprego dos pais ou um emprego que o aluno gostaria de ter.

4. Discutir regras gerais sobre segurança na escola e as razões para obedecer a essas regras.

5. Identificar os dias da semana antes e depois de um dia específico.
Material: calendário.

Atividades (3° ano – 6° ano)

1. Discutir comportamentos apropriados em várias atividades e situações.
2. Discutir as razões pelas quais devemos ter policiais, bombeiros, médicos, dentistas, enfermeiros etc.
3. Discutir a ideia de economizar para o planejamento do futuro.
4. Identificar a mensagem de uma propaganda e relacioná-la a uma figura apropriada.

    Material: propagandas impressas de revistas e jornais.
5. Discutir a necessidade de existirem regras em esportes e jogos.

Atividades (6° ano – 9° ano)

1. Discutir comportamentos apropriados em situações sociais específicas (exemplos: atividades esportivas, atividades em aula, vida em casa e na família, etc.).
2. Identificar absurdos em frases e histórias.
3. Descrever e discutir absurdos em figuras.
4. Providenciar legendas para desenho em quadrinhos e figuras.
5. Descrever as mudanças que uma pessoa experimenta ao longo da vida.

Atividades (Ensino Médio)

1. Discutir situações usando figuras.

    Material: perguntas como "O que está certo?" e "O que está errado?".
2. Completar histórias inacabadas.
3. Redigir parágrafos simples com uma ideia principal e desenvolvimento de tópicos.
4. Discutir, em sala de aula, acontecimentos históricos e como eles causaram efeito ao mundo, às cidades onde ocorreram e aos próprios alunos.

    Material: jornais e revistas.
5. Escrever sobre humor e sentimentos, usando somente figuras e música.

FATOR II: ORGANIZAÇÃO PERCEPTUAL

COMPLETAR FIGURAS

I. PROPÓSITO DO SUBTESTE

Medir a habilidade de identificar visualmente uma parte relevante que esteja faltando em uma figura.

II. FATORES QUE INFLUENCIAM O DESEMPENHO NO SUBTESTE E NA ESCOLA

A. Conceitualização visual

B. Organização perceptual

C. Memória

D. Identificação visual

E. Influências e experiências culturais

F. Fator tempo

G. Concentração e atenção

III. IMPORTÂNCIA EDUCACIONAL

A. Todas as situações de aprendizado devem enfatizar a ajuda para aprender a reconhecer detalhes essenciais do material visualmente apresentado.

B. Proporcionar experiências visuais ou oportunidades que envolvam o aluno no aprendizado participativo, utilizando situações cotidianas que enfatizem o reconhecimento das partes relevantes da aprendizagem. Por exemplo, na experiência de escovar os dentes, deve-se enfatizar que a escova de dentes, a pasta dental e a água são partes essenciais desta atividade.

C. Estabelecer um ambiente que permita que a atenção visual seja focada no estímulo selecionado, eliminando a poluição visual do ambiente onde se aplicará o teste. A utilização de escrivaninhas pode trazer benefícios.

D. A mesa do estudante deve estar livre de materiais não relacionados à tarefa em questão.

E. Trabalhar com o canal auditivo-vocal de comunicação, combinado com o modo visual. Quando forem feitas apresentações visuais, é necessário limitar o número de itens, de modo a não sobrecarregar o aluno.

F. Todas as tarefas de casa e instruções devem ser escritas e checadas pelo professor para que este se assegure de que todos os detalhes estejam incluídos.

G. Incentivar o aluno a reservar algum tempo para checar seu próprio trabalho, examinando tarefas e instruções.

IV. OBJETIVO DE LONGO PRAZO

O aluno deve ser capaz de identificar visualmente partes relevantes que estejam faltando nas figuras.

Atividades (alfabetização – 3° ano)

1. Encontrar objetos escondidos na sala de aula.
2. Reconhecer formas nas figuras dos objetos.
3. Completar o alfabeto com as letras que estiverem faltando.
   Material: letras do alfabeto preparadas pelo professor.
4. Identificar o que estiver faltando nas figuras.
   Material: jornais e revistas.
5. Encontrar objetos que estejam faltando nas figuras.
   Material: figuras recortadas de revistas e jornais.

Atividades (3° ano – 6° ano)

1. Identificar o que estiver faltando em desenhos de objetos comuns com um ou mais detalhes ausentes.
2. Encontrar objetos escondidos em figuras.
3. Reconhece espaço, distância e diferentes perspectivas.
4. Descrever como se completam atividades simples (por exemplo: arrumar a cama, escovar os dentes).
5. Responder, por meio de acesso à memória questões sobre os detalhes nas figuras estudadas durante sessenta segundos.

Atividades (6° ano – 9° ano)

1. Completar frases oralmente (exemplos: "Inglaterra, Brasil e Canadá são _____."; "Camas, sofás e cadeiras são_____.").
   Material: lista de frases preparada pelo professor.
2. Praticar a escrita de palavras em letra cursiva (manuscrita).
3. Identificar uma palavra que esteja faltando na frase escrita no quadro pelo professor.
   Material: lista de palavras preparada pelo professor.
4. Descrever em detalhes um objeto, uma pessoa ou uma figura.
5. Adicionar prefixos ou sufixos a uma palavra para encontrar as definições dadas pelo professor.
   Material: lista de definições, de raízes de palavras e de afixos preparada pelo professor.

Atividades (Ensino Médio)

1. Identificar sílabas de palavras.
2. Descrever as ações representadas nas figuras.
   Material: figuras recortadas de revistas ou jornais.

3. Marcar e cortar cada estado brasileiro de um mapa e colar em outro.

   Material: dois mapas do Brasil, um marcado por linhas com as divisões dos estados e o outro para recorte.

4. Identificar uma frase que não faça parte de certo parágrafo.

   Material: parágrafos preparados pelo professor.

5. Reconhecer e descrever verbalmente detalhes importantes de uma pequena história que leve a uma conclusão.

   Material: história preparada pelo professor.

ARRANJO DE FIGURAS

I. PROPÓSITO DO SUBTESTE

Medir a habilidade do aluno para colocar na sequência correta uma série de figuras que reflitam situações da vida real.

II. FATORES QUE INFLUENCIAM O DESEMPENHO NO SUBTESTE E NA ESCOLA

A. Atenção visual

B. Compreensão visual de uma situação total

C. Concentração

D. Ansiedade

E. Influência cultural e ambiental

F. Direcionalidade

G. Planejamento e organização

H. Fator tempo

III. IMPORTÂNCIA EDUCACIONAL

A. As atividades em sala de aula devem ser organizadas em uma sequência lógica, a partir da qual o aluno possa desenvolver os conceitos de relação temporal e de causa e efeito.

B. Estimular os alunos a participarem de atividades em grupo, apresentando várias situações sociais por meio de peças teatrais, diálogos de improvisação, jogos, brincadeiras etc. O objetivo é desenvolver a consciência social.

C. Proporcionar experiências que motivem os alunos a fazer uso de julgamentos independentes.

D. Apresentar matérias novas de maneira lógica e ordenada, com explicações que garantam o entendimento por parte dos alunos.

E. A ordem apropriada das letras ou dos números deve ser enfatizada de diversas modalidades sensoriais particularmente no modo cinestésico.

IV. OBJETIVO DE LONGO PRAZO

O aluno deve ser capaz de organizar, na sequência correta, diversos materiais que reflitam situações da vida real.

Atividades (alfabetização – 3° ano)

1. Selecionar pequenos objetos (por exemplo, pequenas bonecas e móveis de brinquedo) e colocá-los em uma ordem sequencial para contar uma história.

   Material: brinquedos e objetos em miniatura.

2. Colocar cartões com figuras em ordem adequada, da esquerda para a direita, e contar uma história.

   Material: cartões com figuras.

3. Colocar quadrados, triângulos e círculos por tamanhos: de maior a menor e de menor a maior.

   Material: formas geométricas, de diferentes tamanhos, desenhadas em uma cartolina.

4. Mostrar a compreensão dos conceitos de primeiro, último, antes e depois, utilizando cartões ou objetos.

5. Ordenar, do menor ao maior, um conjunto de figuras de animais, objetos etc.

   Material: figuras de animais e objetos de tamanhos diferentes.

Atividades (3° ano – 6° ano)

1. Organizar, na sequência correta, as letras misturadas do alfabeto.

   Material: letras do alfabeto.

2. Completar os espaços em branco com as letras correspondentes (exemplo: "___, d, ____, f, ___, h, ____, j, ____").

   Material: o professor deve preparar uma lista com a atividade para os alunos.

3. Organizar os dominós pelos números (exemplos: seis/branco, seis/um, seis/dois).

   Material: dominó.

4. Identificar as diferenças entre objetos (ou entre figuras de objetos) pertencentes a uma mesma categoria (exemplos: avião/helicóptero, carro/caminhão, cadeira/cama).

5. Completar as equações matemáticas (exemplos: "___+ 3 = 5"; "8 – ___ = 2" etc.).

Atividades (6° ano – 9° ano)

1. Localizar em um mapa lugares onde certos eventos acontecem (exemplos: Festa Junina, Revolução Farroupilha, Círio de Nazaré, carnaval, festas de rodeio).

   Material: mapa do Brasil e mapa das regiões do Brasil.

2. Organizar figuras em uma ordem sequencial para contar uma história.

   Material: cartões com figuras.

3. Cortar balões de fala de personagens de revista em quadrinhos, colar em uma cartolina e organizar para formar uma história.

   Material: revistas em quadrinhos, cola, cartolina.

4. Discutir sentimentos e emoções apropriados para várias situações (por exemplo: aniversários, casamentos, funerais).

5. Organizar palavras avulsas em uma ordem correta para a produção de frases.

Atividades (Ensino Médio)

1. Descrever verbalmente os eventos na ordem em que ocorrem.

   Material: figuras e artigos recortados de revistas e jornais.

2. Discutir, em sala de aula, vocações para a escolha de um emprego. Faça uma entrevista, com questões preparadas com antecedência, com os alunos.

3. Discutir as mudanças pelas quais as pessoas passam desde o nascimento até a morte.

4. Discutir a sequência de eventos que ocorrem no ciclo de vida dos insetos.

5. Listar as informações necessárias para solicitar um emprego.

CUBOS

I. PROPÓSITO DO SUBTESTE

Medir a habilidade do aluno para olhar um desenho abstrato, analisá-lo por partes e reproduzi-lo, usando blocos coloridos.

II. FATORES QUE INFLUENCIAM O DESEMPENHO NO SUBTESTE E NA ESCOLA

A. Discriminação

B. Visualização das partes

C. Organização perceptual

D. Orientação espacial

E. Conceitualização concreta e abstrata

F. Integração e coordenação visomotora

G. Ansiedade

H. Concentração

I. Capacidade para discernir cores

J. Fator tempo

III. IMPORTÂNCIA EDUCACIONAL

A. O professor deve considerar a quantidade de informação que o aluno é capaz de copiar ou de aprender em um dado período de tempo. Comece com a mínima quantidade de material a ser copiado ou estudado e aumente a quantidade à medida que as habilidades da criança melhorem.

B. Mantenha todo o material apresentado em um formato visualmente simples e livre de desordem e estímulos excessivos. As palavras devem ser escritas em letras grandes bem espaçadas. Restrinja a quantidade de trabalho por página.

C. Ajudar o aluno no planejamento e na organização das tarefas escritas em papel por meio do fornecimento de pistas visuais, tais como códigos de cor, linhas numeradas, setas e delimitações na folha para cada tarefa.

D. Quando der as instruções, seja específico e use instruções concretas. Por exemplo, diga: "Escreva esta palavra ao lado do número um" em vez de: "Escreva esta palavra no papel".

E. Deve ser dado ao examinando um tempo adicional para que ele complete e melhore a tarefa. Frequentemente, exercícios de reforço são necessários.

F. As técnicas de ensino devem começar a partir da identificação das partes individuais, passando para as partes integradas.

IV. OBJETIVO DE LONGO PRAZO

O aluno deve ser capaz de analisar o significado do todo nas partes individuais e de reproduzir essas partes.

Atividades (alfabetização – 3° ano)

1. Selecionar uma figura geométrica desenhada no quadro negro e reproduzir o desenho no papel.

2. Fazer uma bola ou uma pirâmide, juntando as formas por meio de tamanhos graduados.

3. Reproduzir desenhos usando triângulos, hexágonos e quadriláteros.

4. Exercícios de recorte e dobraduras.

5. Desenhar certo número de formas geométricas em um tempo limite.

Atividades (3° ano – 6° ano)

1. Completar desenhos geométricos.

   Material: papel com desenhos de figuras geométricas incompletas.

2. Circular as palavras que não tenham sentido de uma lista.

   Material: lista de palavras.

3. Reconhecer, em uma lista, palavras com erros de ortografia e soletrá--las, em voz alta, corretamente (ou reescrevê-las).

4. Organizar várias frases em uma história.

5. Reproduzir desenhos, em uma perspectiva real, com cubos coloridos.

Atividades (6° ano – 9° ano)

1. Reproduzir um desenho abstrato no papel.

2. Cortar uma sentença em várias partes e, depois, reconstruir a frase.

3. Montar várias peças de formato abstrato num desenho específico.

4. Reconhecer sílabas nas palavras.

5. Reconhecer as partes das sentenças (por exemplo, sujeito, verbo, predicado etc.).

Atividades (Ensino Médio)

1. Com palavras misturadas, construir frases segundo uma lista de significados.

2. Reproduzir desenhos complexos usando formas geométricas.

3. Completar o mapa do Brasil usando os recortes dos estados.

4. Classificar palavras segundo a classe gramatical.

   Identificar o sujeito, o predicado e os modificadores (adjetivos e advérbios) de uma frase.

ARMAR OBJETOS

I. PROPÓSITO DO SUBTESTE

Medir a habilidade de reconhecimento de partes individuais de um todo e de se utilizar de partes de uma figura para formar uma figura completa.

II. FATORES QUE INFLUENCIAM O DESEMPENHO NO SUBTESTE E NA ESCOLA

    A. Coordenação visomotora

    B. Orientação espacial

    C. Coordenação visoperceptiva

    D. Consciência do todo

    E. Orientação objetiva

    F. Tempo

    G. Habilidades para reconhecer partes do corpo

    H. Técnicas de solução de problemas

    I. Concentração

III. IMPORTÂNCIA EDUCACIONAL

    A. Todas as modalidades sensoriais devem ser incorporadas nas atividades em sala de aula, salientando aspectos cinestésicos e manipulativos.

    B. Deve-se enfatizar o objetivo final da tarefa em vez dos passos necessários para que se obtenha o resultado desejado. Deve-se ajudar o aluno a se organizar, para que a preocupação com detalhes mínimos seja evitada.

    C. No aprendizado acadêmico, o aluno deve entender "a ideia geral" da atividade antes de se preocupar com suas partes e detalhes.

    D. Deve-se dar tempo ao aluno para que termine as tarefas.

    E. Ao planejar a lição, evite técnicas de ensino que empreguem uma abordagem excessivamente detalhista. Por exemplo: o som individual de letras, a divisão silábica de palavras, os problemas aditivos da matemática. Em vez disso, empregue uma metodologia generalista, com o uso de palavras-chave de fácil reconhecimento, sem preocupação com a análise fonética para leitura e grafia. Na matemática, deve ser preferido o emprego de problemas gerais.

IV. OBJETIVO DE LONGO PRAZO

    O aluno deve ser capaz de unir partes para formar algo geral.

Atividades (alfabetização – 3° ano)

    1. Juntar as peças do quebra-cabeça para formar a figura do corpo humano.

    Material: quebra-cabeça do corpo humano.

    2. Completar desenhos do corpo humano com várias partes faltando.

    Material: desenhos preparados pelo professor.

3. Juntar corretamente formas básicas, cortadas em duas ou três partes.

   Material: triângulos, quadrados e círculos cortados em duas ou três partes.

4. Diferenciar os conceitos de esquerda e direita, cima e baixo, frente e trás, respondendo apropriadamente com objetos concretos.

5. Encontrar objetos e formas escondidas nas figuras.

Atividades (3° ano – 6° ano)

1. Montar quebra-cabeças, dos mais simples aos mais complexos.

2. Organizar uma série de formas específicas, como círculos ou quadrados, da menor à maior.

3. Usar legendas do mapa para encontrar as cidades.

   Material: mapa do estado.

4. Identificar formas geométricas ou objetos comuns somente pelo tato e colocá-los em uma sacola.

5. Juntar peças de formas geométricas para formar desenhos específicos.

Atividades (6° ano – 9° ano)

1. Organizar cartões de frases e de palavras para construir uma sentença lógica (podem ser usadas figuras para estimulação).

2. Identificar figuras de objetos, estando escondida uma porção das figuras.

3. Completar desenhos incompletos.

4. Juntar cartões de palavras e de sílabas preparados pelo aluno para formar, respectivamente frases e palavras.

   Material: cartões de palavras e de sílabas.

5. Identificar diversos objetos, com os olhos vendados, somente pelo tato.

   Material: brinquedos e pequenos objetos.

Atividades (Ensino Médio)

1. Descrever vários objetos para que os colegas os identifiquem.

2. Descrever um colega para que os outros o identifiquem.

3. Cortar frases de uma revista ou jornal e formar uma história a partir delas.

4. Escrever um anúncio de venda de um item (exemplos: carro, barco, móveis etc.).

5. Escrever um anúncio de emprego, de compra de carro etc.

   Material: jornal.

FATOR III: RESISTÊNCIA À DISTRAÇÃO

ARITMÉTICA

I. PROPÓSITO DO SUBTESTE

Medir a habilidade para resolver problemas aritméticos ditados por meio de cálculos mentais.

II. FATORES QUE INFLUENCIAM O DESEMPENHO NO SUBTESTE E NA ESCOLA

A. Habilidade numérica

B. Concentração

C. Memória

D. Grau de instrução

E. Atenção

F. Ansiedade

G. Estado mental

H. Conceitualização abstrata

I. Visualização

III. IMPORTÂNCIA EDUCACIONAL

A. O vocabulário básico para matemática deve ser continuamente revisto e reforçado.

B. Devem ser utilizados materiais concretos e manipulativos – tais como palitos de contagem, ábaco, caixa registradora didática – para que se introduzam ou se reforcem conceitos e operações de matemática.

C. Requer-se tempo para que se assegure de que o aluno domina o conceito ou a operação ensinada. Variações da capacidade de atenção devem ser levadas em conta no planejamento e na determinação de duração dos períodos de instrução.

D. O ambiente de sala de aula deve ser estruturado para minimizar distrações auditivas e visuais e para aumentar a concentração.

E. A metodologia, quando necessário, deve incluir o ensino de técnicas de memorização.

IV. OBJETIVO DE LONGO PRAZO

O aluno deve ser capaz de resolver cálculos aritméticos que envolvam as operações de adição, subtração, multiplicação e divisão.

Atividades (alfabetização – 3° ano)

1. Escolher objetos de acordo com seus tamanhos.

   Material: vários objetos e brinquedos de diferentes tamanhos.

2. Comparar objetos e organizá-los de acordo com os tamanhos.

3. Reconhecer números de um a dez.

4. Colocar duas metades juntas para formar um retângulo.

5. Identificar e organizar moedas em grupos, de acordo com seus valores: 1 centavo, 5 centavos, 10 centavos, 25 centavos, 50 centavos e 1 real.

   Material: dinheiro de brinquedo.

Atividades (3° ano – 6° ano)

1. Dividir três conjuntos de objetos (como lápis, giz de cera e borrachas) em dois conjuntos mais um conjunto, para mostrar que grupos diferentes podem dar a mesma soma (exemplo: 2 + 9 = 11 e 8 + 3 = 11).

2. Demonstrar a equação de multiplicação usando cartões com o sinal "vezes" e com números desenhados.

3. Criar uma forma para mostrar que a divisão por zero não tem sentido.

4. Revisar o vocabulário matemático relacionado à multiplicação e à divisão.

5. Estimar somas e diferenças de números com dois ou três dígitos usando calculadora e outros recursos de apoio.

Atividades (6° ano – 9° ano)

1. Identificar e demonstrar partes fracionárias de objetos ou de conjuntos de objetos, usando metades, terços, quartos, quintos, sextos, oitavos, décimos etc.

2. Expressar frações comuns na forma decimal.

3. Comparar duas frações (contendo, no máximo, milésimos) por meio dos sinais < > ou =.

4. Identificar números primos.

5. Encontrar a área de um retângulo, de um quadrado e de um triângulo usando as fórmulas apresentadas.

Atividades (Ensino Médio)

1. Ler e escrever números da ordem dos milhares, das dezenas de milhares, das centenas de milhares e dos milhões.

2. Mostrar compreensão sobre o conceito de números arredondados.

3. Converter frações comuns em números decimais.

4. Identificar números primos.

5. Resolver problemas usando atividades algébricas.

DÍGITOS

I. PROPÓSITO DO SUBTESTE

Medir a habilidade de reter e de repetir na sequência correta – tanto na ordem dada como na ordem inversa – uma informação ditada pelo instrutor.

II. FATORES QUE INFLUENCIAM O DESEMPENHO NO SUBTESTE E NA ESCOLA

A. Atenção

B. Concentração

C. Ansiedade

D. Organização e reorganização

E. Memória

F. Conceitualização

III. IMPORTÂNCIA EDUCACIONAL

A. As instruções para o aluno devem ser específicas, simples e transmitidas lentamente. O número de instruções deve ser aumentado à medida que o aluno for capaz de responder a elas apropriadamente.

B. O instrutor pode dar apoio e ajuda ao aluno, colocando-se fisicamente próximo a ele para garantir o entendimento da instrução por parte do aluno e o início da tarefa.

C. Estruturar o ambiente do aluno para diminuir ou eliminar barulhos, sons e outras distrações auditivas. Pode ser incluído o uso de fones de ouvido, de escrivaninhas ou de disposição isolada.

D. Intervalos frequentes podem ser necessários para que se assegure da atenção do aluno às tarefas. Variações quanto ao tempo limite e às medidas de instrução devem ser consideradas de acordo com as necessidades do aluno.

E. As técnicas de ensino podem empregar modalidade visual para reforçar o desenvolvimento das habilidades de memorização auditiva.

IV. OBJETIVO DE LONGO PRAZO

O aluno deve ser capaz de reter, de recordar e de repetir informações ditadas em uma sequência correta e detalhada.

Atividades (alfabetização – 3° ano)

1. Repetir letras e sequências de números, começando com uma combinação de duas letras ou números.
2. Seguir uma ou mais instruções (exemplo: "Colocar o lápis em cima da mesa").
3. Repetir uma sequência de números, preparada pelo professor, na ordem inversa.
   Material: lista de sequência de números.
4. Repetir uma sequência de nomes de objetos e organizar figuras de objetos em uma mesma ordem.
5. Repetir uma série de palavras em numa sequência correta depois de um intervalo de trinta a sessenta segundos.

Atividades (3° ano – 6° ano)

1. Relacionar os dias da semana em uma sequência correta.
2. Recontar uma história simples na sequência correta.
3. Fazer uma lista de coisas para se comprar no supermercado, *shopping* etc.
   Material: propagandas de jornal.
4. Repetir combinações de números, de sons e de letras.
5. Identificar letras omitidas em uma série de palavras ditadas pelo professor.

Atividades (6° ano – Ensino Médio)

1. Explicar como se brinca com um jogo em especial.
2. Relatar uma sequência de eventos que se ouviu em uma história.
3. Com os olhos fechados, identificar colegas de classe que estejam falando.
4. Depois de sessenta segundos, repetir uma série misturada de números e palavras.
5. Repetir, na mesma ordem de apresentação, os substantivos contidos em uma lista de palavras variadas.

FATOR IV: VELOCIDADE DE PROCESSAMENTO

CÓDIGO

I. PROPÓSITO DO SUBTESTE

Medir a habilidade de reproduzir símbolos a lápis.

II. FATORES QUE INFLUENCIAM O DESEMPENHO NO SUBTESTE E NA ESCOLA

A. Destreza visomotora

B. Velocidade

C. Precisão

D. Flexibilidade de aprendizado

E. Pensamento associativo

F. Ansiedade

G. Orientação espacial

H. Visualização

I. Memória

J. Tempo

K. Motivação e orientação objetiva

III. IMPORTÂNCIA EDUCACIONAL

A. Deve-se ajudar os alunos, caso a caso, quando for apresentado um novo material para ser aprendido.

B. Deve-se dar tempo suficiente para a realização de todos os exercícios de cópia, particularmente do quadro-negro, e de escrita. Não permita que o aluno se apresse para realizar as tarefas com lápis e papel.

C. O professor pode utilizar métodos de memorização e exercícios a fim de melhorar a atenção visual e a velocidade motora dos alunos.

D. As tarefas de classe e de casa devem ser explicadas para a criança passo a passo, para assegurar o seu entendimento.

E. Como os símbolos aritméticos podem trazer dificuldades, recordar os métodos de operação aritmética correspondentes de cada símbolo pode melhorar o desempenho dos alunos.

F. O professor pode utilizar folhas de exercícios com marcação específica ou para o texto ou para os problemas de matemática (com caixa para os números), de modo a facilitar o desempenho do aluno.

IV. OBJETIVO DE LONGO PRAZO

O aluno deve ser capaz de reproduzir símbolos como parte de um conjunto de códigos, por meio da utilização de um lápis.

Atividades (alfabetização – 3° ano)

1. Traçar linhas verticais e círculos.
2. Organizar símbolos ou cores específicas para figuras de animais em um tempo limite.

   Material: formas de animais, cubos coloridos.
3. Separar objetos de acordo com nome, cor ou forma, com um tempo limite (exemplo: caixas de botões, rosas de plástico etc.).
4. Traçar formas geométricas em um tempo limite.
5. Completar o quebra-cabeça de formas geométricas em um tempo limite.

Atividades (3° ano – 6° ano)

1. Combinar os números romanos com os números arábicos em um tempo limite.
2. Localizar cidades, países, rios, estradas etc., usando as legendas de um mapa.
3. Reproduzir uma série de figuras ou de símbolos de memória.
4. Completar palavras cruzadas.
5. Escrever na areia palavras ditadas, em um tempo limite.

Atividades (6° ano – Ensino Médio)

1. Identificar a letra traçada na palma da mão com os olhos fechados.
2. Completar palavras cruzadas e jogos que estejam de acordo com a faixa etária de cada um.
3. Identificar objetos específicos escondidos em figuras.
4. Usar as legendas de um mapa para encontrar estradas, rios, cidades etc.
5. Após visualizar uma série de desenhos por determinado tempo, reproduzir os desenhos usando lápis e papel.

PROCURAR SÍMBOLOS

I. PROPÓSITO DO SUBTESTE

Medir a velocidade com a qual o aluno pode determinar a presença ou a ausência de símbolos apresentados em uma sequência.

II. FATORES QUE INFLUENCIAM O DESEMPENHO NO SUBTESTE E NA ESCOLA

A. Concentração e atenção
B. Velocidade
C. Precisão
D. Ansiedade
E. Orientação espacial
F. Percepção visual
G. Visualização
H. Memória
I. Tempo
J. Motivação e orientação objetiva

III. IMPORTÂNCIA EDUCACIONAL

A. Exercícios especialmente idealizados para aumentar a atenção visual dos alunos às tarefas podem beneficia-los em novas situações de aprendizado.
B. Atividades para o desenvolvimento das habilidades da percepção visual, das técnicas de leitura e de busca textual podem ajudar na leitura, na pronúncia, na grafia e também no desempenho matemático do aluno.
C. Para melhorar a velocidade, exija que o aluno complete várias atividades dentro de um tempo específico.
D. As instruções verbais na sala de aula (e a velocidade com que o professor fala) devem ajustar-se ao ritmo de aprendizagem do aluno. À medida que melhorar a habilidade do aluno para processar informações, o professor poderá falar mais rápido.
E. As instruções visuais ou as escritas devem ser curtas e simples. Instruções mais complexas podem ser utilizadas à medida que melhorar a capacidade do aluno para processar informações.

IV. OBJETIVO DE LONGO PRAZO

O aluno deve ser capaz de determinar a presença ou a ausência de um símbolo específico em uma sequência de símbolos, dentro de um tempo limitado.

Atividades (alfabetização – 3° ano)

1. Relacionar sete de dez formas geométricas.
2. Formar um quebra-cabeça da figura de uma pessoa.

3. Identificar um objeto somente pelo tato.

4. Desenhar figuras conhecidas (por exemplo: pessoa, árvore).

5. Reproduzir pequenas figuras de mosaicos.

Atividades (3° ano – 6° ano)

1. Identificar elementos escondidos que completarão várias figuras.

2. Reproduzir desenhos usando triângulos, hexágonos e quadriláteros.

3. Identificar letras escondidas em uma lista de palavras conhecidas.

4. Completar exercícios para praticar a habilidade de escrita.

5. Circular corretamente, em determinado limite de tempo, duas letras ou dois símbolos que apareçam na linha de uma folha de atividades.

Atividades (6° ano – Ensino Médio)

1. Identificar a ausência ou a presença de símbolos em uma sequência anteriormente apresentada.

2. Identificar diferenças entre figuras.

3. Reconhecer semelhanças e diferenças entre figuras, palavras e situações.

4. Encontrar objetos, animais ou pessoas escondidas em certas figuras.

5. Verbalizar as palavras que foram apresentadas, por dez segundos, anteriormente.

Material: cartões elaborados pelo professor com diferentes palavras escritas.

CAPÍTULO 4

QUAIS OS ERROS MAIS FREQUENTES DOS ESTUDANTES DE PSICOLOGIA NO USO DO WISC–III?

Luciana de Avila Quevedo
Vera L. M. de Figueiredo

Os testes psicológicos, como qualquer outro instrumento de medida, devem apresentar certas características que justifiquem a confiança nos dados que produzem. Os instrumentos devem fornecer medidas com o mínimo de erros possível e apresentar três características para que sejam considerados legítimos e confiáveis: validade, precisão e padronização (Wechsler, 2001).

A padronização refere-se à necessidade de existir uniformidade em todos os procedimentos no uso de um teste. Busca-se padronizar as condições de aplicação dos testes psicológicos para garantir que a coleta dos dados sobre os sujeitos seja de boa qualidade (Pasquali, 2003). Para assegurar a uniformidade, todos os manuais dos testes oferecem instruções técnicas que devem ser suficientemente claras, precisas e respeitadas rigorosamente pelo examinador (Gil, 1994), uma vez que a confiabilidade dos resultados dos testes psicológicos depende, em grande parte, do rigor na aplicação e na correção do instrumento (Alchieri & Cruz, 2003; Pasquali, 2003).

Com as Escalas Wechsler de Inteligência não é diferente, seja qual for a versão ou a população a que se destine a aplicação do teste. Para obter resultados que sejam interpretáveis com confiança, deve-se seguir cuidadosamente as instruções de aplicação e de avaliação propostas pelo manual do teste. Mudanças na fraseologia ou na apresentação de um item, assim como modificações no limite do tempo ou outras alterações nas instruções padronizadas dos subtestes, poderão reduzir a validade dos resultados (Wechsler, 1991).

PRINCIPAIS REGRAS DE APLICAÇÃO E CORREÇÃO

Os procedimentos de aplicação das Escalas Wechsler de Inteligência envolvem tarefas simultâneas como registrar as respostas, dominar as regras de administração, cronometrar, manter o *rapport* e observar o comportamento do examinando, o que, consequentemente, pode facilitar que o examinador cometa erros. As instruções a seguir explicam as principais regras de aplicação e de correção, segundo o manual do WISC-III (Wechsler, 2002), constituindo-se das categorias que serão analisadas, posteriormente, em protocolos resultantes de aplicações.

CRITÉRIOS DE INÍCIO E DE SUSPENSÃO

Ao iniciar a aplicação de cada subteste, o examinador deve estar atento ao *Critério de Início*, ou seja, por qual item começar. Em Semelhanças, Arranjo de Figuras, Vocabulário, Armar Objetos, Compreensão e Dígitos, todas as crianças, independentemente da idade, começam pelo item 1. Em Código e em Procurar Símbolos, a forma A é aplicada a crianças de seis e sete anos, enquanto a forma B é aplicada, a crianças de oito anos em diante, independentemente da estimativa do nível mental.

Por outro lado, em Informação e Aritmética (subtestes verbais), Completar Figuras e Cubos (subtestes de execução), as crianças, de acordo com a idade mental estimada, iniciam o teste em diferentes pontos da sequência de itens. No caso de o testando apresentar indícios de deficiência intelectual, começa-se pelo item 1. Em tais subtestes, quando não se inicia pela primeira questão e quando a criança obtiver pontuação perfeita nos dois primeiros itens aplicados, consideram-se corretos os itens anteriores que não foram administrados. Caso contrário, aplicam-se os itens precedentes em sequência inversa (exceto em Cubos, que é aplicado em sequência direta), até que se obtenham dois itens consecutivos com pontuação máxima.

O *Critério de Suspensão* não se aplica ao subteste Armar Objetos, no qual todos os itens devem ser administrados. Em Código e em Procurar Símbolos, a duração da aplicação é determinada pelo tempo limite. Nos demais subtestes, a interrupção é estabelecida por um número consecutivo de respostas erradas.

ENSINANDO A TAREFA

Vários subtestes proporcionam algumas formas de ajuda ao sujeito ou de correção das respostas aos itens iniciais. O objetivo disso é assegurar-se de que a criança entenda a questão ou fornecer instruções adicionais no caso do sujeito errar as respostas de tais itens. A ajuda somente deve ser dada quando indicado pelas instruções, que assinalam o item com "&", na Folha de Registro. Nesses itens, se a criança errar, o examinador lhe dirá a resposta certa para auxiliá-la a entender a tarefa; entretanto, a pontuação será zero.

INQUÉRITO OU QUESTIONAMENTO

As respostas incompletas ou ambíguas dadas aos subtestes verbais devem ser questionadas. Nos subtestes Semelhanças, Vocabulário e Compreensão, algumas respostas-exemplo ilustradas no manual são seguidas por um (Q), indicando que aquela resposta ou qualquer uma que seja equivalente a ela deve ser questionada pelo examinador. O objetivo do inquérito é esclarecer a resposta dada inicialmente pela criança. Deve-se usar frases neutras ("explique melhor") e registrar, na folha de resposta, um "Q" depois da verbalização espontânea, assim como se deve anotar, na Folha de Registro, a resposta subsequente. Respostas claramente erradas não devem ser questionadas.

REGISTRO DAS RESPOSTAS

A resposta do examinando a cada item deve ser anotada para, depois da sessão de testagem, ser avaliada minuciosamente. A anotação permite, também, a avaliação qualitativa das respostas, podendo fornecer informações clínicas bastante úteis. Não anotar, na Folha de Registro, as respostas, o tempo de execução, os questionamentos e as advertências acarretará pontuações duvidosas.

Segundo Cunha (2000), o psicólogo que não registra a resposta textual e atribui de imediato o escore, ou aquele que anota apenas lembretes para resumir os dados pertinentes e adequados para a atribuição posterior do escore, perde, muitas vezes, indícios clínicos importantes, ainda que, às vezes, sutis, para a compreensão de problemas emocionais. Para Kaufman (1979), anotar as observações clínicas do comportamento e as verbalizações do examinando é tão relevante quanto a pontuação em si.

PONTUAÇÃO DAS RESPOSTAS

A maioria dos itens dos subtestes do WISC-III são pontuados de maneira direta e objetiva; no entanto, Semelhanças, Vocabulário e Compreensão requerem mais cuidado quanto à pontuação. Para estes subtestes, a pesquisa de padronização do teste original (Wechsler, 1991) avaliou a concordância entre examinadores, obtendo graus de confiabilidade de 0,94 para Semelhanças, de 0,92 para Vocabulário e de 0,90 para Compreensão. Segundo Wechsler, embora estes subtestes exijam maior julgamento por parte do examinador, os escores podem ser consistentes; entretanto, para Sattler (1992), a pontuação confiável de tais subtestes exige maior habilidade do psicólogo.

PESQUISAS SOBRE CONCORDÂNCIA ENTRE AVALIADORES

Sattler, Andres, Squire, Wisely e Maloy (1978) desenvolveram uma pesquisa entre 110 psicólogos e estudantes de graduação, os quais pontuaram 187 respostas ambíguas dos subtestes Semelhanças, Vocabulário e Compreensão. Um nível de 80% de concordância na pontuação foi alcançado somente entre 51% das respostas ambíguas do subteste Semelhanças, 49% das de Compreensão e 38% das de Vocabulário, evidenciando dificuldades na pontuação das respostas.

Os estudos têm mostrado que os examinadores que utilizam as Escalas Wechsler cometem, com grande frequência, diversos erros de administração e de pontuação. Segundo uma revisão feita por Groth-Marnat (1999), entre os erros mais frequentes estão a omissão do registro de respostas e de tempo de desempenho do sujeito e a omissão de inquérito, quando é indicado fazê-lo, bem como a presença de inquérito inadequado.

Slate e Jones (1990), estudando os erros cometidos durante a administração do WAIS-R em 180 protocolos aplicados por 26 estudantes de graduação, encontraram uma média de 8,8 erros por protocolo. Quando estes foram corrigidos, os resultados dos QIs foram alterados em cerca de 81% dos protocolos (63,2% foram mais baixos do que o resultado designado pelos estudantes e 17,8% foram mais altos). O tipo de erro mais frequente foi a falta de registro de respostas verbais e o segundo foi a pontuação incorreta. Outro erro destacado foi o questionamento inapropriado, o qual ocorreu com mais frequência entre os itens dos subtestes Vocabulário, Compreensão e Semelhanças.

Slate, Jones, Coulter e Covert (1992) analisaram 56 protocolos de WISC-R, administrados por nove profissionais experientes e treinados para a aplicação e a correção do teste, e observaram que os examinadores cometeram erros em todos os protocolos. Quando a falta de registro de respostas, de assinalamento da pontuação e de tempo de execução foram considerados erros, a média geral foi de 38,4 erros/protocolo (DP = 29,3), e a média de erros por examinador variou entre 16,2 e 90,1. Os subtestes com maior número de erros, incluindo a falta de registros, foram Completar Figuras, Arranjo de Figuras e Vocabulário. Quando a falta de registro de respostas não foi computada como erro, a média geral diminuiu para 8,7 erros/protocolo (DP = 4,6), variando a média de erros por examinador entre 4,7 e 15,1. Nesse caso, os subtestes com mais erros foram Vocabulário, Compreensão e Semelhanças. Ainda segundo os autores, o erro mais frequentemente encontrado foi a falta de registro de respostas, que foi cometido por todos os examinadores (29,5 erros/protocolo). O segundo erro mais frequente ocorreu na pontuação das respostas. Os examinadores deram pontuações 5,8 vezes mais altas do que mais baixas às adequadas. Outro erro comum foi a falta de questionamento, que ocorreu quatro vezes mais do que o questionamento inadequado.

Em estudo realizado por Alfonso, Johnson, Patinella e Rader (1998) foram aplicados e avaliados sessenta protocolos do WISC-III por quinze estudantes de graduação. Cada participante aplicou e pontuou quatro protocolos do teste. A administração não foi observada, sendo que os erros foram verificados por meio dos registros da Folha de Resposta. Os examinadores foram instruídos a ler e a estudar o manual antes da administração do teste e a reler sobre os erros mais comuns relativos às Escalas Wechsler. Após cada administração de protocolo, os estudantes recebiam um *feedback* verbal e um escrito pelo instrutor, referente a seu desempenho, antes da aplicação do protocolo seguinte. Os autores do estudo encontraram como resultado 468 erros, aproximadamente 7,8 erros/protocolo e 31,2 erros/estudante. A comparação da média de número de erros do primeiro protocolo para o quarto foi de 14,4 para 5,4 erros/protocolo. Os subtestes que apresentaram erros com mais frequência foram Compreensão, Semelhanças, Procurar Símbolos e Dígitos. Todos os protocolos tiveram erros, e os erros mais comuns foram falta de inquérito, falta de registro das respostas verbais, transformação incorreta do QI Verbal (QIV) e do QI Total (QIT) e soma incorreta de pontos nos subtestes. Após a revisão dos erros dos protocolos, 70% dos QIs mudaram de classificação.

Belk, LoBello, Ray e Zachar (2002) analisaram cem protocolos do WISC-III, aplicados e pontuados por 21 estudantes de graduação. Foram encontrados, em média, 45,2 erros/protocolo quando a falta de registro de respostas foi considerada erro. Ao ser desconsiderada, a média mudou para 10,9 erros/protocolo. Os erros foram classificados nas categorias administração, pontuação, cópia e cálculo de escores. A falta de questionamento foi o erro de administração mais evidente. Os examinadores incorreram 7,6 vezes mais em falta de questionamento diante das respostas do que em questionamento inapropriado. Quanto à pontuação, os estudantes foram 2,3 vezes mais propensos a superestimarem o escore dos itens que formam o conjunto verbal e, consequentemente, obtiveram resultados de QIs mais elevados em 46% dos casos. Os subtestes Compreensão, Vocabulário e Semelhanças foram os que apresentaram maior número de erros. Os erros de cópia e cálculo de escores mais comuns foram a transcrição errada dos escores ponderados das tabelas do manual e a inclusão inadequada dos subtestes opcionais para o cálculo do QI. Esses erros tiveram baixa frequência, apesar de serem fundamentais para o resultado do QIT.

Loe, Kadlubek e Marks (2007) realizaram um estudo a partir de 51 protocolos de WISC-IV administrados e corrigidos por dezessete estudantes do

1° ano da graduação. Houve erro em 98% dos protocolos do teste, sendo a média de 25,8 erros/protocolo. Os erros mais comuns foram encontrados na administração do teste, sendo 41% do total. Erros de computação dos escores corresponderam a 37% e no registro de resposta equivalem a 22%. Os tipos de erros mais frequentes foram falta de questionamento, falta de registro de resposta e pontuação. Os subtestes Compreensão, Cubos, Vocabulário e Semelhanças foram os que tiveram a maioria dos erros. Quanto aos QIs, 35% ficaram alterados, sendo que 75% destes apontando para um valor maior do que o adequado.

ESTUDO BRASILEIRO SOBRE CONCORDÂNCIA ENTRE AVALIADORES

Em pesquisa realizada no Brasil, 42 psicólogos de diferentes estados corrigiram as respostas de seis protocolos de WISC-III selecionados aleatoriamente da amostra de padronização ao contexto brasileiro. Tomando-se como referência os escores totais, o subteste Vocabulário apresentou maior variabilidade nas pontuações, seguido por Compreensão. Considerando-se o total de itens analisados em cada subteste, Semelhanças apresentou a maior concordância entre os avaliadores. Entretanto, os resultados evidenciaram que os três subtestes envolvem a subjetividade do avaliador na pontuação das respostas (Figueiredo, Araújo, Dias, & Busetti, 2010).

Segundo Pasquali (2003), o erro está sempre presente em qualquer medida e sua presença constitui uma séria ameaça à tomada de decisões. Por essa razão, é importante que haja meios de se neutralizar ou de diminuir seus efeitos ou, pelo menos, de conhecer sua grandeza. Dentro dessa perspectiva, será descrito um trabalho que buscou identificar os erros mais comuns de aplicação do WISC-III em um contexto cultural diferente daquele em que o teste original foi padronizado.

MÉTODO

Foi realizado um estudo de base documental, sendo analisados quinhentos protocolos do WISC-III originários do banco de dados desenvolvido pela autora da adaptação brasileira do teste. O instrumento foi aplicado por dez auxiliares de pesquisa, alunos do curso de Psicologia a partir do 5° semestre que já haviam cursado a disciplina do teste. Cada um administrou, no mínimo, vinte protocolos. Foi realizado um treinamento específico três vezes por semana durante um mês, com conteúdo teórico e prático, constando este último de simulações de aplicação. No final, o aluno devia aplicar o WISC-III a duas crianças em situação supervisionada e ser aprovado em um teste escrito para iniciar a coleta de dados.

Todos os protocolos foram corrigidos manualmente pelo próprio examinador e, posteriormente, foram revisados por dois avaliadores. Logo, a pesquisadora entregava um *feedback* sobre os erros de aplicação e de pontuação identificados, sendo que estes últimos foram corrigidos antes da conversão dos escores ponderados que produziriam os QIs. Para fins do estudo, os protocolos selecionados foram categorizados de acordo com os seguintes tipos de erros:

a. Erros de Aplicação quanto ao *Início*: não começar a aplicação pelo item adequado à idade do sujeito, assim como não retornar aos itens precedentes.

b. Erros de Aplicação quanto à *Suspensão*: interromper a aplicação do subteste antes ou depois do critério estabelecido pelo manual.

c. Erros de Aplicação quanto à *Ajuda:* não registrar auxílio nos itens indicados por "&"; intervenção em momentos inapropriados; advertências erradas nos itens de Completar Figuras e registros incorretos de auxílio.

d. Erros de Aplicação quanto ao *Questionamento*: não questionar as respostas ou fazê-lo de forma inadequada; não questionar os itens do subteste Completar Figuras diante de respostas duvidosas; não solicitar um segundo argumento nos itens assinalados com asterisco no subteste Compreensão.

e. Erros de Aplicação quanto ao *Registro*: não anotar na Folha de Resposta do teste os dados referentes à identificação e às respostas do examinando, o tempo de execução dos itens e as pontuações, nem qualquer outra informação relevante.

f. Erros de Correção: pontuar inadequadamente os itens e cometer enganos na soma dos escores dos subtestes.

RESULTADOS

A média de erros, tanto na aplicação como na correção, foi de 5,14 por protocolo (DP = 3,81). A correção foi responsável por 59,5% dos erros identificados nos protocolos.

As falhas referentes à correção das respostas aparecem na Tabela 4.1, englobando tanto a pontuação dos itens, que foi o erro mais frequente, como a soma dos escores nos subtestes. Os subtestes Vocabulário, Compreensão e Semelhanças foram os que apresentaram, respectivamente, os maiores números de erros de pontuação, enquanto Procurar Símbolos e

Dígitos mostraram os menores. Tomando-se o total de erros de pontuação, 85,9% ocorreram entre os subtestes verbais.

Tabela 4.1 Erros de correção por subteste

Subtestes Verbais	Erros (%)	Ordem	Subtestes de Execução	Erros (%)	Ordem
Informação	67 (4,38)	4	Completar Figuras	44 (2,88)	5
Semelhanças	218 (14,24)	3	Código	40 (2,61)	6
Aritmética	34 (2,22)	8	Arranjo de Figuras	38 (2,48)	7
Vocabulário	504 (32,94)	1	Cubos	32 (2,1)	9
Compreensão	479 (31,31)	2	Armar Objetos	34 (2,22)	8
Dígitos	13 (0,85)	11	Procurar Símbolos	27 (1,76)	10
Total Verbal	1315 (85,94)		Total de Execução	215 (14,05)	

Conforme Tabelas 4.2 e 4.3, quando considerados somente os erros observados na aplicação do conjunto verbal (N = 794), a maioria dos erros foi referente ao subteste Vocabulário, principalmente quanto ao Questionamento, categoria na qual foram incluídos erros de Falta de Questionamento (N = 473), de não solicitação de segundo argumento nos itens assinalados em Compreensão (N = 41) e de questionamento inadequado (N = 28). O segundo erro mais frequente foi relacionado à Ajuda, relativo ou a fazê-la de forma inadequada (N = 65) ou a omiti-la (N = 111). O menor número de erros foi no critério de Início da aplicação.

Considerando os erros de aplicação no conjunto de execução (N = 248), os mais frequentes foram os de Registro, enquanto os de Suspensão foram os menos comuns. Dos erros de aplicação observados no teste como um todo (N = 1042), 76,2% ocorreram no conjunto verbal. Entre os subtestes de execução, Completar Figuras destacou-se por erros de Questionamento ou de advertências. Algumas categorias de erros não foram passíveis de análise em alguns subtestes e estão assinaladas nas Tabelas 4.2 e 4.3 com "não se aplica". Em Vocabulário, por exemplo, não há erro no critério de início, uma vez que, qualquer que seja a idade do sujeito, a aplicação do subteste se inicia pelo item 1.

Tabela 4.2 Erros de aplicação nos subtestes verbais e seus respectivos percentuais

Subtestes	Início	Suspensão	Ajuda (&)	Questionamento (Q)	Registros
Informação	26 (2,5)	10 (0.96)	1 (0,1)	16 (1,54)	3 (0,29)
Semelhanças	NA	9 (0,86)	126 (12,09)	95 (9,11)	8 (0,77)
Aritmética	9 (0,86)	12 (1,15)	0	NA	21 (2,02)
Vocabulário	NA	23 (2,21)	4 (0,38)	214 (20,53)	8 (0,77)
Compreensão	NA	6 (0,58)	20 (1,93)	157 (15,07)	2 (0,2)
Dígitos	NA	11 (1.06)	NA	NA	13 (1,25)
Total	35 (3,36)	71 (6,82)	151 (14,5)	482 (46,25)	55 (5,3)

Nota: NA = Não se aplica

Tabela 4.3 Erros de aplicação nos subtestes de execução e seus respectivos percentuais

Subtestes	Início	Suspensão	Ajuda (&)	Questionamento (Q)	Registros
Completar Figuras	23 (2,2)	4 (0,38)	24 (2.3)	60 (5,76)	15 (1,43)
Código	NA	NA	NA	NA	14 (1,34)
Arranjo de Figuras	NA	2 (0,19)	NA	NA	17 (1,63)
Cubos	8 (0,78)	14 (1,34)	NA	NA	24 (2,3)
Armar Objetos	NA	NA	1 (0,1)	NA	20 (1,93)
Procurar Símbolos	NA	NA	NA	NA	22 (2,1)
Total	31 (2,98)	20 (1,91)	25 (2,4)	60 (5,76)	112 (10,73)

Nota: NA = Não se aplica

A Tabela 4.4 evidencia os itens que, em cada subteste, apresentaram maior frequência de erros. No subteste Arranjo de Figuras, aparecem dois itens porque apresentaram a mesma frequência de erros. No item 22, em Completar Figuras, diante de respostas relativas a partes não essenciais da figura, não foi questionada qual a mais relevante. Em Informação, item 6 (dinheiro), e em Compreensão, item 10 (placas), observou-se erro de pontuação. Em Semelhanças, o erro mais comum foi a falta de ajuda relativa ao item 2 (piano e violão). Nos subtestes Arranjo de Figuras e Armar Objetos, os erros foram relativos à pontuação. No item 18 (reais) de Aritmética e no item 3 de Cubos observou-se falta de registro da resposta ou do tempo. Em Vocabulário, o maior problema foi observado no item 7 (bicicleta), referindo-se à falta de questionamento. Nos subtestes Código, Procurar Símbolos e Dígitos, a análise de erros não foi realizada.

Tabela 4.4   Itens por subteste que apareceram com maior número de erros

Subtestes	Item mais problemático	Tipo de erro
Completar Figuras	22	Questionamento
Informação	6	Pontuação
Semelhanças	2	Falta de Ajuda
Arranjo de Figuras	9 e 14	Pontuação
Aritmética	18	Registros inadequados
Cubos	3	Registros inadequados
Vocabulário	7	Falta de questionamento
Armar Objetos	5	Pontuação
Compreensão	10	Pontuação

DISCUSSÃO

O estudo apresentado encontrou médias de erros por protocolo abaixo das relatadas na literatura (Slate et al., 1992; Alfonso et al., 1998; Belk et al., 2002; Loe et al., 2007), o que sugere que o treinamento do examinador tem algum efeito positivo sobre os examinadores, minimizando as falhas de aplicação e de correção. Assim, medidas adequadas em programas de treinamento podem diminuir o número de erros dos examinadores no WISC-III e em outras baterias de testes cognitivos.

Os erros de pontuação ocorreram com maior frequência do que os de aplicação. Porém, deve-se considerar que a maior quantidade de erros observada neste estudo foi relativa à pontuação e que estes erros foram corrigidos antes da conversão dos escores brutos em ponderados. Erros de subestimação ou de superestimação dos QIs não foram calculados, uma vez que não prejudicaram substancialmente os escores finais.

Nos subtestes Vocabulário, Compreensão e Semelhanças observou-se maior dificuldade para a pontuação, diferindo dos resultados de Wechsler (1991), que caracterizou a pontuação dos itens de tais subtestes como uma tarefa objetiva. Na verdade, os erros de pontuação podem estar relacionados à falta de parâmetros de pontuação no manual, pois nele existem poucos exemplos de respostas-padrão. Uma resposta diferente das apresentadas no manual deixa dúvidas sobre a sua aceitabilidade, e a pontuação será influenciada pela subjetividade do avaliador. De acordo com os resultados, pôde-se concluir que os subtestes que formam o fator Compreensão Verbal e, consequentemente, os que compõem o QI Verbal são os mais suscetíveis às pontuações inadequadas.

Considerando o total de erros de aplicação, tanto nos subtestes verbais como nos de execução, o mais comum foi o de questionamento. Deixar de fazer questionamento pode estar relacionado ao desconhecimento das respostas esperadas por parte do examinador, que aceita como resposta correta qualquer verbalização relacionada ao item. Não esclarecer respostas pobres e duvidosas suscitará escores imprecisos e, consequentemente, diagnósticos errôneos.

A falta de questionamento foi mais frequente em Vocabulário, o mesmo subteste em que os alunos de graduação tiveram maior dificuldade para pontuar respostas, aparentando ser esta a prova mais complexa para os examinadores. Completar Figuras foi o subteste de execução que apresentou maior quantidade de erros de questionamento. Esse erro compreendeu duas falhas mais comuns. A primeira refere-se a não pedir esclarecimento sobre respostas ambíguas, por exemplo, "boneca" no item 7 (espelho), caso no qual se deve sempre perguntar "onde?". Para alertar o examinador em relação à necessidade de questionar respostas incompletas, na versão brasileira do teste os itens 7, 17 (dados), 21 (telefone), 23 (laranja), 24 (termômetro) e 30 (casa) do subteste Completar Figuras estão sublinhados na Folha de Registro. A segunda falha foi relacionada à falta de advertência do examinador diante de respostas não essenciais ou de respostas referentes a partes ausentes na figura. Ambos os erros podem ser atribuídos à falta de atenção do examinador.

A falta de ajuda foi outro erro frequente na aplicação do teste, a qual pode estar superestimada, pois, mesmo que o examinador tenha auxiliado o sujeito no caso de respostas erradas nos itens iniciais, foi considerada omissão não ter nenhum registro desse procedimento anotado na Folha de Resposta. Não auxiliar o sujeito nos itens iniciais está também associado à falta de atenção do examinador, uma vez que, além das instruções no manual, na Folha de Registro do teste essa intervenção está assinalada com "&".

Quanto aos itens com maior frequência de erros, em Completar Figuras "sabonete e água" foram verbalizações bastante comuns no item 22 (banheira). Sendo consideradas respostas não essenciais, faltou uma intervenção, questionando o sujeito por uma resposta mais relevante. Apesar da objetividade na pontuação de Informação (1 ou 0 ponto), no item 6 (dinheiro) observou-se muitas respostas diferentes das apresentadas no manual, entre elas "moeda e papel", oportunizando dúvidas ao examinador. Em Compreensão, os erros de pontuação no item 10 (placas) podem estar associados à dificuldade de relacionar as respostas dos examinandos às ideias gerais do manual. Os erros relacionados ao item 7 (bicicleta) do subteste Vocabulário ocorreram, frequentemente, na pontuação de respostas como "serve para andar/anda-se nela". No manual, respostas similares aparecem tanto nos exemplos de 2 pontos como nos de 1, mas se diferem pela complementação do conteúdo do primeiro caso, o que parece não ser notado pelos examinadores.

Não foram encontradas razões diferentes da falta de atenção para justificar os erros de pontuação nos subtestes Arranjo de Figuras e Armar Objetos, uma vez que os escores são relacionados apenas à realização correta do item e ao tempo de execução. A mesma razão pode ser associada à falta de registros de tempo, de pontuações e de respostas nos subtestes Aritmética e Cubos. As pesquisas encontradas, em revisão de literatura, referentes aos erros cometidos pelos examinadores na aplicação e na correção do WISC-III não apresentaram resultados de análises relativas aos itens do teste, o que impossibilita qualquer comparação aos resultados encontrados.

Pode-se concluir que, por mais que um treinamento para aplicadores seja eficiente, não se pode dispensar o acompanhamento de um especialista que possa identificar erros e que possa dar *feedback* sobre as primeiras aplicações do teste, o que possibilita o reforço de regras que, inicialmente, não estão automatizadas. Considerando que as respostas dadas pelos examinandos são muitas vezes diferentes das apresentadas pelo manual, seria importante uma lista mais ampla de respostas-modelo, principalmente para os subtestes Semelhanças, Vocabulário e Compreensão. Outra sugestão é a de consultar os pares quando ocorrerem dúvidas sobre a pontuação.

Entre os pontos fortes deste estudo, pode-se destacar o número maior de protocolos analisados em relação aos citados na literatura. Algumas limitações do estudo podem também ser apontadas. A primeira referiu-se à falta de observação em sala de espelho durante a aplicação do teste, o que impossibilitou a comprovação dos erros que foram analisados segundo os registros dos examinadores; a segunda foi não ter identificado, na categoria Erro de Suspensão, se a aplicação foi interrompida antes ou depois do critério estabelecido, o que ocasionaria diferentes implicações ao estudo dos erros.

O trabalho apresentado neste capítulo buscou identificar os erros mais comuns na aplicação e na correção do WISC-III, possibilitando que os usuários das Escalas Wechsler de Inteligência – sejam alunos de Psicologia, sejam profissionais – deem maior ênfase a tais critérios na ocasião do seu preparo para a utilização das escalas. Da mesma forma, os resultados poderão auxiliar os professores no ensino e no treinamento relativos a esses instrumentos. Apesar de o estudo ter como base o WISC-III, os resultados certamente servirão para as novas versões da escala. Os resultados encontrados no Brasil concordaram com os divulgados pelos diferentes pesquisadores.

REFERÊNCIAS BIBLIOGRÁFICAS

Alchieri, J. C., & Cruz, R. M. (2003). Procedimentos para uso de instrumentos psicológicos. In J. C. Alchieri & R. M. Cruz, *Avaliação Psicológica: conceitos, métodos e instrumentos* (pp. 57-68). São Paulo: Casa do Psicólogo.

Alfonso, V. C., Johnson, A., Patinella, L., & Rader, D. E. (1998). Common WISC-III examiner errors: evidence from graduate students in training. *Psychology in the Schools, 35*(2), 119-125.

Belk, M. S., LoBello, S. G., Ray, G. E., & Zachar, P. (2002). WISC-III Administration, clerical, and scoring errors made by student examiners. *Journal of Psychoeducational Assessment, 20*, 290-300.

Cunha, J. A. (2000). Escalas Wechsler. In J. A. Cunha et al., *Psicodiagnóstico – V* (pp. 529-615). Porto Alegre: Artes Médicas.

Figueiredo, V. L. M., Araújo, J. M. G., Dias, T. C., & Busetti, M. V. (2010). Subtestes Semelhanças, Vocabulário e Compreensão do WISC-III: pontuação objetiva ou subjetiva? *Psicologia: Reflexão e Crítica, 23*(3), 449-455.

Gil, A. C. (1994). Os testes. In A. C. Gil, *Métodos e Técnicas de Pesquisa Social* (pp. 146-156). São Paulo: Atlas.

Groth-Marnat, G. (1999). *Handbook of Psychological Assessment*. New York: Wiley & Sons.

Kaufman, A. (1979). *Intelligent testing with the WISC-R*. New York: John Wiley & Sons.

Loe, S. A., Kadlubek, R. M., & Marks, W. J. (2007). Administration and scoring errors on the WISC-IV among graduate student examiners. *Journal of Psychoeducational Assessment, 25*(3), 237-247.

Pasquali, L. (2003). Teoria da medida. In L. Pasquali, *Psicometria: Teoria dos Testes na Psicologia e na Educação* (pp. 23-51). Petrópolis: Vozes.

Sattler, J. M., Andres, J. R., Squire, L. S., Wisely, R., & Maloy, C. F. (1978). Examiner scoring of ambiguous WISC-R responses. *Psychology in the Schools, 15*(4), 486-489.

Sattler, J. M., (1992). *Assessment of Children: WISC-III and WPPSI-R supplement*. San Diego.

Slate, J. R., & Jones, C. H. (1990). Identifyng students' errors in administering the WAIS-R. *Psychology in the Schools, 27*, 83-87.

Slate, J. R., Jones, C. H., Coulter, C., & Covert, T. L. (1992). Practitioner's administration and scoring of the WISC-R: evidence that we do err. *Journal of Psychology, 30*, 77-82.

Wechsler, D. (1991) *Wechsler Intelligence Scale for Children – Third Edition (WISC-III): Manual*. San Antonio: Psychological Corporation.

Wechsler, S. M. (2001). Princípios éticos e deontológicos na avaliação psicológica. In L. Pasquali, *Técnicas de Exame Psicológico – TEP. Manual* (pp. 171-193). São Paulo: Casa do Psicólogo.

Wechsler, D. (2002) *WISC-III: Escala de Inteligência Wechsler para Crianças – Terceira Edição: Manual*. (V. L. M. Figueiredo, adaptação e padronização brasileira). São Paulo: Casa do Psicólogo.

CAPÍTULO 5

PADRONIZANDO NOVAS RESPOSTAS-MODELO PARA O WISC-III

Jaciana M. G. Araújo
Vera L. M. de Figueiredo

A lista de respostas-modelo do manual do teste WISC-III (Wechsler, 2002) consiste de traduções das respostas apresentadas no manual original (Wechsler, 1991). Este capítulo apresenta um estudo de sistematização das respostas dadas por crianças e adolescentes brasileiros nas pesquisas subsequentes à de padronização, com o objetivo de auxiliar os usuários a pontuar as respostas que não constam da lista do manual.

A RELEVÂNCIA DA PONTUAÇÃO DOS ITENS

Tanto no processo de elaboração como no de adaptação dos testes psicológicos, é essencial a padronização de todos os procedimentos a serem tomados, o que garante que o instrumento seja utilizado de forma correta e uniforme, independente de sua finalidade. Quando os profissionais optam por utilizar um teste para o processo de avaliação psicológica, buscam um meio de obter as informações necessárias a esse processo de forma mais precisa. Entretanto, o escore obtido só estará correto se todas as normas de padronização forem seguidas e se a correção dos protocolos for isenta de interferências subjetivas por parte do avaliador. Deste modo, é inútil respeitar todas as características da aplicação se a pontuação não for exata, pois, neste caso, a fidedignidade do teste estará comprometida e seus resultados não estarão fiéis ao construto que está medindo (Pasquali, 2003).

Para pontuar um teste, o psicólogo deve fazer uso do manual do próprio instrumento, no qual constam as diretrizes básicas a serem utilizadas, e também deve considerar o processo de correção e de interpretação das respostas como um momento de grande importância, pois é a última etapa antes da preparação da devolução dos resultados ao examinando. Contudo, em alguns casos, como no WISC-III, a subjetividade do examinador pode interferir na pontuação de determinadas respostas, em que a qualidade e a adequação destas devem ser consideradas (Sattler, 1992; Wechsler, 1991). Deste modo, a pontuação do

WISC-III torna-se complexa mesmo com as diretrizes e os exemplos apresentados pelo manual, que são insuficientes em função do grande espectro de respostas que podem ser dadas pelos examinandos (Belk, LoBello, Ray, & Zachar, 2002).

Segundo o manual americano (Wechsler, 1991), todos os subtestes da escala podem ser pontuados bastante confiavelmente. Porém, na prática encontram-se dificuldades de atribuir pontuação em relação a alguns deles. Estudos apontam que grande parte do percentual de erros encontrados na aplicação do WISC-III e do WISC-IV são cometidos na fase de pontuação, com tendência à superestimação dos escores (Belk et al., 2002). Conforme indica Sattler (1992), os subtestes Semelhanças, Vocabulário, Compreensão e alguns itens de Informação suscitam dificuldades de atribuição de pontos. Esses dados foram confirmados em uma pesquisa que buscou identificar a concordância entre avaliadores no processo de pontuação de respostas registradas em protocolos do WISC-III (Figueiredo, Araújo, Dias, & Busetti, 2010).

As dificuldades para pontuar os subtestes verbais do WISC-III podem ocorrer em função de ocorrerem respostas aos itens diferentes das apresentadas como exemplos no manual. Outra dificuldade deve-se à pontuação múltipla (2, 1 ou 0) em alguns subtestes, que causa dúvidas na identificação da qualidade das respostas. Além disso, fatores próprios do avaliador, como seu grau de experiência, também podem influenciar a pontuação (Sherman & Taylor, 2001).

Dessa forma, os problemas quanto à pontuação no WISC-III não devem ser desprezados, pois podem afetar diretamente os resultados finais do teste. Deve-se considerar que, para o usuário do teste, é complexo superar essa dificuldade individualmente. Portanto, é recomendado que o profissional consulte seus pares ou materiais específicos para ter certeza de que os escores atribuídos estejam corretos (Cunha, 2000; Sattler, 1992).

VALIDANDO RESPOSTAS-MODELO ADICIONAIS

A proposta do estudo que originou este capítulo foi oferecer respostas adicionais aos itens de alguns subtestes, diferentes daquelas apresentadas no manual do WISC-III. O trabalho seguiu um modelo semelhante ao utilizado em análises de validade de conteúdo, no qual profissionais são consultados sobre a adequação das questões que irão compor um teste (Adanéz, 1999; Pasquali, 1998). Sobre essa análise, Pasquali afirma que os juízes devem ser peritos na área do construto em estudo, e uma concordância de pelo menos 80% entre os juízes pode servir como critério de decisão sobre o item. Esse modelo foi utilizado para validar as pontuações atribuídas por avaliadores a respostas dos subtestes Completar Figuras, Informação, Semelhanças, Vocabulário e Compreensão.

A pesquisa foi realizada como trabalho de conclusão do curso de Psicologia da primeira autora deste capítulo. Realizou-se contato com profissionais que utilizam o WISC-III por meio de uma rede eletrônica composta por psicólogos que trabalham com avaliação psicológica. No total, treze profissionais participaram como avaliadores, atribuindo pontuações a mais de setecentas respostas dadas ao WISC-III por crianças, de todas as faixas etárias, avaliadas pelo teste. Essas respostas foram catalogadas durante diversas aplicações do instrumento, desde sua pesquisa de padronização. Elas foram enviadas para apreciação dos avaliadores em um protocolo no qual estavam agrupadas por subteste, e a tarefa dos psicólogos foi pontuar as respostas como se elas fossem dadas em uma avaliação que o próprio profissional estivesse realizando.

Participaram da primeira fase da pesquisa doze profissionais, dentre os quais mais de dois terços eram provenientes da região Sudeste, com idades entre 25 e 53 anos, e, em média, formados há dezessete anos (DP = 11,1). Todos relataram possuir experiência tanto na aplicação como na correção do WISC-III. O nível de formação acadêmica da maioria dos avaliadores era de mestrado ou de doutorado e eles reportaram utilizar o manual somente como apoio para correção. A psicóloga que participou da fase seguinte da pesquisa teve a função de decidir casos em que houve empate quanto às pontuações das respostas.

ANÁLISE QUANTITATIVA

O instrumento apresentado aos avaliadores continha quantidade diferente de respostas em cada subteste, como mostra a Tabela 5.1. Esse dado já é um indicativo de que os subtestes Vocabulário, Compreensão e Semelhanças são os que proporcionam maior amplitude de respostas subjetivas, implicando, ao mesmo tempo, maior dificuldade para o examinador pontuá-las. Tais resultados vão ao encontro dos achados de Belk et al. (2002), de Sattler (1992) e de Wechsler (1991), os quais afirmam que os subtestes do conjunto verbal (especialmente os citados anteriormente) são os que envolvem maior subjetividade quanto à pontuação. Pode-se perceber, ainda, que nos subtestes cujas perguntas são abertas se torna mais difícil adequá-las aos critérios do manual.

Tabela 5.1 Número de respostas a serem pontuadas e concordância entre avaliadores por subteste

Subteste	Quantidade de questões a serem pontuadas	Percentual de respostas com 80% de concordância
Completar Figuras	12	50
Informação	37	24,3
Semelhanças	125	27,2
Compreensão	233	28
Vocabulário	359	15

Com relação à concordância, os números são bastante insatisfatórios em todos os subtestes, sendo que os menores índices foram observados em Vocabulário, Informação e Semelhanças. Entre eles, o subteste Vocabulário apresentou a menor concordância, o que corrobora os achados de Sattler, Andres, Squire, Wisely e Maloy (1978), que apontam esta prova como sendo subjetiva em relação à pontuação. Isso ocorre essencialmente em função de os itens do subteste Vocabulário serem perguntas abertas que, algumas vezes, envolvem conceitos de difícil definição, resultando em respostas pobres e ambíguas que também podem ser influenciadas pelo contexto sociocultural da criança.

O resultado do subteste Informação mostra que, mesmo não sendo citado pela literatura (Sattler, 1992; Wechsler, 1991) como um dos mais difíceis para pontuar, seus itens podem evocar verbalizações de apreciação complexa. Na aplicação, o examinando é solicitado a dar informações sobre ações, conceitos e pessoas, fazendo com que as respostas sofram variações de acordo com o maior ou o menor conhecimento da criança sobre aquilo que lhe é questionado.

Os subtestes Semelhanças e Compreensão obtiveram níveis de concordância próximos, ambos pouco abaixo de 30%. Tal resultado concorda com o que aponta a literatura (Sattler, 1992; Sattler et al., 1978; Wechsler, 1991), ou seja, que eles estão entre os subtestes que suscitam respostas mais difíceis de pontuar. Em ambos, as pontuações variam de 0 a 2, dependendo da qualidade da resposta. Semelhanças é uma prova que pede para que o examinando aponte similaridades entre duas categorias distintas (ex.: piano *versus* violão), enquanto Compreensão solicita ao examinando que explique o motivo de determinadas regras sociais, das atitudes que tomaria em determinada situação ou, ainda, do uso de certos objetos (ex.: cinto de segurança; caderno de capa mole ou de capa dura). Esses dados diferem dos encontrados na pesquisa de Simões et al. (2000), na qual Compreensão mostrou-se como a prova mais difícil de pontuar.

O melhor resultado foi obtido em Completar Figuras, no qual 50% das respostas alcançaram 80% de concordância. Entretanto, trata-se de um resultado preocupante, porque este é um subteste objetivo. A exigência feita ao testando é apenas indicar a parte que falta em desenhos apresentados a ele nas pranchas de aplicação; além disso, suas pontuações são dicotômicas (0 ou 1). Parece que as instruções para pontuação apresentadas no manual não são claras o suficiente para auxiliar o examinador a atribuir pontuação.

ANÁLISE QUALITATIVA

Em alguns itens, as pontuações são dicotômicas (0 ou 1), e em outros são politômicas (0, 1 ou 2). Quando foram realizadas as análises de frequência, em algumas respostas houve empate entre as pontuações 0 e 1 ou, ainda, entre 1 e 2, o que ocorreu em 22 respostas. Exemplo: em Completar Figuras, item 10 (Porta), foi a resposta "Fechadura (AC)"; em Informação, item 6 (Dinheiro), foi a resposta "Moeda e papel". Metade dos juízes considerou essas respostas corretas e os demais, erradas.

Em outros sete casos, nos subtestes Vocabulário e Compreensão, a opinião dos avaliadores se dividiu-se de tal forma que as frequências foram de 33% para 0, 1 e 2. Exemplos: em Vocabulário, item 7 (Bicicleta), foi a resposta "É de pedalar"; em Compreensão, item 4 (Cinto de segurança), foi a resposta "Para não se machucar quando vai andando".

FATORES QUE INFLUENCIARAM NA VARIABILIDADE DA PONTUAÇÃO

Foram identificados alguns fatores que contribuem para a imprecisão dos escores. Entre eles estão a confiança na memorização das regras de pontuação, a falta de esclarecimento sobre as regras e, ainda, a correção rápida, com base no senso comum, sem consulta ao manual. Outros aspectos relacionam-se à subjetividade do avaliador ou a falhas do examinador no procedimento de aplicação.

Na listagem apresentada, havia algumas respostas que já constavam como respostas-modelo. Em Vocabulário, por exemplo, as respostas "Animal de estimação", para o item 5 (Burro), e "Come Pasto", para o item 6 (Vaca), apesar de constarem no manual com escore de 1 ponto, foram pontuadas por 42% dos avaliadores nas categorias 0 e 2, indicando que estes não consultaram os exemplos de pontuação.

Ainda em relação ao subteste Vocabulário, parece que os profissionais não costumam consultar os princípios que norteiam a pontuação do subteste na seção de Avaliação. No item 9 (Imitar), a resposta "Imitar (cantor, pessoa, animal, desenho)" foi pontuada com 2 pontos e com 1 ponto (25% e 33%, respectivamente), sendo que, no manual, a orientação sugere que uma expressão correta que contenha a palavra perguntada, mas que não mostre verdadeira compreensão do seu significado, mesmo depois do inquérito, deve receber 0 ponto. Outro exemplo, observado no mesmo subteste, ocorreu no item 4 (Guarda-chuva). A resposta "Usa-se na chuva" foi pontuada pela maioria (67%) com 2 pontos, ao passo que o manual exige, para atribuir essa pontuação, respostas que indiquem proteção e situação de uso (ou seja, que apontem para duas ideias diferentes). Em Semelhanças, alguns avaliadores atribuíram 2 pontos aos itens de 1 a 5, sendo que o escore máximo deles é 1.

A subjetividade do avaliador é bastante evidenciada na pontuação dos itens cujas respostas não são encontradas entre os exemplos apresentados no manual. Em Vocabulário, por exemplo, no item 23 (Retificar), a resposta "Uma mecânica de carros" foi pontuada em categorias diferentes (0, 1 e 2 pontos) por 33% dos juízes. Outra dispersão ocorreu no mesmo item em relação à resposta "Renovar", evidenciando dúvidas dos avaliadores entre atribuir à resposta 2 ou 0 pontos, escores que identificam, respectivamente, uma resposta perfeita e uma resposta de pouca compreensão ou completamente errada.

Nota-se que as respostas mais difíceis de pontuar são as consideradas pobres. Elas ocorrem, na maioria das vezes, pela falta de inquérito do examinador no momento da aplicação. No subteste Compreensão, item 4 (Cinto de segurança), a resposta "para (prevenir; evitar) acidentes" foi pontuada com 2 pontos por 58% dos juízes e com 1 ponto por apenas 25%. Trata-se de uma resposta ambígua, uma vez que não fica claro se ela se refere a prevenir/evitar danos materiais (0 ponto) ou pessoais (2 pontos). Isto mostra que o inquérito é essencial na aplicação dos subtestes verbais.

Não se deve pontuar ideias subentendidas ou que não são verbalizadas. Por exemplo, em Compreensão, no item 12 (Voto secreto), a resposta "mais seguro, mais tranquilo" foi pontuada pela maioria dos avaliadores com o escore de 1 ponto (73%), que a associaram, provavelmente, às respostas do manual "a minoria não terá medo de votar"; "ninguém ficará contra você", exemplos dentro da segunda ideia geral. Salienta-se, dessa forma, que, sem fazer inquérito para identificar com clareza a intenção da criança, nesse caso, a resposta espontânea deve ser pontuada com 0.

CONSIDERAÇÕES FINAIS

Apesar de os subtestes do WISC-III serem considerados por Wechsler (1991) objetivos quanto à pontuação, os resultados sugeriram que Completar Figuras, Informação, Semelhanças, Vocabulário e Compreensão apresentam possibilidade de erros de pontuação por parte dos avaliadores (Belk et al., 2002). Mesmo estabelecendo um critério de 80% de concordância entre avaliadores, observou-se que tais subtestes propiciaram divergências nas pontuações. O subteste Completar Figuras foi o que eliciou respostas menos complexas dos examinandos e, consequentemente, mais fáceis de pontuar, enquanto Vocabulário mostrou ser o subteste mais difícil de ser pontuado.

A correção dos subtestes exige habilidade e, por esta razão, se reforça a necessidade de que o psicólogo consulte seus pares para revisar a análise dos protocolos, na tentativa de minimizar possíveis erros e a subjetividade. Entende-se que a utilização de material complementar pode, também, auxiliar os profissionais a pontuarem o teste mais confiavelmente. Por essa razão, o leitor pode consultar, no Apêndice denominado "Respostas adicionais", as verbalizações catalogadas em pesquisas anteriores com suas respectivas pontuações, validadas no estudo descrito neste capítulo.

Este trabalho não teria sido possível sem a estimada colaboração dos psicólogos que se voluntariaram para participar do estudo. Agradecemos a todos os profissionais e, em especial, a Drª Iraí Boccato Alves, professora da Universidade de São Paulo.

REFERÊNCIAS BIBLIOGRÁFICAS

Adanéz, G. P. (1999). Procedimientos de construcción y analisis de tests psicometricos. In S. M. Wechsler, & R. S. L. Guzzo (Orgs.), *Avaliação Psicológica: Perspectiva Internacional* (p. 57-100). São Paulo: Casa do Psicólogo.

Belk, M. S., LoBello, S. G., Ray, G. E., & Zachar, P. (2002). WISC-III administration, clerical, and scoring errors made by student examiners. *Journal of Psychoeducational Assessment, 20*, 290-300.

Cunha, J. A. (2000). Escalas Wechsler. In J. A. Cunha et al., *Psicodiagnóstico – V* (5ª. ed., p. 529-602). Porto Alegre: Artmed.

Figueiredo, V. L. M., Araújo, J. M. G., Dias, T. C., & Busetti, M. V. (2010). Subtestes Semelhanças, Vocabulário e Compreensão do WISC-III: pontuação objetiva ou subjetiva? *Psicologia: Reflexão e Crítica, 23*(3), 43-54.

Pasquali, L. (1998). Princípios de elaboração de escalas psicológicas. *Revista de Psiquiatria Clínica, 25*(5), 206-213.

Pasquali, L. (2003). Fidedignidade dos testes. In L. Pasquali (Ed.), *Psicometria: teoria dos testes na psicologia e na educação* (Vol. 1). Petrópolis: Vozes.

Sattler, J. M., Andres, J. R., Squire, L. S., Wisely, R., & Maloy, C. F. (1978). Examiner scoring of ambiguous WISC-R responses. *Psychology in the Schools, 15*, 486-489.

Sattler, J. M. (1992). *Assessment of children: WISC-III and WPPSI-R supplement.* San Diego.

Sherman, L., & Taylor, A. (2001). *Experimentally manipulated bias in school psychologists' scoring of WISC-III protocols.* Paper presented at the annual meeting of the Mid-Western Educational Research Association, Chicago, IL. Recuperado em 22 de novembro de 2010, de http://www.users.muohio.edu/shermalw/mwera_version5_files/mwera_version5.htm

Simões, M. R., Santos, M. J. S., Pereira, M., Albuquerque, C. P., Vilar, M., Lança, C. et al. (2000). Estudos de precisão com a WISC-III: acordo intercotadores e teste-reteste. In *Anais da VII Conferência Internacional "Avaliação Psicológica: formas e contextos"*, (p. 25), Belo Horizonte, MG.

Wechsler, D. (1991). *Wechsler Intelligence Scale for Children – Third Edition (WISC-III): Manual.* San Antonio: Psychological Corporation.

Wechsler, D. (2002) *WISC-III: Escala de Inteligência Wechsler para Crianças – Terceira Edição: Manual.* (V. L. M. Figueiredo, adaptação e padronização brasileira). São Paulo: Casa do Psicólogo.

APÊNDICE – RESPOSTAS ADICIONAIS

COMPLETAR FIGURAS

Item	Questão	Resposta	Pontuação
03	Gato	Barbatana	0
		Vibrissa	0
		Barba	1
		Pelinhos (AC)	1
10	Porta	Fechadura (AC)	0
12	Lâmpada	Luzinha	0
		Resistência	1
		Fios (AC)	1
		O que acende (AC)	1
15	Mulher	Sobrancelha (AC)	0
		A pintura do olho/A maquiagem	1
16	Tesoura	Preguinho	1
18	Apito	Bolinha	0

Nota: AC = apontou correto

INFORMAÇÃO

Item	Questão	Resposta	Pontuação
04	Ferver	(Põe, coloca) na chaleira	0
		Fogo (Q)	0
06	Dinheiro	(Somente valores, sem especificar o dinheiro)	0
		Pila	0
		Cruzeiro	0
		Real e centavo (sem especificar valores)	1
		Moeda e papel	1
12	P.A.C.	Descobriu a América	0
13	Monteiro Lobato	Poeta	0
14	Estômago	Para cair a comida	0
		Para a comida ir para dentro	0
		Circular a comida	0
		Separa a comida para o sangue	0
		(Filtra, ingere) comida	0
		Para comer/se alimentar	0
		Onde (fica, para) a comida	1
		(Recebe, abriga, onde vai) a comida	1
		Onde passa a comida	1
		Para (colocar, botar, entrar) comida	1
		Deixar a comida na barriga/Deixar o que se come	1
		Absorve a comida	1
		Aloja/Acumula a comida	1
19	Sol	Poente	0
		Ocidente	1
		Ocidente e Poente	1
20	Canadá	América/Americano	1
22	Água	H_2O	0

Continua

Continuação

Item	Questão	Resposta	Pontuação
24	Vidro	Terra	0
		Areia e água	0
25	Ferro	Maresia	0
		Água	0
27	Hieróglifo	Escrita da Idade Média	0
		Dos indígenas	0
		Escrita nas pedras	1
28	Barômetro	Mede (temporal, pressão do tempo)	0
		Mede (tempo, o ar, a água, a umidade, a temperatura	0
		Mede a (intensidade, velocidade) do (vento, ar)	0
		Mede a pressão do (vento, ar)	1

Nota: Q = inquérito

SEMELHANÇAS

Item	Questão	Resposta	Pontuação
01	Vela x Lâmpada	As duas têm cordão para acender	0
		Claros (Q)	0
		Formas de energia	0
		Usadas para enxergar (Q)	0
		Dão claridade	1
		São de acender	1
02	Piano x Violão	Formam uma banda	0
		São música/Música	0
		Cantam	0
		Fazem som	0
		Musicais (Q)	0
		Instrumentos de sons	1
		Os dois servem para cantar e tocar	1
		(Tocam, dão) música	1

Continua

Continuação

Item	Questão	Resposta	Pontuação
03	Camisa x Sapato	São acessórios	0
		São de botar	0
		As pessoas usam	1
		Vestimenta/Agasalho	1
04	Leite x Água	Comida	0
		São de tomar	1
05	Bola x Roda	Roda/Bola	0
		São de borracha	0
		Servem para jogar	0
		Dá para chutar	0
		Círculo	1
06	Maçã x Banana	Alimentos	1
07	Gato x Rato	Os dois roem	0
		Rabo (Q)	0
		Correm	0
		Transmitem doença	0
		Quadrúpedes	1
		Mamíferos	2
		São bichos	2
08	Telefone x Rádio	Aparelhos domésticos	0
		Falam/Se comunicam	0
		Fazem som/Fazem barulho	0
		Eles tocam	0
		As pessoas falam/Se fala	1
		Tem fio	1
		Os dois são ligados na luz elétrica	1
		Passam notícias/Dão informação	1
		Transmitir (som, mensagem)	1
		Comunicam/Comunicador	1
		Eletrônicos	1
		Servem para se comunicar/É para nos comunicarmos	2
		Objetos para se comunicar/Comunicação	2
		Telecomunicação	2

Continua

Continuação

Item	Questão	Resposta	Pontuação
09	Cotovelo x Joelho	Ligamentos (Q)	0
		São movidos	0
		Membros do corpo	0
		São ligamentos	0
		Têm pontas	0
		Para se agachar	0
		Ajudam a nos mexer	1
		Do corpo	1
		Têm ligamentos	1
		Para nos movimentar	1
		Partes humanas	1
		São dobras	2
		Eles dobram o corpo da gente	2
		Fazem os membros dobrarem	2
10	Raiva x Alegria	A gente produz eles	0
		Estados físicos	0
		Maneiras de agir	1
		Estados de humor	2
		Se sente	2
		Estados mentais	2
11	Família x Tribo	São (civilizações; sociedades)	0
		São povos/São turmas	0
		Têm chefe (Q)	0
		Têm (muitas; um monte) de pessoas	1
		(Composto, conjunto, organização, reunião, união) de pessoas	1
		(Moram, vivem) juntos	1
		Pessoas juntas	1
		São unidos/União	1
		São comunidades	2
		Têm gente unida/Pessoas unidas	2
		Tipo clãs	2
		Organizações sociais	2
		Têm laços sanguíneos	2

Continua

Continuação

Item	Questão	Resposta	Pontuação
12	Gelo x Vapor	Líquidos	0
		Os dois são gelados	0
		São brancos, transparentes	0
		Qualidades da água	0
		Substâncias (químicas, orgânicas)	0
		São água	1
		Estados físicos	1
		Derivados da água	1
		Líquidos em diferentes estados	2
14	Quadro x Estátua	Enfeites/Para serem vistos	0
		(São, ficam) parados/Não se (me-xem, movem)	0
		Paisagens/Esculturas	0
		Os dois têm tinta	0
		São monumentos	0
		Obras-primas	0
		Os dois se fazem com as mãos	1
		Feitas pelo homem	1
15	Montanha x Lago	Paisagem (Q)	1
		São da terra (Q)	1
		(Coisas, aspectos) da natureza	2
		Acidentes geográficos	2
		Tipos de relevo	2
		Obras da natureza	2
		São do meio ambiente	2
16	Primeiro x Último	Distanciados	0
		Um começa e o outro termina	0
		Estão na matemática (Q)	0
		Tem nos jogos	0
		Colocações	1
		(Indicam, ordem de) chegada	1
		Classificação	1

Continua

Continuação

Item	Questão	Resposta	Pontuação
17	Sal x Água	Mar (Q)	0
		Temperos	0
		Sal vem da água	0
		Para comer	1
		São alimentos/São comidas	1
		Servem para fazer comida/Usados para fazer almoço	1
		Vêm do mar	1
18	9 x 25	São múltiplos (Q)	0
		São ordinais	0
		São quantidades	0
		Porque só formam um número	0
		São raízes	0
19	Borracha x Papel	Vêm da madeira	0
		Extraídos da natureza	2

Nota: Q = inquérito

VOCABULÁRIO

Item	Questão	Resposta	Pontuação
01	Chapéu	Para usar (Q)	0
		(Acessório, tipo) de roupa	0
		Para enfeitar a cabeça	1
		Peça do vestuário	1
02	Relógio	Botar no pulso (Q)	0
03	Ladrão	Malvado	0
		Desonesto	1
		Que mata gente	1
		Marginal	2
		Pessoa que tira dos outros as coisas importantes	2
		Homem que vai na venda e pega as coisas sem pagar	2
		Quem pega as coisas sem pedir	2

Continua

Continuação

Item	Questão		Pontuação
04	Guarda-chuva	Para tapar a chuva	1
		Para (não se molhar, o sol)	1
		Usa-se na chuva	1
		Se está chovendo a gente abre para não se molhar	2
		Para não se molhar na chuva	2
		Para não pegar chuva	2
		Para não chover em cima da pessoa	2
05	Burro	Animal (chifrudo, com guampas)	0
		Quem não estuda	0
		Que faz coisas erradas	0
		Não lê/Não escreve/Analfabeto	0
		Cavalo/Cavalinho	1
		Puxa charrete	1
		Animal de estimação	1
		Ser vivo	1
		Não é inteligente	1
		Que não entende o que aprende	2
		Jegue	2
		Quem não sabe nada/Não sabe fazer as coisas	2
06	Vaca	Come pasto	0
		Carrega carroça	0
		Quadrúpede	0
		É de onde sai o leite/Dá leite	1
		Um alimento	1
		Fonte de alimento	1
		Ser vivo	1
		Animal que tem chifre	2
		Um bicho	2
		Mulher do boi	2
		Se come e dá leite	2

Continua

Continuação

Item	Questão		Pontuação
07	Bicicleta	Para (andar, correr)	0
		É de pedalar	1
		Um tipo de esporte (Q)	1
		Para não precisar caminhar	1
		Para carregar pessoas	1
		Se usa para (passear, ir na venda)	2
		Anda-se mais rápido com ela	2
		Para se exercitar	2
		Para se locomover	2
		Para fazer ginástica	2
08	Valente	Quem briga	0
		Acha que vai conseguir tudo	0
		Machão	0
		Quem quer dar nos outros	0
		Quem não apanha de ninguém	0
		Quem tem força	0
		Defende os outros/Defende-se	1
		Protege as pessoas	1
		Quem (luta para alcançar os objetivos, vai à luta, tem garra)	2
		Bravo	2
		Enfrenta (qualquer um, as coisas)	2
		Que não é medroso	2
09	Imitar	Imitar (cantor, pessoa, animal, desenho)	0
		Uma pessoa fala e a outra fala junto	0
		Fazer parecer alguma coisa	0
		Igual/Igualar	0
		Debochar/desprezar/zombar	0
		Imitar o que o outro está fazendo	1
		Quer ser (igual, a mesma coisa) que o outro	1
		Ter tudo igual que o outro tem	1
		Falar a mesma coisa que o outro/Um fala e o outro fala também	1
		Fazer (gestos, parecido)	1
		Ficar igual ao outro	1
		Fazer (igual, a mesma coisa)	1
		É fazer o que os outros fazem	2
		Arremedar/Parodiar	2
		Fazer o mesmo	2

Continua

Continuação

Item	Questão		Pontuação
10	Antigo	Tempo	0
		Carro antigo/Móvel antigo/Coisa (antiga, de antigamente)	0
		Antes	0
		Coisa que não (existe, serve) mais	0
		O que já aconteceu	0
		Pessoa (de mais idade, da terceira idade)	0
		Que passa de geração	1
		Relíquia	1
		Não é de agora, é de antes	1
		Coisa que faz tempo que está guardada	1
		É uma coisa que não se usa mais/Já passou da moda	1
		Ultrapassado/Coisa que já passou	1
		Passado/Coisa do passado	1
		Coisa (usada que está no museu/que se compra no brechó)	1
		Coisa dos anos 60, 70	1
		Coisa que tem história	1
		Coisa de época/Coisa de outros tempos/De anos	2
		Coisa de tempo anterior / Coisa de tempos atrás	2
		Coisa de séculos/Do século passado	2
		Antepassado/tempo remoto/Antiguidade	2
		Coisa que já passou há bastante tempo	2
		Coisa que tem há muito tempo/O que já existe há muito tempo	2
		Coisa (usada há, que tem) muitos anos	2
		Coisa velha que dá para usar como enfeite de casa	2
		Peça de muitos anos atrás	2
		Objeto muito velho/Peça velha/Pessoa velha	2
		Não é (do presente, do tempo atual, de agora)	2
		Que não é novo	2

Continua

Continuação

Item	Questão		Pontuação
11	Sair	Andar; Caminhar; Correr	0
		Visitar/Ver os parentes	0
		Pular a cerca	0
		Se movimentar	0
		Divertir-se/divertimento	0
		Pegar ônibus e sair	0
		Sair arrumado	0
		Sair da porta	0
		Fazer compras	0
		Sair da frente/do caminho	0
		Não estar no mesmo local	0
		Viajar	1
		Conhecer lugares novos	1
		Sair na rua	1
		Sair para (fazer visita, fazer compras)	1
		Sair (de algum lugar, para caminhar, de dentro)	1
		Passear/Dar uma volta	1
		Deslocar-se/Locomover-se	1
		(Mover-se, mudar) de um lugar	2
		Contrário de entrar	2
		Ir para a rua	2
		Não permanecer no mesmo lugar	2
		Deixar algum lugar	2
		Retirar-se	2

Continua

Continuação

Item	Questão		Pontuação
12	Alfabeto	Ensina (a ler, as palavras)	0
		A, E, I, O, U	0
		Para alfabetizar	1
		Para aprender as palavras	1
		Para (aprender, ler)	1
		Para ler e escrever	1
		Letras para aprender	1
		Tem letras/Todo o ABC	1
		(Reunião, monte, sequência) de letras	1
		Um conjunto de letras	1
		Sinais gráficos	1
		Composto de letras	1
		É o n° de letras que existe	1
		Letras para (escrever, ler e escrever)	1
		Onde tem letras para formar as palavras	2
		Letras de A a Z	2
		Abecedário	2
13	Exato	Ter certeza	0
		Que está bem	0
		Coisa que é exata	0
		Pessoa que sabe o que faz	0
		Quando alguém faz alguma coisa	0
		Agora, neste momento	0
		Acertar/Coisa certa	1
		Fazer direito	1
		O que está OK	1
		Quando na conta não sobra nada	1
		Não se atrasa	1
		No ponto	1
		Que não está errado; Sem erro	2
		Não tem nada a mais nem a menos	2
		Pontual	2
		Cabal	2

Continua

Continuação

Item	Questão		Pontuação
14	Transparente	Coisa que não dá para ver	0
		Coisa que não aparece, como o ar	1
		Não tem cor/Sem cor/Incolor	1
		Como um vidro	1
		(Blusa, roupa) transparente	1
		Aparece tudo que tem	1
		Que aparece tudo	1
		Ver de um lado e de outro	2
		Translúcido/claro	2
		Que dá para enxergar do outro lado	2
		Que se enxerga (além, através) dele	2
15	Isolar	Limpar a área/Cercar/Isolar um terreno	0
		(Pessoa, animal) presa(o)	0
		Coisa fechada/Fechar a (casa, porta)	0
		Tapar o vidro	0
		Não pode sair/ficar num canto	0
		Ficar num canto quieta	0
		Trancado	0
		Isolar a bola	0
		(Deixar, ficar) trancado	0
		Escantear	0
		Não deixar passar	0
		Longe	1
		Não falar com a pessoa/Ignorar a pessoa	1
		Impermeabilizar	1
		Ficar dentro de uma coisa toda fechada	1
		Tapar (Q) não entra nada	1
		Pessoa sai e fecha tudo e a pessoa que ficou tá isolada	1
		Deixar de lado	1
		Isolar um fio desencapado	1
		Se fechar para o mundo	1
		Pessoa quieta, que não quer falar com ninguém/Não se comunicar com ninguém/Não ter contato com ninguém	1
		Aplicar o isolante nos fios	2
		Ficar num canto (Q) longe de todos	2
		Afastar	2

Continua

Continuação

Item	Questão		Pontuação
		Árvores no meio do mar	0
		Arquipélago	0
		Pedaço de terra separado por um país	0
		É onde fica os índios	0
		É um lugar que se fica sozinho	0
		É um lugar longe da cidade	0
		É um mato, tem água	0
		Lugar onde tem água, (areia) e árvore	0
		Lugar com coqueiro e mar	0
		Árvore com coco; está cercada de água	0
		Um monte de areia num monte de água	0
		Tem no meio da água/Tem água e terra	0
		Tem no meio do mar	0
16	Ilha	Fica na volta do mar	0
		Terra boiando	0
		Tem árvore e coco	0
		Parte de terra	0
		Lugar no mar onde tem areia	0
		Tem água em volta	1
		Pouquinho de terra perdido no mar	1
		(Um morro, areia) com água em volta	1
		(Uma floresta, um mato) com árvores, no meio do mar	1
		Pequena terra separada por água	1
		Coisa com mar em volta	1
		Lugar rodeado de água/Lugar com água em volta	2
		Monte de terra com um monte de água ao redor	2
		Que não existe	0
17	Fábula	Um texto	0
		Que não é verdade (Q)	0
		Que não é real (Q)	0

Continua

Continuação

Item	Questão		Pontuação
18	Absorver	Prender	0
		Retirar/Tirar	0
		Tirar a água	0
		Pegar/Puxar	0
		Penetrar na pele	0
		Segurar, conter um líquido	1
		Sugar	2
		Chupar água	2
		Reter	2
19	Migrar	Entrar	0
		Viajar	0
		Sair de um lugar	0
		Trocar de lugar	0
		Sair da cidade/Vai para outra cidade	1
		Entrar num país (= imigrar)	1
		Sair (do país, do Estado)	1
		Voltar para o país	1
		Entrar em terra desconhecida	1
		Vai para outra cidade	1
		(Sair, deslocar-se, ir) de um (lugar, país, estado) para o outro	2
20	Rivalidade	Não gostar de alguém	0
		Ficar brabo um com o outro	0
		Birra	0
		Guerra entre rivais	0
		Disputar o amor de alguém	1
		Rixa entre duas pessoas	1
		Um contra o outro/Um tem (raiva, ódio) do outro	1
		Competidor/Adversário/Concorrente	1
		Confronto/Desentendimento	1
		Um quer ganhar do outro	1
		Desafio/Rixa/Brigas	1
		Pessoas que não se dão bem	1
		(Times de futebol) Grêmio é rival do Inter	1
		Quando se enfrenta outra pessoa	1
		Duas pessoas querendo a mesma coisa	1
		Concorrência	2
		Oposição	2

Continua

Continuação

Item	Questão		Pontuação
		Uma pessoa sozinha	0
		Quando acontece alguma coisa	0
		Chorar	0
		Não ser feliz	0
		Sentir-se estranho	0
		Pessoa louca	0
		Inseguro	0
		Quando dói alguma coisa	0
		Uma pessoa machucada	0
		Agitação	1
		Irritado; Agitado; Nervoso; Nervosismo	1
		Pessoa (assustada, com medo)	1
21	Aflição	*Stress*	1
		Atormentar/Coisa que incomoda	1
		Inquieta/Preocupação/Mágoa/Desespero/Tensão/Tristeza	1
		Um mal que não é bom/Coisa ruim	1
		Se fica quando uma pessoa morre	1
		Quando se perde o que se gosta	1
		Um sentimento/estado de espírito	1
		Agonia/Pesar/Inquietação	2
		Angústia/Ansiedade/Ânsia	2
		Sofrimento/É uma pessoa que sofre muito/Pessoa sofrendo	2
		Pessoa passando por dificuldade	2

Continua

Continuação

Item	Questão		Pontuação
22	Absurdo	Citar exemplos práticos: brigar; preço alto; mentir; assaltar; desobedecer; xingar; quebrar vidro; teimar; dizer palavrão	0
		Cúmulo	0
		Coisa que se faz sem pensar	0
		Coisa ruim	0
		Coisa difícil de se ver	0
		Espantoso	0
		Quando incomoda	0
		Idiota	0
		Horrível/Anormal/Estranho	1
		Fora da realidade	1
		Fora do comum/Fora do padrão	1
		Difícil de acontecer	1
		Não tem pé nem cabeça	1
		Não tem cabimento	1
		Incrível	1
		Que não podia acontecer	1
		Impossível; Inviável; Inadmissível; Inacreditável; Inaceitável; Coisa que não pode ser (Q)	1
		Despropósito/Disparate/Asneira	2
		Incongruência/Contrassenso/Algo estúpido	2
		Sem nexo	2
		Não tem (explicação, fundamento)	2
23	Retificação	Uma mecânica de carros	0
		Arrumar o carro	0
		Renovar	1
		Refazer	2
		Reforma	2
		Recuperar	2

Continua

Continuação

Item	Questão		Pontuação
24	Unânime	Quando a maioria ganha	0
		Uma coisa só/Único	0
		Absoluto (Q)	0
		Ganhar sozinho	0
		O grupo	0
		Acordo comum/Da mesma opinião/ Relativo a todos	2
		Consenso	2
25	Aberração	Incrível/Absurdo	0
		Escandaloso	0
		Pessoa que não sabe o que faz	0
		Clone	0
		Sem explicação	0
		Malfeito/Bizarro	1
		Mutação genética/Mutação	1
		Coisa defeituosa	1
		Pessoa que não é normal	2
		Algo deformado	2
26	Vangloriar	Adoração	0
		Vencer	0
		Idolatrar	0
		Valorizar-se	1
		Contar vantagem	1
		Exibir-se	2
		Convencido	2
		Enaltecer	2
		Exaltar-se	2
		Se achar (superior, importante, o bom)	2
27	Árduo	Duro	1
28	Iminente	Juiz	0
30	Dilatório	Deixou para depois	1
		Moratório	2

Nota: Q = inquérito

COMPREENSÃO

Item	Questão	Respostas	Pontuação
01	Corte no dedo	Lavava	2
		Botava sal e água	2
		Botava algodão	2
02	Encontrar carteira	Devolvia (sem dinheiro, se tivesse identidade)	0
		Deixaria na loja	0
		Para não ser preso	0
		Perguntava para os vizinhos se era deles	1
		Chamava o gerente	1
		Telefonaria para a pessoa	2
03	Perder brinquedo (falar pra ele = 0)	Dizer que perdi	0
		Tratava de (achar, encontrar)	1
		Perguntava se alguém achou	1
04	Cinto de segurança 2 = situação (frear, bater) e consequência (machucar...)	Para não bater nos carros/Para não bater	0
		Por causa da polícia/Para a polícia não prender/não ser preso	0
		Segura a pessoa	0
		Para pessoas (sofrerem, terem) menos acidente (Q)	0
		Para (prevenir, evitar) acidentes (Q)	0
		Em caso de atropelamento não se machuca muito (Q)	0
		Para não se machucar quando vai andando	1
		Para segurar e não cair	1
		Para não cair	1
		Para não ser multado	1
		Para o acidente ser menos grave	1
		Não bater a cabeça/Não bate no vidro	1
		Protege	1
		Se bater não sai voando	1
		Em caso de acidente, evita morrer/Se bater não morre	1
		Se (bater, frear) a pessoa não (morre, vai para o hospital)	1
		Para evitar batidas e o corpo não saltar para fora	1
		No caso de acidente, segura	2
		Se frear, não vai para frente	2

Continua

Continuação

Item	Questão	Respostas	Pontuação
05	Fumaça janela G1 = bombeiros e polícia G2 = hospital e outros	Avisava a mãe	1
		Apagaria	1
		Olharia o que era	1
		Atirava água	1
06	Apagar luzes G1 = economia de luz G2 = economia de dinheiro	Pode dar curto	0
		Queimar	0
		Apagão	0
		Para não estourar lâmpadas	0
		Se não, depois não tem	0
		Para não gastar	1
		Para não (faltar, gastar) luz	1
		Para não queimar lâmpadas	1
07	Criança menor	Me defendia/Xingava/Empurrava	0
		Botava (de castigo, para dormir)	0
		Imporia respeito	0
		Ficava parado	0
		(Contava, falaria, avisava, contava) para (a diretora, a professora, a mãe, os pais)	0
		Ignorava-a/Não dava bola	0
		Chamava (a mãe, a professora, os pais)	1
		Não deixava ela me bater	1
		Mandava parar	1
		Tentava fazer ela parar	2
		Convencia de ela parar	2
		Segurava para não brigar	2
		Saía (fora, de perto, correndo)/ Ficava longe	2
		Conversava com ela	2
		Tentaria me controlar	2
		Ia embora	2

Continua

Continuação

Item	Questão	Respostas	Pontuação
08	Lista telefônica	Para ser melhor/Fica melhor	0
		Para não se perder um do outro	0
		Senão não dá para ver	0
		Para não (se complicar, atrapalhar, confundir)	0
		Para não misturar tudo/Para não ficar bagunçado	0
		Procurar o telefone	0
		Para se ter controle e se procurar pelo alfabeto	0
		Porque ajuda (Q)	0
		P/ procurar o nome (Q)	0
		Para procurar em ordem	1
		Se não a gente se perde/Se não, não se acha o que se quer	1
		(Fica, acha) mais fácil/Facilita	1
		Para achar a letra do nome	1
		Para conseguir se localizar	1
		Para se guiar (melhor, mais fácil)	1
		Facilita a procura	2
		Fica (melhor, mais fácil) para (achar, encontrar, procurar)	2
		Para achar (o nome, o número) (mais fácil, melhor, mais rápido)	2

Continua

Continuação

Item	Questão	Respostas	Pontuação
09	Fiscalização da carne	Pode estar doente	0
		Por causa da saúde	0
		Para ver se não tem droga, maconha	1
		Porque pode cair bicho quando empacota	1
		Pode ser comida com drogas	1
		Para assegurar-se de que se compre carne boa	1
		Para ver se não tem produto tóxico	1
		Para não ter (contaminação, veneno, bicho, micróbio)	1
		Carne pode ser (roubada, de contrabando)	1
		Para não estar (estragada, em mau estado, mal conservada)	1
		Para não comermos carne (podre, com doença, com bactéria)	1
		Animal pode estar doente	1
		Para higiene	1
		Para não fazer mal/Para quem comer não fazer mal	1
		Para não passarmos mal se comermos carne estragada	1
		Para não (comermos, comprarmos) carne podre	1
		Pode estar contaminada e a pessoa morrer	1
		Para (não trazer, evitar) doença	1
		Para a gente não comer carne de animal com doença	1
		Para as pessoas poderem comprar	1
		Comprovar um bom produto	1
		Para não ter bactérias quando as pessoas comem	2
		Para ver se está boa para vender	2
		Para não ser vendida com doença/Para ninguém ficar doente	2
		Para não ter bactérias quando as pessoas comem	2
		Para não fazer mal para as pessoas	2

Continua

Continuação

Item	Questão	Respostas	Pontuação
10	Carro com placas G1 = ident. dono G2 = ident. carro G3 = ter controle G4 = renda	Para não levar multa/Se não tiver a polícia prende	0
		Para a polícia achar	1
		Para saber de que cidade é/Identifica a cidade	1
		Para mostrar quando são roubados	1
		Acidente – aí a pessoa sabe quem atropelou	1
		Se fizer algo errado pode ser multado	1
		Quando multam vão saber quem multam	1
		Para diferenciar um do outro	1
		Para pessoas não se enganarem de carro	1
		Se for roubado pode-se encontrar	1
		Para saber que carro é/Para não confundir com outros carros	1
		O Guarda vê quando corre demais	1

Continua

Continuação

Item	Questão	Respostas	Pontuação
11	Jogos com regras G1 = entendimento mútuo e do jogo G2 = honestidade G3 = organização	Para não dar problemas	0
		Saber onde pode ir	0
		Para serem (obedecidas, seguidas)	0
		Para tornar mais difícil	0
		Não teria graça	0
		Não daria para jogar	0
		Para não (se machucarem, se matarem, se baterem)	0
		Para não desrespeitar	0
		Para se aprender	0
		Para não errar	1
		Para não dar (briga, discussão, desavença, violência)	1
		Para entenderem o jogo	1
		Para jogar segundo as regras	1
		Para não jogar errado/Para que se jogue direito	1
		Ninguém obedeceria/Cada um jogaria de um jeito	1
		Fica igual para todos	1
		Para uns não serem mais favorecidos que outros	1
		Para o jogo ser justo	1
		O jogo fica mais sério/daria mais respeito	1
		Ninguém saberia jogar/Para sabermos jogar	1
		Para não (dar confusão, virar bagunça, ser uma miscelânia)	1
		Para não (ser uma baderna, ficar desorganizado)	1
		Para ter (limites, objetivo)	1
		Para ter menos confusão/Para jogar melhor	1
		Para não fazerem o que querem	1

Continua

Continuação

Item	Questão	Respostas	Pontuação
12	Votação secreta G1 = liber-dade G2 = sem represália	Por causa do sigilo	0
		Para não haver roubo	0
		Mais seguro, mais tranquilo	0
		Assim ninguém vê	0
		Para não dizer que compraram as pessoas	0
		Para não ter fraude	0
		Para não ficarem brabo	0
		Para não ter complô	1
		Se não todo mundo vai saber em quem tu tá votando	1
		Fica mais pessoal	1
		Para não haver (briga, conflito)	1
		Para não haver chantagem	1
13	Capa mole e dura G1 = caract. físicas G2 = menos preço G3 = fácil substituição G4 = fácil de guardar	É melhor	0
		Ele não se quebra	0
		Capa dura não rasga	0
		É melhor quando a gente mexe com ele	0
		É mole	0
14	Jornal e tele-visão G1 = profun-didade G2 = ampli-tude G3 = impresso	Dá para ler	0
		O jornal diz o que acontece no dia a dia e a TV no ar faz barulho	0
		Para estudar	0
		Desenvolve/estimula a leitura	0
		É mais detalhado	1
		Porque tem mais notícia	1
		Jornal traz tudo	1

Continua

Continuação

Item	Questão	Respostas	Pontuação
15	Promessa	Para não mentir	0
		Porque prometeu	0
		Se promete tem que cumprir	0
		(Toda promessa, todo trato) tem que se cumprir	0
		(Palavra, promessa) é dívida	0
		Porque os santos castigam/Senão é castigado por Deus	0
		Ninguém é santo para cumprir	0
		É (norma, lei)	0
		São feitas para serem cumpridas	0
		É um juramento	0
		É falta de respeito	0
		Para não ser mentiroso	0
		Para não cobrarem	0
		É uma responsabilidade	0
		Para o outro não (brigar, ficar brabo, decepcionado) contigo	1
		Para não ficar de mal com as pessoas	1
		Se não o outro fica (magoado, triste)	1
		O que se fala tem que fazer	1
		Mostra que tem palavra/Para ter palavra	1
		Tem que ter palavra/Você deu a sua palavra/Prova a palavra	1
		É um voto de confiança	1
		Tem que cumprir com (a sua palavra; a obrigação)	1
		Se não o amigo deixa de ser amigo	1
		É um compromisso/É um trato/É um juramento	1
		Se não, não vão acreditar em você	1
		É uma questão de honra	1
		Mostra o caráter	1
		Para ser honesto	1
		É uma palavra de honra	1
		Para não ser desleal com o outro	1
		Para não ser desleal	1

Continua

Continuação

Item	Questão	Respostas	Pontuação
16	Liberdade de expressão	Para viver bem	0
		A gente falando pode dar certo	0
		Para dizermos o que se gosta e não se gosta	1
		Para falar (o que se quer, a verdade)	1
		Para ter opinião de outras pessoas	1
		Para ter várias opiniões e resolver melhor	1
		Para mostrar o que estão pensando	1
		Assim todos podem falar o que pensam	1
		Assim podemos discordar das coisas	1
		Para que todos possam dar sua opinião	1
		Para as pessoas poderem (falar, se expressar)	1
		Cada um tem a sua própria opinião	1
17	Selo nas cartas	Para saber onde vai	0
		Diz a cidade que vai	0
		Para não abrirem para onde ela vai	0
		Para não se perderem	0
		Tipo pedágio – funciona como o pedágio da carta	1
		Para serem postadas	1

Continua

Continuação

Item	Questão	Respostas	Pontuação
18	Senadores e deputados G1 = leis, projetos G2 = representam povo G3 = equilíbrio G4 = representação	Ajuda o presidente	0
		(Arruma, limpa) (as ruas, a cidade)	0
		Dá dinheiro para o povo	0
		Cumprem o que prometeram	0
		(Comandar, governar) o país	0
		Ajuda a (cuidar, manter limpa) a cidade	0
		Participam do processo	0
		Opinam a favor ou contra	0
		Para (cuidar, melhorar, organizar) (o país, o Estado, a cidade)	1
		Para melhorar (o governo, o país, o Estado, a cidade)	1
		Fazem leis	1
		Defende o povo/Fazem o bem para o povo	1
		Inventam soluções para o país	1
		Cuidam dos problemas do país	1
		Ajudam a comunidade, cuidam da segurança	1

Nota: Q = inquérito

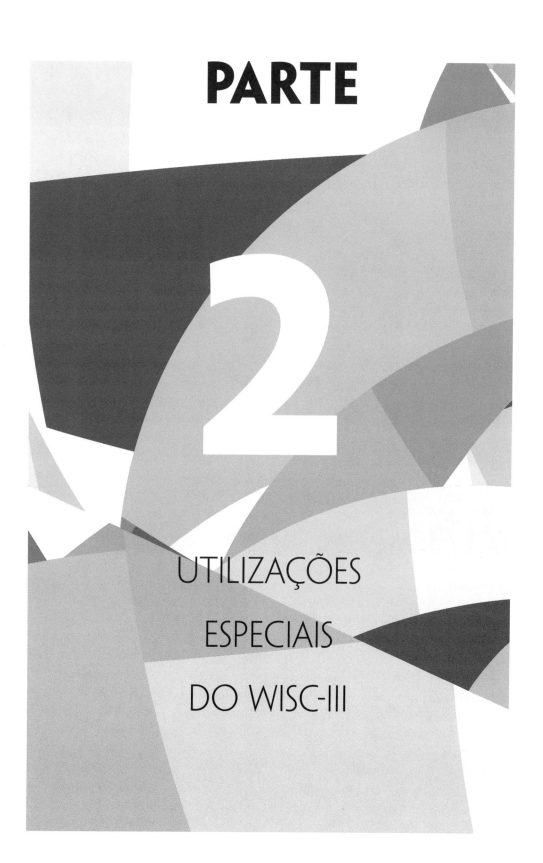

PARTE 2

UTILIZAÇÕES ESPECIAIS DO WISC-III

CAPÍTULO 6

PERFIL DA CAPACIDADE INTELECTUAL DE CRIANÇAS COM ALTAS HABILIDADES

Zélia R. Melo de Almeida
Roberta Damasceno Fonseca
Vera L. M. de Figueiredo

A área da Educação Especial em altas habilidades está em desenvolvimento no Brasil, atualmente. Os programas existentes sofrem dificuldades diversas, que se estendem desde a falta de recursos governamentais até a carência de pesquisas que promovam e disseminem conhecimentos sobre o tema para os profissionais e para a sociedade como um todo (Virgolim, 2002).

A Organização Mundial da Saúde estima que os superdotados componham entre 1% e 3% da população (Nicoloso & Freitas, 2002). Virgolim (2002) afirma que essa porcentagem refere-se apenas àqueles talentos que se destacam por suas habilidades intelectuais ou acadêmicas, medidas pelas Escalas Wechsler de Inteligência, tais como o WISC-III. No entanto, quando incluídos outros aspectos na avaliação dessas crianças – como liderança, criatividade, competências psicomotoras e artísticas –, as estatísticas sobre altas habilidades tendem a aumentar bastante. Além de avaliar a capacidade intelectual, os autores evidenciam a necessidade de técnicas mais apuradas de identificação, de instrumentos mais amplos e precisos de diagnóstico e de bons programas de desenvolvimento e estimulação do potencial dessas crianças (Rosa Neto, Braz, Poeta & Oelke, 2005).

CONCEITO E CARACTERÍSTICAS

O conceito de altas habilidades evoluiu historicamente de uma concepção unidimensional, limitada a aptidões cognitivas, para uma ideia multidimensional (Simonetti, 2008). No decorrer dos anos, houve uma mudança ao contexto do termo "superdotado". A substituição desse termo pelas expressões "altas habilidades/superdotação" (AH/SD) ocorreu com a intenção de dar a mesma importância às habilidades tanto da área do saber (linguística e lógico-matemática) como às do fazer, tais como esportes, música e artes, (Vieira, 2010). Segundo Capellini e Almeida (2005), esse conceito tem sofrido modificações de acordo com a época e o contexto sociocultural.

Por muitos anos, os cientistas definiram o conceito de crianças superdotadas baseando-se na relação entre habilidade superior e Quociente Intelectual (QI). Para Guimarães e Ourofino (2007), as altas habilidades constituem uma capacidade acima da média em um ou mais domínios: intelectual, das relações afetivas e sociais, das produções criativas, esportivas e psicomotoras. A definição de superdotação que consta nas Diretrizes Nacionais para a Educação Especial na Educação Básica (Ministério da Educação, 2001), adotada por alguns programas brasileiros, considera crianças superdotadas e talentosas aquelas que apresentam notável desempenho e elevado potencial em qualquer um dos seguintes aspectos, isolada ou combinadamente: capacidade intelectual geral, aptidão acadêmica específica, pensamento criador ou produtivo, capacidade de liderança, talento especial para as artes e capacidade psicomotora.

Algumas características das crianças com altas habilidades, listadas na Cartilha do MEC (Ministério da Educação, 2001), aparecem quando a criança ainda é bem pequena. Desenvolvem-se precocemente, sentam, engatinham e caminham antes do normal. Aprendem a ler mais cedo do que crianças de mesma idade, progredindo rapidamente para a construção de sentenças complexas, adquirindo vocabulário mais amplo. Desenvolvem habilidades básicas rapidamente e com menor número de exercícios. Interpretam e respondem a sinais não verbais. Em relação às características de aprendizagem, nota-se que elas apresentam poder de concentração, capacidade de identificar o que é significativo e boa atenção a detalhes. Demonstram grande prazer em atividades de cunho intelectual, podendo apresentar preferências por conteúdos direcionados a crianças mais velhas. Apresentam capacidade de abstração, de conceituação e de síntese. Frequentemente são céticas, críticas e avaliadoras. Apresentam mais habilidades para trabalho independente. São crianças que aceitam menos verdades prontas, buscando os "comos" e os "porquês". Gostam de novidades e de executar as tarefas de formas diferentes.

Para Terrasier (1981), as crianças com altas habilidades enfrentam a realidade com a inteligência potencial de um adulto, mas a percebem e sofrem como uma criança de sua idade real. Isso ocorre devido a uma dissincronia entre a esfera intelectual e as outras facetas da personalidade. A síndrome da dissincronia pode ocorrer de três formas: como uma desarmonia, por vezes muito evidente e facilmente observável, entre o nível intelectual e o emocional; como dissincronia entre o setor verbal e o setor de execução, sendo que o primeiro é melhor do que o segundo, porque o desenvolvimento psicomotor é naturalmente mais lento por estar ligado à idade real da criança e, por fim, como dissincronia intelectual entre dois pontos importantes: linguagem e raciocínio. Isso ocorre porque o pensamento se processa em uma velocidade tal que extrapola a capacidade de articulação da fala.

Para os pais, assim como para os professores, é difícil admitir uma conduta infantil de uma criança que raciocina como adolescente. Segundo Terrasier (1981), não é raro que crianças com altas habilidades desenvolvam um comportamento denominado Efeito Pigmalião Negativo com o intuito de se adaptar ao ambiente por meio da deterioração da própria inteligência, como tentativa de fazer amizades mais rapidamente, de ser aceito por colegas da mesma idade ou de, simplesmente, evitar inveja, ciúmes ou competição.

COMO IDENTIFICAR ALTAS HABILIDADES

O processo de identificação de crianças com altas habilidades/superdotação deve estar sustentado por referenciais teóricos consistentes, bem como por resultados de pesquisas sobre o tema. O Núcleo de Atividades de Altas Habilidades/Superdotação de Santa Catarina[1] focaliza a concepção dos três anéis de Renzulli e Reis (1997) para identificar a superdotação. Esse modelo afirma ser a superdotação o resultado da interação de três fatores de comportamento: habilidade acima da média, motivação ou envolvimento com a tarefa e criatividade. Segundo Vieira (2005), os três grupos de características podem ser descritos da seguinte forma:

a. Habilidade acima da média – é a expressão utilizada para descrever o potencial de desempenho representativamente superior em qualquer área determinada do esforço humano e que pode ser caracterizada por dois aspectos: geral e específico. A habilidade geral consiste da capacidade de processar as informações, de integrar experiências que resultem em respostas adequadas e adaptadas às novas situações e à aptidão de se envolver com pensamentos abstratos. As habilidades específicas consistem das capacidades de adquirir conhecimento, destreza e habilidade para o desempenho de uma ou de mais atividades especializadas dentro de um campo restrito do saber ou do fazer.

b. Motivação ou envolvimento com a tarefa – é uma forma refinada ou focalizada de motivação que funciona como energia colocada

---

1 NAAH/S – Núcleo de Atividades de Altas Habilidades/Superdotação – Fundação Catarinense de Educação Especial – Disponível em: <www.fcee.sc.gov.br>.

em ação em uma determinada tarefa, problema ou área específica do desempenho.

c. Criatividade – este terceiro grupo de traços é referido como característico de todas as pessoas consideradas como portadoras de altas habilidades/superdotação.

É importante ressaltar que, nessa definição, os três anéis não precisam estar presentes na mesma intensidade. No entanto, é necessário que interajam em algum grau para que possam resultar em um alto nível de produtividade.

Outra teoria usada para identificação de altas habilidades é o estudo de Gardner (1995), que inicialmente identificou sete tipos de inteligência: linguística, lógico-matemática, espacial, musical, cinestésica, interpessoal, intrapessoal. Posteriormente, foram acrescidas à lista outras duas dimensões: naturalista e existencial ou espiritualista. Segundo o autor, um indivíduo pode desempenhar bem atividades relacionadas a um tipo de inteligência e não se sair bem, com tanta facilidade, nas demais atividades, de forma que seu rendimento escolar pode ser comprometido.

O processo de identificação com vários instrumentos e com diversas fontes de informações (como o próprio indivíduo, professores, colegas de turma e familiares) e a multiplicidade de fatores ambientais devem ser considerados também como parte ativa desse processo. Os métodos mais utilizados para identificação e avaliação de crianças com altas habilidades são: testes psicométricos, escalas de características, questionários, observação do comportamento e entrevista com família e professores, entre outros (Guimarães & Ourofino, 2007). Entre os testes de inteligência mais utilizados para identificar o potencial intelectual de crianças e de adolescentes com comportamento sugestivo de altas habilidades, destaca-se a *Escala de Inteligência Wechsler para Crianças – Terceira Edição* (WISC-III).

ALGUNS ESTUDOS DA LITERATURA, SOBRE CRIANÇAS COM ALTAS HABILIDADES/SUPERDOTAÇÃO

Segundo o manual do WISC-III (Wechsler, 1991), na amostra de padronização americana foram incluídas 38 crianças identificadas como superdotadas em avaliações independentes. Tinham idades entre sete e catorze anos, sendo que 79% deles eram meninos. A média do QI Total foi de aproximadamente 129 pontos (DP = 12,2). Os escores médios de QIV e de QIE foram, respectivamente, 128 (DP = 10,5) e 125 pontos (DP = 14,1). O escore mais baixo e com maior dispersão foi observado no índice de Velocidade de Processamento (média = 110,2; DP = 17,9).

Sweetland, Reina e Tatti (2006) investigaram a discrepância entre QI Verbal (QIV) e QI de Execução (QIE) em uma população talentosa, com a hipótese de que a frequência dessas diferenças seria maior do que aquela observada na amostra de padronização. A amostra contou com 161 alunos de Ensino Fundamental de escolas de classe média alta de Long Island, estado de Nova Iorque. O WISC-III foi administrado como parte de uma avaliação de admissão a um programa de desenvolvimento para crianças com indicadores de superdotação. Todas as crianças incluídas no estudo atingiram média igual ou superior a 130 em pelo menos um dos QIs (Verbal ou de Execução), com a amplitude da Escala Total variando entre 116 e 147 (média = 131; DP = 6,11). Os resultados evidenciaram a média do QIV de 136 (DP = 7,04), enquanto a média do QIE foi de 119 (DP = 10,59). A hipótese inicial, de uma discrepância a favor do QIV, observada na amostra de crianças superdotadas, foi amplamente confirmada pelo estudo. A média da discrepância no grupo de estudo, de dezoito pontos, foi considerada comum nesta amostra (54,7%); porém, quando comparada à amostra de padronização, pode ser considerada rara, uma vez que ocorreu em 17% (Wechsler, 1991, p. 262). Os pesquisadores sugerem precaução ao interpretar os resultados deste grupo especial, pois as crianças com altas habilidades podem mostrar, de modo normal, altas discrepâncias QIV-QIE.

Simonetti (2008) realizou pesquisa com 77 adolescentes com a intenção de verificar se a representação neurológica se diferenciava entre esse grupo de superdotados e de não superdotados. O WISC-III foi usado como instrumento de rastreio para identificar superdotação. Os resultados mostraram que dezenove participantes (24,7%) atendiam aos critérios psicológicos para altas habilidades, apresentando escore igual ou superior a 130, confirmando, também, a discrepância entre QIV e QIE.

Hazin, Lautert, Falcão, Garcia, Gomes e Borges. (2009) investigaram dezesseis crianças com indicativos de altas habilidades que apresentavam QI acima de 129. Os resultados apontaram para uma discrepância significativa (acima de catorze pontos) entre QIV e QIE em 50% dos participantes. A discrepância de catorze pontos é esperada em 22,8% da população e a discrepância média apresentada pelos participantes desse estudo (27 pontos) é esperada em apenas 3,1% da população geral. Os dados mostraram uma discrepância entre todos os fatores, com especial destaque para o índice de Compreensão Verbal, que teve a média mais alta (ICV = 143,6), enquanto o índice de Velocidade de Processamento teve a mais baixa (IVP =112,6). Assim, a compreensão da larga discrepância apresentada por este estudo exige uma análise detalhada dos escores obtidos nos índices fatoriais fornecidos pelo WISC-III.

Encontrou-se, também, uma pesquisa que utilizou a análise fatorial para investigar a adequação do modelo fatorial do WISC-III ao grupo de altas habilidades. Watkins, Greenawalt e Marcell (2002) procederam a uma análise dos escores obtidos no WISC-III por 505 estudantes com altas habilidades a fim de avaliar a validade de construto. Aplicados dez subtestes (excluindo os dois opcionais), encontrou-se apoio somente para os fatores Compreensão Verbal (CV), com seus quatro subtestes, e Organização Perceptual (OP), com três subtestes (sem Arranjo de Figuras), pondo em questão, para esse grupo especial, a utilidade dos subtestes que medem rapidez: Aritmética, Arranjo de Figuras e Código. Os autores sugeriram que uma pontuação composta alternativa – o Índice de Habilidade Geral – seria o melhor indicador de habilidade desses estudantes.

ESTUDOS COM AMOSTRAS INDEPENDENTES DE CRIANÇAS E ADOLESCENTES COM QI ELEVADO

Os estudos descritos a seguir foram realizados com base em dados de protocolos do WISC-III. As análises foram feitas por meio de medidas de tendência central, de frequências e de provas do qui-quadrado e do t-Student para analisar a significância das diferenças.

ESTUDO 1

Participaram do estudo quinze crianças que frequentavam o Ensino Fundamental, com idades entre seis e treze anos, oriundas de uma escola estadual da cidade de Rio Grande (RS). A idade média dos participantes foi de 9,9 anos (DP = 1,87), sendo que 53% deles eram meninos. Os alunos foram indicados pelos professores da referida escola para avaliação intelectual, após serem identificados com algum talento. Os professores foram anteriormente orientados por uma profissional especializada, que trabalhava na escola em uma sala de Desenvolvimento de Potenciais. As avaliações foram realizadas pela psicóloga da escola. Conforme indica a Tabela 6.1, a capacidade intelectiva do grupo em relação ao QI Total foi de 40% com QI superior (QIT ≥ 120) e de 60% com QI muito superior (QIT ≥ 130).

Tabela 6.1 Categorias de QI observadas entre o grupo de altas habilidades (RS)

Categorias	QIT		QIV		QIE	
	F	%	F	%	F	%
Médio superior	0	0,0	2	13,3	4	26,7
Superior	6	40,0	5	33,4	3	20,0
Muito superior	9	60,0	8	53,3	8	53,3

As médias dos QIs das escalas, nas sete dimensões avaliadas, são mostradas pela Tabela 6.2. Observa-se que a média do QIV das crianças foi maior do que a média do QIE, mas que as diferenças não foram estatisticamente significativas (p = 0,172). Encontrou-se uma discrepância de 4,66 pontos – resultado semelhante ao encontrado por Wechsler (1991), porém bem menor do que os observados por Hazin et al. (2009) e Sweetland, Reina e Tatti (2006). A não significância da diferença verbal/de execução pode estar associada ao pequeno tamanho da amostra, uma vez que em um estudo com amostra mais representativa (citado a seguir como Estudo 2) foi encontrada uma diferença significativa. Observou-se uma clara tendência a favor da habilidade verbal, confirmando os dados de Wechsler (1991), de Sweetland, Reina e Tatti (2006), de Simonetti (2008), de Hanzin et al. e de Terrasier (1981), que também se referiu a essa discrepância entre a área verbal e a de execução.

Tabela 6.2   Média dos QIs e índices fatoriais do grupo de altas habilidades (RS) no WISC-III

Escalas	Amostra	DP
QI Verbal	132,00	12,09
QI Execução	126,40	10,12
QI Total	131,60	8,53
QI Compreensão Verbal	131,27	12,42
QI Organização Perceptual	126,93	10,08
QI Resistência à Distração	119,13	17,02
QI Velocidade de Processamento	113,93	11,61

Ao analisar as médias dos escores dos Índices Fatoriais, observou-se que os melhores resultados foram em Compreensão Verbal (ICV), e os mais baixos em Velocidade de Processamento (IVP). Resultados similares foram encontrados por Wechsler (1991) e por Hanzin et al. (2009).

Considerando o cálculo das frequências acumuladas de discrepâncias entre QIV e QIE, a Tabela 6.3 mostra essas diferenças, comparando o grupo especial (RS) à amostra de padronização, segundo dados da Tabela B.2 BR do manual do teste WISC-III (Wechsler, 2002, p. 250). As análises consideraram desde o percentual de casos de 5% (raros) até o de 50% (comuns).

Tomando-se o percentual cumulativo de 50%, o grupo de altas habilidades apresentou uma diferença maior que a esperada, sugerindo que discrepâncias maiores são mais frequentes neste grupo quando comparadas à amostra de padronização. Os resultados mostram que as crianças com altas habilidades apresentam características cognitivas próprias, as quais devem ser consideradas na interpretação dos seus escores.

Tabela 6.3   Percentual de indivíduos e de discrepâncias QIV/QIE do grupo de altas habilidades (RS) e da amostra de padronização

Percentual de indivíduos	Discrepâncias	
	Grupo de altas habilidades (n = 15)	Amostra padronização (n = 801)
50%	12	8
25%	4	14
15%	1	18
5%	0	24
Amplitude da discrepância	0-30	0-43

Na Tabela 6.4, estão descritos os escores ponderados dos subtestes do WISC-III, dentre os quais Vocabulário e Semelhanças apresentaram maior pontuação, indicando que essas crianças apresentaram boa compreensão verbal, habilidade para conceituar, facilidade de utilizar o pensamento lógico e o abstrato e flexibilidade dos processos de pensamento. Os menores resultados, apesar de estarem dentro da média quando comparados à amostra de padronização, foram encontrados nos subtestes Código e Procurar Símbolos. Essas provas, que formam o fator Velocidade de Processamento, são as que apresentam menor correlação com a inteligência geral (QIT), de acordo com Figueiredo (2001). Envolvem uma atividade rotineira e, segundo Cayssials (2000), parecem relacionar-se mais com a motivação do indivíduo do que com aspectos intelectuais. Código é uma tarefa metódica e não permite nenhum tipo de variação. Procurar Símbolos também está sujeito à influência de fatores como a baixa motivação e a obsessividade com detalhes. Escores baixos podem ser explicados devido à lentidão imposta pelos momentos de dúvida e à necessidade de verificação da resposta, o que é comum em indivíduos que respondem lenta e cuidadosamente.

Tabela 6.4   Média dos escores ponderados dos subtestes do WISC-III entre o grupo de altas habilidades (RS)

Escala Verbal	Média	DP
Informação	14,40	3,15
Semelhanças	15,13	3,16
Aritmética	13,67	2,92
Vocabulário	15,80	2,65
Compreensão	14,47	2,03
Dígitos	12,67	3,15
Média Geral*	14,69	2,05

Escala de Execução	Média	DP
Completar Figuras	14,33	1,75
Código	12,20	2,93
Arranjo de Figuras	13,80	2,68
Cubos	15,07	2,46
Armar Objetos	13,00	2,00
Procurar Símbolos	12,80	2,14
Média Geral*	13,68	1,34

*Nota: Média calculada com base nos cinco subtestes padrões, que se incluem no cálculo dos QIs

ESTUDO 2

No segundo estudo, foram avaliadas 84 crianças e adolescentes que frequentavam o Ensino Fundamental e o Médio, atendidas em uma clínica de Psicologia na cidade de Vitória (ES), sendo que 51 delas apresentavam QI superior ou muito superior. A idade mínima dos participantes foi de seis anos e a máxima de dezesseis, e a idade média foi de 10,2 anos (DP = 3,08).

Neste estudo, também participaram mais meninos (55%) do que meninas. Quanto à capacidade intelectiva em relação ao QI Total (Tabela 6.5), 45,1% apresentaram desempenho superior relativo à capacidade de raciocínio geral, ficando 54,9% do grupo com QI muito superior.

Tabela 6.5   Categorias de QI observadas entre o grupo de altas habilidades (ES)

Categorias	QIT		QIV		QIE	
	F	%	F	%	F	%
Médio superior	0	0,0	7	13,7	17	33,3
Superior	23	45,1	18	35,3	14	27,5
Muito superior	28	54,9	26	51,0	20	39,2

Os escores das médias em QIs (Tabela 6.6) mostraram uma superioridade do desempenho verbal em relação ao não verbal em um grau estatisticamente significativo (p = 0,04). Esse grupo apresentou resultados similares aos do Estudo 1 e aos da literatura (Hazin et al., 2009; Sweetland, Reina, & Tatti, 2006; Wechsler, 1991). A discrepância observada entre os QIs Verbal/de Execução foi também de quatro pontos, como no Estudo 1.

Ao analisar as médias dos escores dos Índices Fatoriais (Tabela 6.6), observou-se que os melhores resultados foram de Compreensão Verbal, reforçando o melhor desempenho em funções que envolvam a linguagem. Como no Estudo 1, os escores menores apareceram em Velocidade de Processamento.

Tabela 6.6   Média dos QIs do grupo de altas habilidades (ES) no WISC-III

Escalas	Amostra	DP
QI Verbal	130,90	11,07
QI Execução	126,90	10,47
QI Total	131,47	8,78
QI Compreensão Verbal	129,69	12,89
QI Organização Perceptual	125,39	11,31
QI Resistência à Distração	125,00	14,35
QI Velocidade de Processamento	116,94	15,72

Em relação à discrepância entre QIV e QIE, descrita na Tabela 6.7, os percentuais acumulados de indivíduos que obtiveram as discrepâncias indicadas foram bastante similares aos do Estudo 1. Ao contrário da amostra de padronização, quanto maior o percentual de indivíduos do grupo de altas habilidades, maior a discrepância.

Quanto ao perfil da área intelectiva (Tabela 6.8), considerando-se o conjunto de subtestes verbais, observou-se melhor desempenho nos subtestes Vocabulário e Semelhanças, enquanto que no conjunto de execução o melhor resultado foi o de Completar Figuras. Como no Estudo 1, as habilidades verbais mais destacadas foram as relacionadas ao domínio da linguagem e ao raciocínio reflexivo, surgindo, também, no Estudo 2 forças na capacidade de percepção, com atenção a detalhes, na capacidade de concentração e na habilidade de estabelecer uma série de aprendizagens rapidamente. Também indica facilidade para reconhecimento visual sem atividade motora essencial.

Tabela 6.7 Percentual de indivíduos e de discrepâncias entre QIV/QIE do grupo de altas habilidades (ES) e da amostra de padronização brasileira

Percentual de indivíduos	Discrepâncias	
	Grupo de altas habilidades (n = 15)	Amostra padronização (n = 801)
50%	8	8
25%	4	14
15%	1	18
5%	0	24
Amplitude da discrepância	0-34	0-43

Tabela 6.8 Média dos escores ponderados dos subtestes do WISC-III entre o grupo de altas habilidades (ES)

Escala Verbal	Média	DP	Escala de Execução	Média	DP
Informação	14,45	3,04	Completar Figuras	15,24	2,47
Semelhanças	14,92	3,41	Código	12,92	3,21
Aritmética	14,41	2,47	Arranjo de Figuras	13,33	3,09
Vocabulário	15,92	2,61	Cubos	14,69	2,54
Compreensão	14,82	3,01	Armar Objetos	12,94	2,21
Dígitos	14,80	3,32	Procurar Símbolos	13,67	2,92
Média Geral*	14,90	1,84	Média Geral*	13,82	1,52

*Nota: Média calculada com base nos cinco subtestes padrões, que se incluem no cálculo dos QIs

As menores médias obtidas foram em Código e Armar Objetos, ambos do conjunto de execução. Entre os fatores que podem estar associados aos menores escores sugere-se a baixa motivação em relação à tarefa e a resistência à pressão do tempo (subtestes cronometrados).

Nem todas as crianças dos dois estudos apresentaram QIT ≥ 130 (muito superior), critério que caracteriza a alta habilidade intelectual. No entanto, elas atingiram esta pontuação em pelo menos uma das áreas do teste, ou na Verbal ou na de Execução. Mesmo assim, as médias não se afastaram muito dos resultados dos demais estudos.

Em relação à discrepância Verbal/Execução, como descrito por Terrasier (1981), existe uma dissincronia entre o desenvolvimento psicomotor e o intelectual. Segundo o autor, o desenvolvimento motor geralmente está de acordo com a idade cronológica, enquanto o desenvolvimento mental está acima do esperado para a idade em crianças e adolescentes com altas habilidades.

CONSIDERAÇÕES FINAIS

O presente capítulo teve por objetivo mostrar as características das crianças e dos adolescentes com altas habilidades, assim como constatar a presença ou a ausência de um padrão nas suas habilidades cognitivas. Identificar as forças e fraquezas pode fornecer subsídios relevantes para o levantamento de recursos cognitivos, com desdobramentos importantes nas intervenções clínicas e educacionais. Observou-se, por exemplo, que, em todos os estudos relacionados a altas habilidades, as amostras são constituídas por maior número de meninos.

O WISC-III mostra-se relevante na identificação de altas habilidades intelectuais. Entretanto, é importante salientar que outros instrumentos devem ser empregados para investigar outras potencialidades presentes entre esse grupo especial. Em relação ao desempenho das crianças com altas habilidades nos subtestes, pode-se identificar a primazia nas provas relacionadas ao âmbito acadêmico e cultural, com menor habilidade em provas que envolvam a pressão do tempo. Por serem mais metódicas, essas crianças precisam de mais tempo para a execução das tarefas cronometradas.

O processo de identificação, avaliação e trabalho com crianças de altas habilidades tem-se constituído um desafio para educadores e psicólogos. No entanto, esse processo só terá sentido se for possível oferecer um conjunto de práticas educacionais para favorecer o desenvolvimento da criança (MEC, 2001).

Por fim, é de fundamental importância que os educadores e a sociedade sejam capazes de diferenciar o que é mito ("não precisam de atendimento especial") do que é realidade ("elas são crianças e adolescentes com necessidades especiais"). Essas crianças e adolescentes precisam sair da invisibilidade e ser distinguidos e atendidos em suas necessidades. Para tanto, é necessário que os dispositivos que visam a constituir políticas educacionais promovam estratégias reais de trabalho junto a eles.

Agradecemos às profissionais que possibilitaram o acesso aos protocolos dos testes que foram analisados nos dois estudos relatados neste capítulo:

- *Isabel Cristina Veleda, psicopedagoga com capacitação em Altas Habilidades, professora da Sala de Recursos para o Desenvolvimento de Potenciais, na Escola Estadual Barão do Cerro Largo, da cidade de Rio Grande (RS);*
- *Mariângela Miranda Ferreira Macedo, psicóloga clínica em Vitória (ES), Mestre em Psicologia Social – ênfase em Altas Habilidades/ Superdotação.*

REFERÊNCIAS BIBLIOGRÁFICAS

Capellini, V. L. M. F., & Almeida, M. A. (2005). Alunos Talentosos: Possíveis superdotados não notados. *Educação, 55*(1), 45-64.

Cayssials, A. N. (2000). *La escala de inteligencia WISC-III en la evaluación psicológica infanto-juvenil.* Buenos Aires, Paidós.

Figueiredo, V. L. M. (2001). *Uma adaptação brasileira do teste de inteligência WISC-III.* Tese de Doutorado. Instituto de Psicologia, Universidade de Brasília.

Gardner, H. (1995). *Inteligências múltiplas: a teoria na prática.* Porto Alegre: Artes Médicas.

Guimarães, T. G., & Ourofino, V. T. A. T. (2007). Estratégias de identificação do aluno com altas habilidades/superdotação. In D. S. Fleith (Org.), *A construção de práticas educacionais para alunos com Altas Habilidades/Superdotação, 1,* 53-64. Brasília: Secretaria de Educação Especial/Ministério da Educação.

Hazin, I., Lautert, S. L., Falcão, J. T. R., Garcia, G., Gomes E., & Borges, M. (2009). Contribuições do WISC-III para a compreensão do perfil cognitivo de crianças com altas habilidades. *Avaliação Psicológica, 8*(2), 255-265.

Ministério da Educação [MEC]. (2001). Diretrizes Nacionais para Educação Especial na Educação Básica, Resolução nº 02, de 11 de Setembro de 2001. Recuperado em 31 de julho de 2011, de http://portal.mec.gov.br/seesp/arquivos/pdf/diretrizes.pdf

Nicoloso, C. M. F., & Freitas, S. N. (2002). A escola atual e o atendimento aos portadores de Altas Habilidades. *Revista do Centro de Educação, 19(1).* Recuperado em 12 de agosto de 2011, de http://coralx.ufsm.br/revce/index.htm

Renzulli, J. S., & Reis, S. M. (1997). *The schoolwide enrichment model: A how-to guide for educational excellence.* Mansfield: Creative Learning Press.

Rosa Neto, F. R., Braz, A. L. O., Poeta, L. S., & Oelke, S. A. (2005). *Perfil biopsicossocial de uma criança com indicadores de altas habilidades. Revista Digital,* 10 (82). Recuperado em 08 de junho de 2010 de http://www.motricidade.com.br/Publicações/Altas%20Habilidades.pdf

Simonetti, D. C. (2008). *Altas Habilidades: Revendo concepções e conceitos.* Recuperado em 11 de agosto 2011, de http://www.fcee.sc.gov.br/index.

php?option=com_docman&task=cat_view&gid=83&Itemid=91&limit=10&limitst art=0&order=hits&dir=DESC

Sweetland, J. D., Reina, J. M., & Tatti, A. F. (2006). WISC-III Verbal/Performance discrepancies among a sample of gifted children. *Gifted Child Quarterly, 50* (1), 6-10.

Terrasier, J. C. (1981). *La précocité embarrasante*. Paris: E.S.F.

Vieira, N. J. (2005). *Inteligências múltiplas e altas habilidades: uma proposta integradora para a identificação da superdotação*. Recuperado em 12 de julho de 2011, de http://www.periodicos.udesc.br/index.php/linhas/article/ viewFile/1270/1081

Vieira, N. J. (2010). *Políticas públicas educacionais do Rio Grande do Sul: indicadores para discussão e análise na área de altas habilidades/superdotação. Educação Especial,* 50 (37), 273-276.

Virgolim, A. M. R. (2002). A criança superdotada em nosso meio: aceitando suas diferenças e estimulando seu potencial. *Semanário da Escola de Pais, 7,* 17-21.

Watkins, M. W., Greenawalt, C. G., & Marcell, C. M. (2002). Factor structure of the Wechsler Intelligence Scale for Children – Third Edition among gifted students. *Educational and Psychological Measurement, 1*(62), 164-172.

Wechsler, D. (1991). *Wechsler Intelligence Scale for Children – Third Edition (WISC-III): Manual.* San Antonio: Psychological Corporation.

Wechsler, D. (2002). *WISC-III: Escala de Inteligência Wechsler para Crianças – Terceira Edição:* Manual (V. L. M. Figueiredo, adaptação e padronização brasileira). São Paulo: Casa do Psicólogo.

CAPÍTULO 7

O WISC-III EM CRIANÇAS COM DIFICULDADES DE APRENDIZAGEM

Luciana de Avila Quevedo
Francisco Antonio Soto Vidal
Vera L. M. Figueiredo

A aprendizagem é um processo de mudança de comportamento que ocorre por meio da aquisição de conhecimentos. Apesar de "problema de aprendizagem" ser um termo familiar, não é fácil encontrar uma definição clara e abrangente sobre o tema, pois envolve uma vasta literatura fundamentada em concepções nem sempre coincidentes. Para sua definição, são utilizados inúmeros termos: "distúrbio", "dificuldade", "transtorno", "fracasso" ou, ainda, "dificuldade escolar". O conceito é muito amplo e seu significado abrange qualquer dificuldade observável enfrentada pelo aluno para acompanhar o ritmo de aprendizagem de colegas da mesma faixa etária, seja qual for o fator determinante desse atraso (Golbert & Moojen, 2000). Em termos práticos não parece existir diferença entre dificuldades e transtorno de aprendizagem, porém uma criança com dificuldades para aprender pode não ter transtorno de aprendizagem (Copetti, 2009).

Para França (1996), os defensores da abordagem comportamental preferem, ao parecer, a utilização do termo "distúrbio", enquanto os construtivistas parecem ser adeptos do termo "dificuldade". Ainda de acordo com o autor, a distinção feita entre dificuldades e distúrbios de aprendizagem está, aparentemente, baseada na concepção de que o termo "dificuldade" se relaciona com problemas de ordem psicopedagógica ou sócio cultural, ou seja, o problema não estaria centrado apenas no aluno, sendo que essa visão é mais frequentemente utilizada em uma perspectiva preventiva; por outro lado, o termo "distúrbio" está mais vinculado ao aluno, na medida em que sugere a existência de comprometimentos neurológicos em funções corticais específicas, sendo mais utilizado pela perspectiva clínica ou remediativa. Assim, a fim de permitir um melhor entendimento entre os profissionais que atuam nessa área, é importante que se faça uma diferenciação entre os dois conceitos.

TRANSTORNO DE APRENDIZAGEM E DISTÚRBIO DE APRENDIZAGEM

"Transtorno de aprendizagem" ou "distúrbio de aprendizagem" são termos utilizados como sinônimos. O transtorno de aprendizagem é caracterizado por desempenho inferior à inteligência medida e à idade cronológica em habilidades que envolvam leitura, escrita e matemática e interferência significativa no desempenho acadêmico e na vida diária, que requerem o uso de tais habilidades (Associação Americana de Psicologia [APA], 2000; Copetti, 2009; Ohlweiler, 2006).

Para Rotta (2006), a expressão "transtornos da aprendizagem" deve ser reservada para aquelas dificuldades primárias ou específicas que se devem a alterações no sistema nervoso central. Segundo Ciasca (2003), distúrbio de aprendizagem é definido como um grupo heterogêneo de transtornos que se manifesta por dificuldades significativas na aquisição e no uso da escrita, da fala, da leitura, do raciocínio ou da habilidade matemática, seja por vias internas, seja por vias externas ao indivíduo.

Para Rourke (1998), as crianças com transtorno de aprendizagem, de modo geral, apresentam um QI dentro da normalidade e não possuem lesões cerebrais, déficit perceptivo, dificuldade psicomotora ou carência familiar e social; elas apresentam a dificuldade por si só. Collares e Moysés (1992) definem a expressão "distúrbios de aprendizagem" com o significado de anormalidade patológica por alteração violenta na ordem natural da aprendizagem. Portanto, um distúrbio de aprendizagem remete a um problema ou a uma doença que acomete o aluno em nível individual e orgânico.

Segundo o capítulo "Classificação de transtornos mentais e de comportamento" do CID 10 (Organização Mundial da Saúde, 1993), os transtornos específicos do desenvolvimento das habilidades escolares são fenômenos nos quais as modalidades habituais de aprendizado estão alteradas desde as primeiras etapas do desenvolvimento. O comprometimento não é somente consequência da falta de oportunidade de aprendizagem ou de um retardo mental e ele não é devido a um traumatismo nem a uma doença cerebral (OMS, 1993).

DIFICULDADES DE APRENDIZAGEM

A dificuldade de aprendizagem, segundo Copetti (2009), pode ser definida por uma queda no rendimento escolar situacional, secundária a algum fator emocional, ambiental ou adaptativo. Se corrigidas as circunstâncias psicológicas, a criança volta a aprender normalmente.

Para Ohlweiler (2006), a presença de uma dificuldade de aprendizagem não implica necessariamente um transtorno. Segundo o autor, "as dificuldades de aprendizagem podem ser chamadas de entraves de percurso, causadas por problemas da escola e/ou família, que nem sempre oferecem condições adequadas para o sucesso da criança". Nessa categoria também se incluem as dificuldades que a criança pode apresentar em alguma matéria ou em algum momento da vida, além de problemas psicológicos, como falta de motivação e baixa autoestima.

Segundo Dockrell e McShane (2000), considerando a causa funcional (nível de desenvolvimento atual da criança) da dificuldade da aprendizagem, distinguem-se dois grupos quando se tomam as medidas da inteligência dos sujeitos. O primeiro grupo é constituído por crianças cujo nível intelectual do desenvolvimento é significativamente inferior à média e que, em atividades intelectuais, mostram desempenho inferior ao das crianças da mesma idade; essas crianças são denominadas "lentas" e em casos mais graves são designadas "deficientes mentais". O segundo, por sua vez, é constituído por crianças com nível intelectual normal, que, não obstante, apresentam dificuldades em tarefas específicas, como leitura.

Para Moojen (1999), o conceito de dificuldades da aprendizagem inclui atrasos no desempenho escolar por falta de interesse, perturbação emocional, inadequação metodológica ou mudança no padrão de exigência da escola, ou seja, alterações evolutivas normais que foram consideradas alterações patológicas no passado. Fernández (1991) considera as dificuldades de aprendizagem sintomas ou "fraturas" do processo de aprendizagem, no qual necessariamente, estão em jogo quatro níveis: o organismo, o corpo, a inteligência e o desejo. A dificuldade para aprender, segundo a autora, seria o resultado da anulação das capacidades e do bloqueio das possibilidades de aprendizagem de um indivíduo. Para a autora, a origem das dificuldades ou dos problemas de aprendizagem não se relaciona apenas à estrutura individual da criança, mas também à estrutura familiar a que a criança está vinculada.

REVISÃO DA LITERATURA SOBRE O USO DO WISC-III EM GRUPOS COM DIFICULDADES DE APRENDIZAGEM

ESTUDOS SOBRE O PERFIL COGNITIVO

O WISC-III é um dos instrumentos mais utilizados na avaliação de crianças com dificuldades de aprendizagem, principalmente com a finalidade de investigar o desenvolvimento das habilidades cognitivas relacionadas à aquisição da leitura e da escrita. A relevância do teste deve-se à possibilidade de se investigar doze habilidades cognitivas, uma vez que cada um dos subtestes representa capacidades qualitativamente diferentes.

Segundo Capovilla e Capovilla (2004), problemas na leitura e na escrita caracterizam rebaixamento dos subtestes Dígitos, Informação, Código e Aritmética do teste de inteligência de Wechsler para escolares. Distúrbios fonológicos podem explicar dificuldade em Dígitos e em Informação; entretanto, em Código e em Aritmética, outros distúrbios podem estar associados às dificuldades.

As crianças com distúrbio de aprendizagem podem ter baixa pontuação na Escala Verbal pelo fato de a ausência de sucesso escolar enfraquecer seu desempenho em Informação e em Vocabulário. Sua limitada base de conhecimentos pode prejudicá-las em itens de raciocínio verbal, como em Semelhanças e em Compreensão (Kaufman, 1994).

Ciasca (2003), em um estudo sobre o WISC, avaliou crianças com distúrbio de aprendizagem. Na Escala Verbal, o maior aproveitamento foi em Semelhanças (média do grupo = 12,1 pontos) e o menor em Vocabulário (média do grupo = 5,6). Na Escala de Execução, o subteste de maior aproveitamento foi Cubos (média do grupo = 10,1 pontos) e o de menor foi Código (média do grupo = 7,5). O subteste Vocabulário foi identificado por conter os menores valores ponderados para cada sujeito do estudo, quando analisados individualmente. Werner (1981, citado por Ciasca), em um estudo sobre os perfis intelectuais das crianças com distúrbio de aprendizagem, concluiu que os perfis dos subtestes foram, inequivocamente, distintos das crianças do grupo controle (consideradas normais), sendo os dados obtidos na escala não verbal quase sempre superiores aos da verbal, com discrepância mínima de dez pontos. Segundo o autor, na maioria dos alunos com distúrbio de aprendizagem são evidenciadas diferenças entre escores verbais e de execução, com máxima discrepância de 38 pontos entre o QI Verbal e o QI de Execução (QIV/QIE).

Um estudo sobre o WISC-III aplicado a crianças da 3ª série do Ensino Fundamental, que dividiu grupos com e sem dificuldades de aprendizagem, encontrou diferença significante entre os dois grupos quanto aos QIs, Índices Fatoriais, e perfis dos subtestes. O grupo com problemas de aprendizagem apresentou todos os resultados mais baixos do que os do grupo sem problemas de aprendizagem. Entretanto, as discrepâncias entre QIV/QIE e Índices Fatoriais não mostraram diferenças estatisticamente significativas entre os grupos, observando-se diferenças nas discrepâncias somente em alguns subtestes. No grupo com problemas de aprendizagem, os subtestes com resultados mais baixos foram Informação, Semelhanças e Aritmética, e o subteste com melhor resultado foi Compreensão (Cavalini, 2008).

Outro estudo utilizando o WISC-III em crianças e adolescentes com dificuldades de aprendizagem, inscritos regularmente nas redes de ensino pública (80,6%) e privada (19,4%), verificou que a média de QI Total foi de 82,9, a de QI Verbal foi de 81,4 e a de Execução 84,4. Quanto à discrepância QIV/QIE, 30,6% apresentaram dez pontos ou mais na Escala de Execução em relação à Verbal (Wigg, Barros, Alves, Barboza, & Dias, 2011).

Martins (2011) estudou os prontuários de 27 crianças com dificuldades de aprendizagem e verificou que em 63% dos casos o QI Total estava abaixo da média, que em 40% dos casos o QI de Execução teve melhor classificação do que o QI Verbal, que em 37% dos casos as duas áreas tiveram a mesma classificação e que em 23% dos casos o QIV foi mais elevado do que o QIE. Em relação aos subtestes, os que tiveram maior número de casos abaixo da média foram os subtestes Aritmética (60%), Semelhanças (48%), Dígitos (48%), Informação (48%) e Cubos (37%).

No manual americano do WISC-III (Wechsler, 1991) há um relato de pesquisa com 65 crianças com dificuldades de aprendizagem entre seis e catorze anos de idade. Os dados evidenciaram que os subtestes Aritmética, Código, Informação e Dígitos estavam abaixo da média, sendo este resultado encontrado em, aproximadamente, 5% das crianças do grupo especial, comparado ao 1% dos sujeitos da amostra de padronização do teste (Wechsler, 1991); o escore médio do QIV foi menor do que o do QIE.

Rourke (1998) descreve a capacidade intelectual geral das crianças com distúrbio de aprendizagem como dentro da média e o QIV menor do que o QIE nesses casos. Segundo Simões (2002), embora um maior número de sujeitos com dislexia apresentasse QIE > QIV e um grupo de controle com distúrbio de hiperatividade e déficit de atenção demonstrasse QIV > QIE, não foi identificado um padrão significativo de assimetria entre os QIs. Ainda para o autor, as discrepâncias entre QIV e QIE não têm proporcionado o devido apoio para classificação ou diagnóstico clínico de distúrbios de aprendizagem.

ESTUDOS SOBRE A ESTRUTURA FATORIAL

Quanto à validação da estrutura fatorial do WISC-III para crianças com dificuldades de aprendizagem, a literatura apresenta uma série de estudos que analisaram o modelo proposto em 1991 por Wechsler, contendo quatro fatores: Compreensão Verbal (CV), Resistência à Distração (RD), Organização Perceptual (OP) e Velocidade de Processamento (VP). Na década seguinte à publicação do teste nos Estados Unidos, a maioria das técnicas fatoriais exploratórias – além de consolidar a solidez de "g" e das duas subescalas – encontraram nos dados um claro apoio para três desses fatores, observando menor força de RD (Kush, 1996; Kush & Watkins, 1994; Logerquist-Hansen & Barona, 1994). Somente a análise fatorial exploratória de Hishinuma e Yamakawa (1993) observou firmeza do modelo de quatro fatores neste grupo clínico, mas em amostra relativamente pequena (N = 78).

Análises fatoriais confirmatórias apoiaram o modelo quadrifatorial, sem observar problemas na inclusão de RD (Grice, Krohn, & Logerquist, 1999; Konold, Kush, & Canivez, 1997; Wechsler, 1991). Usando técnicas do mesmo tipo, Figueiredo (2001), Watkins e Kush (2002), e Cockshott, Marsh e Hine (2006) – no Brasil, nos Estados Unidos e na Austrália, respectivamente – observaram bom ajuste nos modelos de três e de quatro fatores. Por outro lado, uma meta-análise, utilizando 934 protocolos oriundos de seis estudos fatoriais, encontrou, como melhor solução, um modelo de três fatores: a Subescala Verbal e os fatores OP e VP (Ravert & Watkins, 2000, citado por Watkins & Kush).

A literatura não permite inferir com certeza qual o melhor modelo fatorial para a população com dificuldades de aprendizagem: sete (dos dezesseis estudos revisados) preferiram o modelo quadrifatorial, quatro apoiaram uma solução trifatorial (sem identificar RD, apesar dos subtestes Aritmética e Dígitos serem incluídos em um fator verbal), quatro destacaram os dois fatores clássicos do WISC e um optou por um modelo menos comum, de cinco fatores. Segundo duas revisões norte-americanas, essa pouca clareza das conclusões deveu-se à falta de homogeneidade qualitativa dos estudos (diferenças entre os métodos e entre os tipos de populações estudadas) e ao pequeno tamanho das amostras, suscetíveis a flutuações, o que não permitiria considerá-las equivalentes (Siekierski, 2005; Watkins & Kush, 2002). Contudo, podemos extrair, de modo geral, as seguintes observações.

Em primeiro lugar, o fator "g" não está no foco das pesquisas nem é questionado; antes, ele é avaliado favoravelmente pelas fatorações exploratórias encontradas na revisão. A verdadeira polêmica parece apontar para o fator RD, tendo em vista que sua validade conceitual é posta em dúvida pela metade das pesquisas.

É preciso notar que o questionamento do fator RD (e não necessariamente dos dois subtestes que o constituem) se refere à definição de seu conteúdo teórico, sem afetar seu uso na investigação ou na interpretação dos perfis clínicos. A suposta debilidade de RD tampouco parece relacionar-se a alguma solução fatorial, haja vista que os modelos pesquisados – de dois ou mais fatores – coincidem ao apontar a robustez de três fatores: CV, OP e VP. No aspecto metodológico, o questionamento de RD em grupos de crianças com dificuldades de aprendizagem provém das fatorações exploratórias, nas quais mais se observa a debilidade deste fator. Contrariamente, as técnicas confirmatórias abonam seu uso.

É de se notar, também, que apenas uma dentre sete análises exploratórias assinale o modelo quadrifatorial como aceitável, enquanto os estudos de tipo confirmatório tendam a assegurar a vigência da estrutura quadrifatorial. Essa diferença pode dever-se aos objetivos dos dois tipos de técnicas. Assim, é provável que o chamado terceiro fator (RD) não se tenha diferenciado claramente como construto dentro do conjunto verbal do teste, mas no longo prazo ele se ajusta na estrutura de quatro fatores.

ESTUDOS EM CRIANÇAS E ADOLESCENTES COM DIFICULDADES DE APRENDIZAGEM

São descritas a seguir duas pesquisas, com diferentes objetivos, que usaram a mesma coleta de dados. A primeira delas buscou descrever o perfil cognitivo de crianças com dificuldades de aprendizagem (Figueiredo, Quevedo, Gomes, & Pappen, 2007); a segunda, que resultou da dissertação de mestrado do segundo autor deste capítulo (Vidal, 2010), verificou a estrutura fatorial do teste para esse grupo especial.

Foram examinados, no período de 2004/2005, 263 crianças e adolescentes matriculados em escolas públicas das cidades de Pelotas e de Rio Grande (RS). Frequentavam entre pré-escola e 6ª série, tinham idade entre seis e dezesseis anos, sendo que a média era de nove anos (DP = 1,99) e a predominância era do sexo masculino (69,2%). Entre as dificuldades de leitura, escrita e aritmética, a primeira foi apontada, pelos professores, como a mais frequente (74%).

Os alunos que apresentavam queixas de dificuldades de aprendizagem foram encaminhados pelos professores para avaliação psicológica nos Centros de Atendimento ao Educando (CAEs) da Secretaria da Saúde das respectivas cidades. Com base nas informações das Fichas de Observação, foram selecionados os alunos que apresentavam alguma dificuldade de leitura, escrita ou aritmética. Foram utilizados como critérios de exclusão ter mais que três repetências da mesma série ou apresentar deficiências sensoriais. Não foi aplicada nenhuma prova de desempenho escolar e nem foram investigadas as causas da dificuldade de aprendizagem, fossem elas devidas à disfunção neurológica, a transtornos comportamentais ou emocionais ou, ainda, a fatores pedagógicos ou socioeconômicos.

A administração do teste WISC-III foi individual, com tempo médio de noventa minutos para cada avaliação. A aplicação do instrumento foi feita ou nas próprias escolas, ou nos centros de atendimento. Em alguns casos (n = 112), o subteste Procurar Símbolos não foi aplicado devido à falta de material.

ESTUDO SOBRE O PERFIL COGNITIVO

Em relação à capacidade intelectual geral dos alunos apresentada na Tabela 7.1, as frequências das categorias de QI Total mostraram uma distribuição não uniforme, indicando diferenças significativas (p ≤ 0,0001). Apesar de Fonseca (1984), de Wechsler (1991) e de Rourke (1998) descreverem a capacidade intelectual geral das crianças com transtorno de aprendizagem como dentro da média, apenas metade (48,6%) da amostra clínica estudada apresentou inteligência geral entre as categorias médio inferior e médio superior. Um terço (30,4%) dos participantes avaliados foram classificados como deficientes mentais. Os dados sugerem que o déficit cognitivo se apresentou como uma das razões da dificuldade de aprendizagem da amostra em estudo, confirmando a hipótese de que portadores de deficiência mental apresentam dificuldade de aprendizado na escola (OMS, 1993).

Tabela 7.1   Categorias de QI Total observadas na amostra clínica

Categorias do QIT	Frequência	%
Deficiente mental moderado	15	5,7
Deficiente mental leve	65	24,7
Limítrofe	53	20,2
Médio inferior	60	22,8
Médio	59	22,4
Médio superior	9	3,4
Superior	2	0,8

Na Tabela 7.2, apresentam-se as médias dos QIs observados na amostra de crianças com dificuldade de aprendizagem. A média do QIV foi superior à do QIE, sendo as diferenças significativas (p ≤ 0,0001). A discrepância nesse mesmo sentido foi encontrada, também, nos índices fatoriais Compreensão Verbal e Organização Perceptual (QICV > QIOP). Estes resultados foram contrários aos relatados na literatura. Uma possível explicação pode estar relacionada às médias dos subtestes Vocabulário e Compreensão, que neste estudo foram mais altas do que as de estudos anteriores (Ciasca, 2003; Kaufman, 1994). Dessa forma, conforme Simões (2002), os dados não apoiam a validade da relação entre QIV/QIE para fins de classificação ou de diagnóstico clínico de transtorno de aprendizagem.

Os resultados indicaram que a atenção, a concentração e o processamento sequencial (QIRD) são funções que parecem prejudicadas entre os alunos com dificuldade de aprendizagem.

Tabela 7.2 Média dos QIs de crianças com distúrbio de aprendizagem no WISC-III

Escalas	Amostra	DP
QI Verbal	81,56	16,59
QI Execução	79,68	17,80
QI Total	79,13	17,15
QI Compreensão Verbal	83,20	15,06
QI Organização Perceptual	81,26	17,35
QI Resistência à Distração	77,82	19,98
QI Velocidade de Processamento	84,30	16,81

Quanto ao desempenho nos subtestes, observa-se, na Tabela 7.3, a média dos escores ponderados obtida pelos alunos com dificuldade de aprendizagem. Tendo em vista que, nas Escalas Wechsler, o escore médio é 10 e o desvio padrão 3, escores entre 7 e 13 foram considerados medianos. Com base nesse critério, mostraram-se rebaixados os subtestes Informação, Semelhanças, Aritmética e Dígitos, da Escala Verbal, e os subtestes Código e Arranjo de Figuras, da Escala de Execução.

Em relação aos subtestes verbais, Vocabulário teve o resultado mais alto, avaliando a competência linguística, os conhecimentos lexicais e, sobretudo, a facilidade de elaboração do discurso. Aritmética obteve o resultado mais baixo, envolvendo a capacidade de cálculo mental, a compreensão de enunciados verbais de certa complexidade e a capacidade de raciocínio; é bastante sensível ao déficit de atenção e à falta de controle da impulsividade (Kaufman, 1994; Sattler, 1992). Na Escala de Execução obteve-se melhor aproveitamento em Procurar Símbolos, o que demonstra capacidade de discriminação perceptiva, dependendo da atenção visual e da memória de trabalho. Arranjo de Figuras apresentou o menor resultado, o que denota dificuldade de análise perceptiva envolvendo tempo e espaço (Kaufman; Sattler).

Considerando os desempenhos extremos, observaram-se resultados diferentes dos encontrados por Ciasca (2003), exceto em Código, que aparece diminuído em ambas as pesquisas. Escores baixos desse subteste relacionam-se às dificuldades de associar números a símbolos e de memorizar corretamente essas associações. Resultados mais detalhados deste estudo foram divulgados por Figueiredo et al. (2007).

Tabela 7.3 Média dos escores ponderados dos subtestes do WISC-III para amostra clínica

Escala Verbal	Média	DP	Escala de Execução	Média	DP
Informação	6,39	2,88	Completar Figuras	7,91	3,70
Semelhanças	6,52	2,87	Código	6,55	3,27
Aritmética	6,11	4,04	Arranjo de Figuras	6,30	3,33
Vocabulário	8,31	3,02	Cubos	7,24	2,79
Compreensão	8,04	3,23	Armar Objetos	7,20	3,00
Dígitos	6,56	3,66	Procurar Símbolos**	8,48	3,08
Média Geral*	7,07	3,20	Média Geral*	7,04	3.21

*Nota: Média calculada com base nos cinco subtestes padrões, que se incluem no cálculo dos QIs
**Nota: Média calculada a partir do desempenho de 151 sujeitos

ESTUDO SOBRE A ESTRUTURA FATORIAL

Este trabalho buscou verificar se o modelo fatorial descrito para a amostra de padronização brasileira se manteria válido para o grupo das crianças com dificuldades de aprendizagem. Com esse objetivo, aplicaram-se dois tipos de técnicas: Análise Fatorial Exploratória (AFE) e Análise Fatorial Confirmatória (AFC). Na primeira fase, foi utilizado o pacote estatístico *SPSS 13.0 for Windows*. Para a AFC, realizada segundo o Modelo de Equações Estruturais, utilizou-se o pacote estatístico *AMOS 17.0*.

Na AFE, buscam-se os fatores subjacentes mediante a livre observação das correlações sem, ainda, escolher um modelo explicativo, o que serve para gerar hipóteses sobre os processos latentes do comportamento (Tabachnick & Fidell, 2001). Por outro lado, a AFC pressupõe que a matriz de correlações entre as variáveis tenha uma determinada estrutura fatorial e "verifica, em seguida, se esta se adapta aos dados empíricos expressos pela mesma matriz" (Pasquali, 2005, p. 113). Posteriormente à exploração dos vários modelos teóricos possíveis, a AFC comprova qual deles tem o melhor ajuste aos dados amostrais (Kush et al., 2001), sendo uma técnica mais recomendável na fase de consolidação de um instrumento, quando a pesquisa está em estado avançado e se quer provar uma teoria já disponível sobre processos latentes (Tabachnick & Fidell).

Após verificar que a matriz de correlações era fatorável, constatou-se a presença de um fator global dominante, explicando 56% da variância. Esse dado concordou com os estudos norte-americanos que observaram a força deste fator em crianças com dificuldades de aprendizagem, evidenciando a capacidade do WISC-III para estimar a inteligência geral deste grupo clínico (Kush et al., 2001; Kush, & Watkins, 1994; Kush, & Watkins, 1997).

Na busca de modelos explicativos além do unifatorial, a AFE encontrou maior solidez na solução de três fatores, estruturada por um conjunto verbal (com seis subtestes) e os fatores OP e VP, estes últimos constituídos da mesma forma que na amostra de padronização.

No estudo, a AFC testou cinco modelos:

- M1 (um fator): os doze subtestes agrupados em um fator geral;
- M2 (dois fatores): os cinco subtestes padrões do QIV e os cinco do QIE;
- M3a (três fatores): os seis subtestes verbais, os quatro do fator OP e os dois de VP;
- M3b (três fatores): os quatro subtestes do fator CV, os dois de RD e os seis de execução;
- M4 (quatro fatores): subtestes que formam os índices fatoriais da amostra de padronização.

Para o teste de ajuste das soluções fatoriais foram analisados cinco índices, seguindo os critérios de Tabachnick e Fidell (2001). Os cinco modelos testados mostraram satisfatórias medidas, conforme mostra a Tabela 7.4, sendo que M4 se constituiu como o modelo de melhor ajuste aos dados da amostra. Nesse modelo, as cargas fatoriais oscilaram entre 0,69 (Procurar Símbolos) e 0,84 (Informação e Aritmética). A mais alta correlação (0,90) foi observada entre os fatores CV e RD e a mais baixa (0,74) ocorreu entre os fatores CV e VP. Tais resultados concordam com as pesquisas que utilizaram técnicas confirmatórias – mais adequadas na fase de consolidação do instrumento (Cockshott et al., 2006; Grice et al., 1999; Konold, Kush, & Canivez, 1997; Watkins & Kush, 2002).

Tabela 7.4 Índices de ajuste da análise fatorial confirmatória

Índices	M1	M2	M3a	M3b	M4
χ^2	73,6	72,2	101,8	86,6	79,5
g.l.	31	34	51	50	48
P	0,000	0,000	0,000	0,003	0,003
χ^2/g.l.	2,4	2,1	2,0	1,7	1,7
RMSEA	0,072	0,065	0,062	0,053	0,050

Continua

Continuação

Índices	M1	M2	M3a	M3b	M4
GFI	0,947	0,951	0,94	0,952	0,954
AGFI	0,905	0,92	0,908	0,924	0,926
CFI	0,972	0,975	0,972	0,980	0,982

Legenda: χ^2/g.l. = razão qui-quadrado por graus de liberdade; P = probabilidade; RMSEA = *Root Mean Square Error of Approximation;* GFI = *Goodness-of-Fit Index;* AGFI = *Adjusted Goodness-of-Fit Index;* CFI = *Comparative Fit Index.*

Ao contrário do observado na AFE, o modelo bifatorial obteve apoio na análise confirmatória, ao encontro da literatura sobre as Escalas Wechsler de Inteligência, que, desde o início, descreveu a importância dos fatores Verbal e de Execução. A partir do WISC-III, o modelo configurou-se como uma estrutura hierárquica, em que os quatro novos fatores ficam contidos por aqueles dois fatores tradicionais.

No presente estudo, os dois modelos de três fatores (M3a e M3b) também mostraram bom ajuste aos dados, evidenciando que todos os subtestes são relevantes para a avaliação de crianças com dificuldades de aprendizagem e confirmando que os quatro fatores têm uma consistência mútua. Ambos os modelos apresentaram, ainda, em relação ao quadrifatorial, a virtude da parcimônia. Mesmo com essas vantagens, os dois modelos somente poderiam ter aplicação clínica caso fossem elaboradas normas especiais para sua interpretação adequada. Vidal (2010) apresenta mais detalhes sobre este estudo fatorial.

CONSIDERAÇÕES FINAIS

A avaliação intelectual adequada permite obter uma compreensão global e detalhada sobre a forma de aprender. Com um modelo adequado, os profissionais envolvidos na aprendizagem e nas suas dificuldades poderão identificar, com maior certeza, as forças e fraquezas do examinando, desenvolver e reforçar as habilidades essenciais para esse processo e, assim, orientar melhor o planejamento da intervenção.

As dificuldades de aprendizagem devem ser entendidas como um fenômeno de causas múltiplas. Identificar um padrão de fracasso nas habilidades cognitivas do aluno não significa que fatores intrínsecos sejam os únicos responsáveis por suas dificuldades e inabilidades. Causas extrínsecas à criança ou ao adolescente devem ser consideradas, principalmente aquelas relacionadas ao contexto escolar (método pedagógico e relação professor-aluno), bem como aos fatores familiares e às condições de pobreza.

Este estudo obteve evidências que consolidam a estrutura fatorial do WISC-III para avaliar as crianças brasileiras com dificuldades de aprendizagem, no que se refere ao fator geral de inteligência (QIT), aos conjuntos Verbal e de Execução (QIV e QIE) e aos quatro índices fatoriais (CV, RD, OP e VP). Em apoio à literatura e à proposta definida pela padronização, os presentes resultados também constataram, neste grupo clínico, a robustez dos fatores CV, OP e VP e relativa menor validade e solidez de RD. Em próximas edições do teste, este fator deverá ser revisado quanto ao conteúdo e à denominação.

Dois modelos de três fatores, atualmente sem normas populacionais, mostraram vantagens quanto à parcimônia, ao bom ajuste e à interpretabilidade, mas o modelo de quatro fatores se mostrou como o de melhores índices nas análises confirmatórias e é, portanto, o mais indicado para aplicação entre o grupo especial em estudo, permitindo aproveitar as normas do WISC-III. A validação desse modelo e dos sete QIs, já amplamente usados entre a população geral, favorece que os psicólogos sigam aplicando, ao avaliar crianças com dificuldades de aprendizagem, os mesmos índices fatoriais e os mesmos critérios de interpretação clínica das habilidades cognitivas.

A vantagem das escalas Wechsler para avaliar a capacidade de crianças com dificuldades de aprendizagem não se refere, simplesmente, à estimação da quantidade de inteligência, mas a quais recursos a criança está conseguindo utilizar, sejam eles cognitivos, sejam conativos. Como instrumento de apoio para diagnosticar dificuldades de aprendizagem, o WISC-III oferece uma amplitude de informações que, associadas aos dados do sujeito, direcionam o profissional em sua investigação, auxiliando-o na escolha da melhor intervenção para cada indivíduo.

REFERÊNCIAS BIBLIOGRÁFICAS

Associação Americana de Psicologia [APA] (2000). *Manual Diagnóstico e Estatístico de Transtornos Mentais*. Porto Alegre: ARTMED.

Capovilla, A., & Capovilla, F. (2004). Etiologia, avaliação e intervenção em dislexia do desenvolvimento. In F. Capovilla (Org.), *Neuropsicologia e aprendizagem: Uma abordagem multidisciplinar* (pp. 46-73). São Paulo: Memnon.

Cavalini, S. F. S. (2008). *A utilização do WISC-III no diagnóstico das dificuldades de aprendizagem*. Tese de Doutorado, Instituto de Psicologia, Universidade de São Paulo.

Ciasca, S. M. (2003). *Distúrbios de aprendizagem: propostas de avaliação interdisciplinar*. São Paulo: Casa do Psicólogo.

Cockshott, F. C., Marsh, N. V., & Hine, D. W. (2006). Confirmatory factor analysis of the Wechsler Intelligence Scale for Children – Third Edition in an Australian clinical sample. *Psychological Assessment, 18*(3), 353-357.

Collares, C. A. L., & Moysés, M. A. A. (1992). A história não contada dos distúrbios de aprendizagem. *Cadernos CEDES, 28*, 31-48.

Copetti, J. (2009). *Dificuldades de aprendizado: manual para pais e professores*. Curitiba: Juruá.

Dockrell, J., & McShane, J. (2000). *Crianças com dificuldades de aprendizagem: uma abordagem cognitiva*. Porto Alegre: Artmed.

Figueiredo, V. L. M. (2001). *Uma adaptação brasileira do teste de inteligência WISC-III*. Tese de Doutorado, Instituto de Psicologia, Universidade de Brasília.

Figueiredo, V. L. M., Quevedo, L., Gomes, G., & Pappen, L. (2007). Habilidades cognitivas de crianças e adolescentes com distúrbio de aprendizagem. *Psico-USF, 12* (2), 281-290.

Fonseca, V. (1984). *Uma introdução às dificuldades de aprendizagem*. Lisboa: Edital Notícias.

França, C. (1996). Um novato na psicopedagogia. In F. Sisto (Ed.), *Atuação psicopedagógica e aprendizagem escolar*. Petrópolis: Vozes.

Golbert, C., & Moojen, S. (2000). Dificuldades de aprendizagem. In P. Suklennik (Org.), *O aluno problema* (pp. 79-119). Porto Alegre: Mercado Aberto.

Grice, J. W., Krohn, E. J., & Logerquist, S. (1999). Cross-validation of the WISC-III factor structure in two samples of children with learning disabilities. *Journal of Psychoeducational Assessment, 17*(3), 236-248.

Hishinuma, E. S. & Yamakawa, R. (1993). Construct and criterion-related validity of the WISC-III for exceptional students and those who are "at-risk". *Journal of Psychoeducational Assessment: Monograph Series*, Wechsler Intelligence Scale for Children – Third Edition, *11*, 94-104.

Kaufman, A. (1994). *Intelligent testing with the WISC-III*. New York: John Wiley & Sons.

Konold, T. R., Kush, J. C., & Canivez, G. L. (1997). Factor replication of the WISC-III in three independent samples of children receiving special education. *Journal of Psychoeducational Assessment, 15*(2), 123-137.

Kush, J. C. (1996). Factor structure of the WISC-III for students with learning disabilities. *Journal of Psychoeducational Assessment, 14*(1), 32-40.

Kush, J. C., & Watkins, M. W. (1994). *Factor structure of the WISC-III for Mexican-American learning disabled students*. Washington, DC: ERIC Clearinghouse on Assessment and Evaluation.

Kush J. C., & Watkins, M. W. (1997). Construct validity of the WISC-III Verbal and Performance factors for Black special education students. *Assessment, 4*(3), 297-304.

Kush, J. C., Watkins, M. W., Ward, T. J., Ward, S. B., Canivez, G. L., & Worrell, F. C. (2001). Construct validity of the WISC-III for White and Black students from the WISC-III standardization sample and for Black students referred for psychological evaluation. *School Psychology Review, 30*(1), 70-88.

Logerquist-Hansen, S., & Barona, A. (1994). Factor structure of the Wechsler Intelligence Scale for Children-III for Hispanic and Non-Hispanic White children with learning disabilities. Paper presented at the *Annual Convention of American Psychological Association [APA]*, CA, August, 12. Recuperado em 10 de agosto de 2008 de www.eric.ed.gov/PDFS/ED379880.pdf

Martins, R. M. M. (2011). O WISC-III e o perfil cognitivo de crianças com dificuldades de aprendizagem. In *Anais do V Congresso Brasileiro de Avaliação Psicológica*. Bento Gonçalves, RS.

Mattos, P. (2005). *No mundo da lua: Perguntas e respostas sobre transtornos do déficit de atenção com hiperatividade em crianças, adolescentes e adultos.* São Paulo: Lemos.

Moojen, S. (1999). Dificuldades ou transtornos de aprendizagem? In E. Rubinstein (Org.), *Psicopedagogia: uma prática, diferentes estilos.* São Paulo: Casa do Psicólogo.

Organização Mundial da Saúde [OMS], (1993). *Classificação de transtornos mentais e de comportamento da CID 10.* Porto Alegre: Artes Médicas.

Ohlweiler, L. (2006). Introdução. In N. T. Rotta, L. Ohlweiler, & R. S. Riesgo (Orgs.), *Transtornos da aprendizagem: Abordagem neurobiológica e multidisciplinar* (pp. 127-130). Porto Alegre: Artmed.

Pasquali, L. (2005). *Análise fatorial para pesquisadores.* Brasília: LabPAM.

Prifitera, A., & Dersh, J. (1993). Base rates of WISC-III diagnostic subtest patterns among normal, learning-disabled, and ADHD samples. In B. A. Braken & R. S. McCallum (Eds.), *Journal of Psychoeducational Assessment: Advances in Psychoeducational Assessment Monograph Series, Wechsler Intelligence Scale for Children – Third Edition* (pp. 43-55). San Antonio: Psychoeducational Corporation.

Rotta, N. T. (2006). Dificuldades para a aprendizagem. In N. T. Rotta, L. Ohlweiler, & R. S. Riesgo (Orgs.), *Transtornos da aprendizagem: Abordagem neurobiológica e multidisciplinar* (pp. 113-123). Porto Alegre: Artmed.

Rourke, B. P. (1998). Significance of verbal-performance discrepancies for subtypes of children with learning disabilities: Opportunities for the WISC-III. In A. Prifitera & D. Saklofske, *WISC-III clinical use and interpretation* (pp. 139-156). San Diego: Academic Press.

Sattler, J. M. (1992). *Assessment of children: WISC-III and WPPSI-R supplement.* San Diego.

Siekierski, B. M. (2005). *Combined factor analysis of the WISC-III and CMS: does the resulting factor structure discriminate among children with and without clinical disorders?* Tese de Doutorado, School of Psychology, Texas A&M University: College Station, Texas, EUA.

Simões, M. (2002). Utilizações do WISC-III na avaliação neuropsicológica de crianças e adolescentes. *Paidéia, 12*(23), 113-122.

Tabachnick, B., & Fidell, L. S. (2001). *Using multivariate statistics.* San Francisco: Allyn & Bacon.

Vidal, F. A. S. (2010). *Estrutura fatorial do WISC-III em crianças com dificuldades de aprendizagem: uma validação em amostra brasileira.* Dissertação de

Mestrado em Saúde e Comportamento, Programa de Pós-graduação em Saúde e Comportamento, Universidade Católica de Pelotas: p54.

Watkins, M. W., & Kush, J. C. (2002). Confirmatory factor analysis of the WISC-III for students with learning disabilities. *Journal of Psychoeducational Assessment, 20*(1), 4-19.

Wechsler, D. (1991). *Wechsler Intelligence Scale for Children – Third Edition (WISC-III): Manual.* San Antonio: Psychological Corporation.

Wigg, C. M. D., Barros A. C., Alves, M. R. P., Barboza, E. N. B., & Dias, M. (2011). Análise do desempenho de pessoas com queixa de dificuldade de aprendizagem nos subtestes da WISC-III. In *Anais do V Congresso Brasileiro de Avaliação Psicológica.* Bento Gonçalves, RS.

CAPÍTULO 8

HABILIDADES COGNITIVAS DE CRIANÇAS COM DEFICIÊNCIA INTELECTUAL

Michele Beatriz Oliveira da Conceição
Vera L. M. de Figueiredo

Segundo a Convenção dos Direitos da Pessoa com Deficiência, Artigo 1, "pessoa com deficiência é aquela que tem impedimentos de natureza física, intelectual ou sensorial, os quais, em interação com diversas barreiras, podem obstruir sua participação plena e efetiva na sociedade com as demais pessoas" (Organização das Nações Unidas [ONU], 2006).

"Deficiência mental", ou "retardo mental" eram as denominações empregadas para se referir a indivíduos com atraso no desenvolvimento intelectual. Por muito tempo, o escore dos testes de inteligência foi o critério primário para o diagnóstico. Atualmente, algumas modificações podem ser observadas tanto no critério de identificação como na terminologia. Em 2002, a Associação Americana de Retardo Mental (AAMR) incluiu como parte do diagnóstico o indicativo de déficit da capacidade de adaptação comportamental (nível de dependência). Em 2010, a própria associação passou a se denominar *American Association of Intellectual and Developmental Disabilities* (AAIDD)[1] referindo-se às pessoas como "deficientes intelectuais". A nova terminologia propicia uma maior diferenciação entre deficiência mental/doença mental, transtornos comumente confundidos.

Segundo a AAIDD, a deficiência intelectual define-se como uma incapacidade caracterizada por limitações significativas – tanto no funcionamento intelectual como no comportamento adaptativo – que prejudicam muitas habilidades sociais e práticas. A deficiência origina-se antes dos dezoito anos de idade. As versões atuais do *Manual Diagnóstico e Estatístico de Transtornos Mentais – DSM-IV* (American Psychological Association – [APA], 2005) e do *Código Internacional de Doenças – CID-10* (Organização Mundial da Saúde [OMS], 1993) apresentam, essencialmente, a mesma definição.

---

1 Disponível em: <www.aamr.org>.

IDENTIFICANDO A DEFICIÊNCIA INTELECTUAL

Em termos psicométricos, a deficiência é definida como o grau de capacidade que, em uma distribuição normal de inteligência de uma determinada população, encontra dois desvios-padrões abaixo da média (média = 100). A classificação psicométrica adotada pela Organização Mundial de Saúde (OMS, 1993) e pelo DSM-IV (APA, 2005) para deficiência situa-se entre valores de QI abaixo de setenta. Esse enfoque psicométrico é útil para efeitos de pesquisa e também para a caracterização global do funcionamento intelectual de uma pessoa (Fierro, 2007).

Segundo o DSM-IV (APA, 2005), a deficiência intelectual divide-se em quatro níveis:

- Deficiência intelectual leve: QI de 50-55 até aproximadamente 70;
- Deficiência intelectual moderada: QI entre 35-40 e 50-55;
- Deficiência intelectual grave: QI entre 20-25 e 30-35;
- Deficiência intelectual profunda: QI abaixo de 20 ou 25.

A variação de QI em cada nível pode variar entre cinco pontos a mais ou a menos, sendo que o DSM-IV ainda utiliza o termo "limítrofe", que envolve desempenho entre QIs 71 e 79. Segundo a AAMR, o funcionamento intelectual limitado não é suficiente para determinar a presença de deficiência. Devem existir também limitações em competências adaptativas amplas que afetem, pelo menos, duas áreas diferentes. A determinação de limitações em competências adaptativas tem de respeitar as características do contexto comunitário de que a criança faz parte e os apoios e oportunidades de aprendizagem que lhe foram proporcionados. Muito frequentemente pode ocorrer que a par das limitações adaptativas específicas, existam potencialidades em outras áreas ou capacidades individuais.

Segundo Rotta, Bianchi e Silva (2005), o diagnóstico de deficiência intelectual é feito por meio de testes psicométricos, demonstrando função intelectual geral abaixo da média juntamente ao déficit em duas ou mais das dez áreas de habilidades adaptativas. Para os autores, o atraso na aquisição dos marcos do desenvolvimento é um importante achado clínico. Crianças pequenas com comprometimento intenso podem mostrar um atraso acentuado das habilidades psicomotoras. Pacientes com deficiência intelectual leve e moderada apresentam desenvolvimento motor normal; no entanto, observa-se um maior comprometimento no que diz respeito à linguagem.

Para Font (2008), o processo de avaliação de crianças com deficiência intelectual passou de um modelo centrado unicamente nos déficits individuais à avaliação das capacidades, competências e forças do indivíduo, passando a considerar as características, as possibilidades e as demandas dos ambientes em que ele vive, aprende, se socializa e se relaciona. A finalidade de uma avaliação não é rotular ou categorizar diagnósticos, e sim concretizar as forças e as debilidades nos âmbitos diversos da avaliação. Serve também para que o indivíduo possa ser encaminhado, adequadamente, aos apoios e serviços necessários.

Rotta et al. (2005) afirmam que, de modo geral, as crianças com deficiência leve podem atingir um grau de escolaridade de entre quarta e sexta série e independência relativa na vida adulta. Já as crianças com comprometimento moderado adquirem habilidades de linguagem durante os primeiros anos do desenvolvimento e não progridem além da segunda série. As crianças com comprometimento grave adquirem, nos primeiros anos da infância, pouca ou nenhuma fala comunicativa, podendo, na idade escolar, aprender a falar e ser treinados em habilidades elementares de higiene.

A aprendizagem da pessoa com deficiência intelectual não se refere apenas ao âmbito escolar, mas também às atividades da vida diária. No processo de aprendizagem, a criança com deficiência intelectual demonstrará grau de dependência intelectual, sendo necessário que o aprendizado comece no ambiente familiar, com orientação aos cuidadores para que exerçam atividades da vida diária envolvendo habituação e condicionamento (Diament, 2006).

CAUSAS DA DEFICIÊNCIA INTELECTUAL

Segundo Papalia (2007), em aproximadamente 30% a 40 % dos casos a origem da deficiência intelectual é desconhecida; porém, ao longo do tempo, tem-se investigado algumas possíveis causas do fenômeno. Barlow e Durand (2008) referem-se a fatores biológicos, relacionados ao nascimento, e a fatores socioambientais. Entre estes últimos incluem-se a negligência, a privação, o abuso e o retardo cultural familiar. A variação da inteligência não depende somente do genótipo de componentes de uma população, mas também de diferenças ambientais. Podem também influir na origem da deficiência alterações constitucionais ou malformações, isto é, o indivíduo pode nascer com distúrbios de etiopatogenia não esclarecida que se expressam pela deficiência de formação de espinhas dendríticas, levando à insuficiência de formação de sinapses. Nesses casos, os exames de imagem e os bioquímicos mostram-se normais. Segundo Diament (2006), o componente genético da inteligência não se deve apenas a um par de genes, mas a muitos pares. Trata-se, assim, de herança poligênica, que atua em combinação com diversas variáveis ambientais.

As causas da deficiência podem estar relacionadas aos períodos pré, peri e pós-natais. Para Assumpção e Sprovieri (2000), inúmeras causas e fatores de risco podem levar à deficiência, mas, muitas vezes, essas causas não são identificadas. Desnutrição materna, doenças infecciosas durante a gestação, alcoolismo, consumo de drogas e tabagismo são aspectos que influenciam no período pré-natal. Já no período perinatal, fatores como prematuridade e baixo peso, hipoxia ou anoxia, falta de assistência à mãe e traumas no parto podem causar atraso no desenvolvimento intelectual. No período pós-natal, a desnutrição, a desidratação grave, e a meningoencefalite, entre outros, também podem ser vistos como fatores de risco. No entanto, é importante lembrar que nenhum desses fatores produz, por si só, uma deficiência, porém constituem riscos maiores ou menores.

Segundo Rotta et al. (2005), um exame físico minucioso pode revelar aspectos que ajudem a diagnosticar a causa da deficiência intelectual. Entre as doenças genéticas, as cromossomopatias são as mais frequentes; no entanto, um conjunto de alterações fenotípicas pode sugerir síndromes reconhecidamente associadas a esse transtorno (Langman-Down, síndrome fetal alcoólica, síndrome do X frágil). Uma avaliação laboratorial pode ajudar na identificação de fatores determinantes da deficiência e, podendo-se nesses casos encaminhar a criança para tratamento clínico específico, como nos casos de hipotireoidismo, intoxicação por chumbo e/ou cobre, deficiência de zinco, uremia, entre outras.

PROGNÓSTICO

Geralmente, o desempenho da pessoa com deficiência intelectual melhora se ela receber apoio adequado durante um período de tempo continuado. Ela manifestará limitações relativas à inteligência conceitual (cognição e aprendizagem) e à inteligência prática e social, que constituem a base das competências adaptativas. A inteligência prática refere-se à capacidade de realizar atividades diárias de forma independente. Esse tipo de inteligência é fundamental para a aquisição de competências sensório-motoras, de cuidado pessoal, de segurança e de autoproteção. A inteligência social, por sua vez, pode ser definida como a capacidade de compreender as expectativas sociais e o comportamento dos outros para responder, adequadamente, às diferentes situações sociais. A deficiência intelectual implica limitações que afetam a capacidade das pessoas para enfrentar desafios da vida diária na comunidade.

Rotta et al. (2005) afirmam que não existe um tratamento específico para a deficiência intelectual. O paciente deve ser acompanhado por uma equipe multidisciplinar, na qual o psicopedagogo tem papel importante no tratamento individualizado, buscando permitir uma melhor integração da criança ao meio. A melhora no desenvolvimento é influenciada, também, pelas condições médicas concomitantes e por fatores ambientais, tais como a estimulação psicoafetiva, as oportunidades educacionais adequadas e o nível de expectativa familiar. O controle terapêutico dos sintomas associados à deficiência visa a identificar os déficits nutricionais, os problemas visuais e auditivos, as crises convulsivas, a privação socioafetiva e outras dificuldades.

O WISC-III NA AVALIAÇÃO DA DEFICIÊNCIA INTELECTUAL

Na pesquisa de padronização do WISC-III (Wechsler, 1991), foi incluído um grupo de 43 crianças, com idades entre seis e dezesseis anos (mediana = onze anos) com deficiência intelectual leve – diagnóstico baseado nos resultados do teste e em medidas de funcionamento adaptativo. Os escores médios de QIV, QIE e QIT desse grupo foram ao redor de 59, 59 e 56, respectivamente, com funcionamento classificado como moderadamente deficiente. Houve pouca variação no grupo, pois os desvios-padrões foram pequenos (entre oito e nove pontos). Não houve discrepância entre os desempenhos QIV/QIE. Entretanto, o escore médio mais alto foi do índice de Velocidade de Processamento (média = 70,2), confirmando a hipótese da baixa correlação dos subtestes Código e Procurar Símbolos com a capacidade intelectual geral.

Segundo Spruill (1998), o WISC-III é considerado um instrumento confiável e válido na determinação do diagnóstico de deficiência intelectual leve e, em menor medida, moderada. É o instrumento mais usado para avaliar as habilidades intelectuais de crianças e adolescentes com suspeitas de deficiência intelectual. O autor desenvolveu um estudo sobre o WISC-III aplicado a 26 crianças com possível déficit intelectual, encontrando uma diferença de 0,9 ponto entre os escores QIV (64,6) e QIE (65,5).

Por outro lado, Slate (1995) investigou a discrepância QIV-QIE do WISC-III entre 476 alunos divididos em três grupos (202 com dificuldades de aprendizagem, 115 com deficiência intelectual e 159 não classificados). Foram observadas significativas diferenças entre os três grupos. O primeiro teve a maior discrepância, com média de 4,8 pontos; seguido pelo grupo das crianças com deficiência, com média de 3,8 pontos, e o terceiro grupo mostrou diferença média de 1,5 pontos. Em todos os casos, o escore QIE foi mais alto do que o escore QIV. Nesse estudo, as diferenças QIV/QIE do grupo com deficiência ficaram na faixa de 0 a 27 pontos: 60% apresentaram diferenças de menos de dez pontos, 26% diferenças entre dez e dezenove pontos, e 4% diferenças maiores que dezenove pontos. Embora pareça haver uma leve tendência de os sujeitos com deficiência intelectual apresentarem escores QIE mais altos do que escores QIV, as diferenças não podem ser utilizadas para realizar o diagnóstico.

Pérez e Becerra (2002) também desenvolveram um trabalho com um grupo de 23 crianças argentinas diagnosticadas com deficiência intelectual, segundo os critérios de DSM-IV. A amostra era constituída, na maioria, por meninos (74%) com idades entre seis e treze anos. Os resultados obtidos foram semelhantes aos da pesquisa original do WISC-III, na qual o QIV e o QIE foram superiores ao QIT. A pesquisa argentina obteve QIV = 61, QIE = 65 e QIT = 60, tendo sido o escore médio mais alto também em Velocidade de Processamento (média = 69).

Ao analisar os subtestes, Pérez e Becerra (2002) encontraram os escores médios apresentados na Tabela 8.1. Observa-se que, em todos os subtestes, os resultados estavam um desvio padrão abaixo da média (7). O escore mais baixo foi em Aritmética e os mais altos, em Armar Objetos e Cubos, mas as diferenças não foram estatisticamente significativas.

Tabela 8.1   Pontos médios dos subtestes da amostra de Pérez e Becerra (2002)

Escala Verbal	Média	Escala de Execução	Média
Informação	3,0	Completar Figuras	3,0
Semelhanças	3,7	Código	3,7
Aritmética	2,5	Arranjo de Figuras	3,9
Vocabulário	3,0	Cubos	4,7
Compreensão	3,3	Armar Objetos	5,5

Os autores concluíram que o WISC-III não pareceu sensível para discriminar escores baixos obtidos pelas crianças com deficiência intelectual. O perfil cognitivo sugeriu um processamento de informações mais associado ao hemisfério direito e a um estilo de campo independente, em função de os pontos mais elevados terem sido observados em Armar Objetos e Cubos. Um pequeno predomínio de desempenho no QI de Execução sugeriu que as crianças avaliadas têm um processo de informação preponderantemente holístico.

UM ESTUDO EXPLORATÓRIO COM ESCOLARES DE BAIXO RENDIMENTO INTELECTUAL

Para a pesquisa de conclusão de curso da autora principal deste capítulo, foram avaliadas oitenta crianças e adolescentes de ambos os sexos, com idade entre seis e dezesseis anos, que obtiveram QI total inferior a setenta no WISC-III. Os participantes eram inscritos em escolas públicas de Pelotas e de Rio Grande (RS) e foram encaminhados para avaliação psicológica por apresentarem problemas de aprendizagem.

Da população alvo (N = 265) foram selecionados os alunos deficientes intelectuais, sem se investigar o nível de dependência nem outros fatores que caracterizam estruturalmente a deficiência intelectual. Dessa forma, é importante salientar que, no período da avaliação, muitos alunos do grupo estudado apresentavam funcionamento intelectual limitado, o que prejudicava seu rendimento na aprendizagem. As causas da deficiência, fossem elas intrínsecas ou extrínsecas, não foram investigadas.

As crianças apresentaram idade média de 9,76 anos (DP = 2,33) e a maioria era composta por meninos (66%) matriculados em escolas estaduais (72%). A maior parte delas frequentava a 1ª série do Ensino Fundamental (67%) e tinham histórico de repetência escolar (85%). Usavam algum tipo de medicação (50%), sendo que os mais frequentes eram os antidepressivos (18%). Quanto ao nível da deficiência intelectual, 82,5% dos participantes apresentaram QI Total na categoria de deficiência intelectual leve.

A Tabela 8.2 apresenta as médias e desvios observados nas sete escalas de QIs. A discrepância entre os QIs Verbal/de Execução não foi significativa (p = 0,07), apesar da leve tendência a favor do primeiro. Os resultados foram similares aos de Wechsler (1991), Spruill (1998) e Pérez e Becerra (2002), os quais também não observaram diferenças expressivas entre as duas áreas cognitivas no grupo de deficientes intelectuais. Quanto ao índice de Velocidade de Processamento, não se observou um desempenho mais satisfatório, como os encontrados por Wechsler e por Pérez e Becerra.

Tabela 8.2 Média dos QIs de crianças com deficiência intelectual no WISC-III

Escalas	Amostra brasileira	DP
QI Verbal	62,88	7,92
QI de Execução	60,76	9,13
QI Total	59,29	6,09
QI Compreensão Verbal	66,83	8,53
QI Organização Perceptual	64,14	9,23
QI Resistência à Distração	57,89	10,22
QI Velocidade de Processamento	65,58	10,76

O perfil das habilidades cognitivas pode ser observado na Tabela 8.3, na qual aparecem as médias dos escores ponderados obtidas em cada subteste.

Tabela 8.3   Média dos escores ponderados dos subtestes do grupo de deficientes intelectuais no WISC-III

Escala Verbal	Média	DP
Informação	3,73	2,00
Semelhanças	3,91	1,67
Aritmética	2,03	1,67
Vocabulário	5,76	1,97
Compreensão	5,06	2,43
Dígitos	3,60	2,55
Média Geral*	4,09	1,26

Escala de Execução	Média	DP
Completar Figuras	4,53	2,72
Código	3,77	2,41
Arranjo de Figuras	3,31	1,85
Cubos	4,76	1,61
Armar Objetos	4,89	2,25
Procurar Símbolos**	4,86	2,61
	4,27	1,41

*Nota: Média calculada com base nos cinco subtestes padrões, que se incluem no cálculo dos QIs
**Nota: Média calculada com base no desempenho de 151 sujeitos

Considerando somente os subtestes verbais, em Aritmética foi observado o escore mais baixo, detalhe também informado por Pérez e Becerra (2002). O desempenho na prova costuma ser influenciado por problemas de escolaridade e por flutuações da atenção, envolvendo capacidade de simbolização. Considerando que o grupo apresenta atraso na escolaridade e raciocínio predominantemente concreto, tal dificuldade é compreensível. Dígitos foi o segundo subteste escore mais baixo, o qual, juntamente com Aritmética, avalia Resistência à Distração – função geralmente prejudicada entre os deficientes intelectuais. Tomando-se o conjunto de Execução, o menor escore foi em Arranjo de Figuras. Parece que as dificuldades do grupo de deficientes se relacionam à capacidade de planejamento, de senso lógico e de noção temporal. Os melhores escores foram em Vocabulário e Compreensão. O primeiro geralmente é associado à estimulação do ambiente e à escolaridade; entretanto, é possível também que as crianças aprendam os significados das palavras nas próprias relações interpessoais. O segundo envolve o senso comum e a capacidade de enfrentar situações; os deficientes intelectuais apresentam potencial para realizar atividades práticas.

COMENTANDO A PRÁTICA DA APLICAÇÃO DO TESTE

A inclusão do WISC-III no processo de avaliação psicológica de escolares com dificuldades de aprendizagem é uma prática constante entre os profissionais que trabalham nessa área. A deficiência intelectual é um dos fatores que, com maior frequência, dificulta o processo de alfabetização e explica o baixo desempenho escolar geral. Nesta seção, a segunda autora deste capítulo comenta as observações resultantes de sua prática de avaliação de crianças com deficiência intelectual. Serão destacadas, a seguir, as principais dificuldades observadas em cada subteste.

INFORMAÇÃO

É considerado, no contexto brasileiro, o subteste verbal que melhor avalia a inteligência geral, e, por essa razão, se observa um baixo desempenho do Deficiente Intelectual (DI) nesta prova. Segundo a literatura, implica tanto conhecimentos da vida diária como da formação acadêmica. O escore diminuído sugere que o subteste envolve, prioritariamente, questões relacionadas à extensão da escolaridade. Apesar de o conteúdo de vários itens ser ensinado nas séries iniciais (ex.: dias da semana, estações do ano e Descobrimento do Brasil), as respostas corretas a esses itens são pouco frequentes, demonstrando que não há memorização das informações. Por outro lado, são comuns respostas corretas aos itens relacionados à vivência diária (ex.: ferver a água, tipos de dinheiro).

SEMELHANÇAS

A prova avalia o pensamento abstrato, envolvendo a capacidade para generalizações. Por essa razão, é o subteste verbal em que o DI tem maior dificuldade de compreender a tarefa, uma vez que seu raciocínio é preponderantemente concreto. Esse subteste pode não constar dentre aqueles que apresentaram os menores escores no estudo descrito na seção anterior, provavelmente devido a um problema das próprias normas de interpretação. A falta de representatividade de escolares com baixo rendimento intelectual na amostra de padronização brasileira do WISC-III teve como consequência pouca dispersão no extremo inferior da distribuição dos escores. Assim, ao consultar as tabelas de pontos ponderados para cada faixa etária (Wechsler, 2002, p. 229-232), observa-se que o resultado bruto de zero equivale a uma pontuação ponderada de 3 ou 4 para as idades de seis a onze anos. Dessa forma, o resultado dá uma informação superestimada da capacidade das crianças desses grupos etários.

ARITMÉTICA

Avalia a habilidade de raciocínio matemático, envolvendo, paralelamente, atenção. O DI consegue ter êxito apenas nos doze primeiros itens, os quais permitem a representação concreta dos valores por meio dos dedos. A desatenção, que é uma característica comum do DI, muitas vezes prejudica o seu desempenho, e, mesmo efetuando corretamente o cálculo, ele emite uma resposta errada.

VOCABULÁRIO

De forma similar ao subteste Informação, a literatura associa o desempenho em Vocabulário aos conhecimentos adquiridos na vida diária e na vida acadêmica. Entretanto, ao contrário de Informação, este subteste parece refletir mais a experiência social e prática do DI. Segundo os resultados da Tabela 8.3, o melhor escore do conjunto verbal foi justamente em Vocabulário. Parece que este grupo especial aprende mais o significado das palavras nas suas interações sociais, pois é usual estarem afetados o desempenho escolar e a memorização das informações acadêmicas.

COMPREENSÃO

Considerando que o subteste avalia o senso comum, a capacidade de enfrentar situações e a capacidade adaptativa, entende-se a razão de o DI apresentar melhores escores neste subteste, assim como em Vocabulário, expressando suas qualidades práticas e a sua experiência com o cotidiano.

DÍGITOS

O êxito neste subteste costuma ser associado às habilidades de memória e de atenção – funções que podem ou não estar prejudicadas no DI. A tarefa de repetir os números na ordem direta é normalmente compreendida com facilidade; mesmo assim, seria útil a inclusão de um item modelo para treino. Os escores baixos do subteste geralmente estão relacionados à grande dificuldade para repetir os números em ordem inversa. Essa tarefa exige flexibilidade do pensamento, capacidade de simbolização e de organização espacial. Tais habilidades são pouco desenvolvidas pelo DI e seu raciocínio concreto dificulta a mudança no sistema de referência (inverter a ordem dos números); assim, ele continua repetindo os números na ordem direta.

COMPLETAR FIGURAS

É o subteste de Execução mais representativo da inteligência geral, segundo as evidências de validade no estudo de adaptação do teste no Brasil. Os itens envolvem, principalmente, percepção visual das diferenças entre os detalhes essenciais e os não essenciais. Apesar de a tarefa parecer simples, o DI mostra dificuldade para identificá-la e costuma nomear os objetos ou, ainda, negar as partes que faltam às figuras. Por exemplo, no item 2 (caixa), responde "É uma caixa" ou "não falta nada". Outro tipo de resposta comum é associar uma ação ao objeto. Por exemplo, no item 10 (porta), responde "fechar a porta"; no item 16 (tesoura), "papel para cortar". Tais verbalizações sugerem a presença de pensamento concreto e funcional.

CÓDIGO E CUBOS

Os subtestes envolvem coordenação motora e habilidade viso-espacial. Estas são provas em que o DI não apresenta dificuldades para entender as instruções. As falhas na execução estão mais relacionadas a problemas na psicomotricidade, reforçando a hipótese de atraso do desenvolvimento motor do DI, o que é comumente observado.

ARRANJO DE FIGURAS

É o subteste de Execução em que o DI apresenta maior dificuldade para entender a tarefa. Para facilitar a compreensão, seria importante possibilitar que a criança refizesse o item do exemplo após a demonstração do examinador. O desempenho no subteste envolve a capacidade de interpretar situações sociais e de compreender eventos, mas, para o DI, a prova parece envolver mais as funções relacionadas à capacidade de planejamento, de pensamento lógico e de estruturação temporal. A principal causa do fracasso na tarefa parece estar associada à falta de domínio da noção de tempo. Não percebendo a relação de sequência entre as cenas, o DI limita-se apenas a unir os cartões.

ARMAR OBJETOS

A prova envolve coordenação visomotora, percepção de formas, análise e síntese. Considerando que montar quebra-cabeças é uma atividade lúdica, que é vivenciada por todas as crianças, o DI não apresenta dificuldade de entendimento da tarefa, mas, sim de execução. Para possibilitar que a criança treine seu desempenho, seria mais produtivo permitir-lhe tentar refazer o item do exemplo, após observar a demonstração do examinador.

O item de maior dificuldade para essas crianças é o "Cavalo", pela falta de delineamento (traçado) das peças da figura, o que dificulta a percepção de qual objeto deverá ser formado.

PROCURAR SÍMBOLOS

Como nas demais provas de coordenação visomotora, o DI não apresenta dificuldades de compreensão desta tarefa, mas, sim, de realização. Considerando que a criança deste grupo especial geralmente apresenta atraso escolar (repetência), aos nove ou dez anos ainda está em processo de alfabetização. Por não dominar a leitura, tem dificuldade para ler as opções "sim" e "não", razão pela qual se torna necessário memorizar a posição dessas alternativas. Nesse caso, a memória torna-se a principal função envolvida nesta prova. Recomenda-se que este subteste não seja utilizado se a criança não for alfabetizada.

CONSIDERAÇÕES FINAIS

Considerando que a avaliação cognitiva é um requisito para diagnosticar a deficiência intelectual, os testes psicométricos têm sua relevância neste processo de análise. Vários instrumentos estão disponíveis para os psicólogos, mas a maioria deles focaliza apenas um único aspecto do raciocínio – o fator geral. As Escalas Wechsler de Inteligência para Crianças têm sido amplamente utilizadas na área educacional para investigar causas de dificuldades de aprendizagem e identificar déficits intelectuais, pois avaliam o desenvolvimento de diferentes habilidades cognitivas.

Na pesquisa sobre o WISC-III desenvolvida pelas autoras deste capítulo, foram encontrados resultados similares aos da literatura. Não foram identificadas flutuações entre os escores dos subtestes e nem mesmo discrepâncias significativas entre o raciocínio verbal e o não verbal (QIV/QIE). No grupo avaliado, todas as habilidades cognitivas apresentaram-se defasadas. Entre aquelas com menor prejuízo, identificou-se a capacidade de assimilar informações ambientais e de compreensão verbal (Vocabulário e Compreensão), enquanto as de maior prejuízo foram em concentração, raciocínio numérico, organização espaço-temporal e simbolização (Aritmética e Arranjo de Figuras). As crianças e os adolescentes demonstraram ter raciocínio concreto; pouca capacidade para memorizar; dificuldades de planejamento; de atenção; de resolver problemas complexos; de análise e síntese e de coordenação motora.

As principais dificuldades dos deficientes intelectuais leves, as quais podem ser minimizadas por meio de uma educação planejada são percebidas no trabalho escolar e acadêmico. Identificar as habilidades cognitivas defasadas entre o grupo dos deficientes intelectuais é importante para que sejam pensadas e implantadas estratégias que proporcionem um melhor desenvolvimento cognitivo da criança. As técnicas de tratamento podem produzir mudanças importantes nas vidas das pessoas com deficiência intelectual e nas de suas famílias.

REFERÊNCIAS BIBLIOGRÁFICAS

American Psychiatric Association [APA] (2005). *Diagnostic and statistical manual of mental disorders: DSM-IV* (4th ed.). Washington: American Psychiatric Association.

Assumpção, F., & Sprovieri, M. (2000). *Introdução ao estudo da deficiência mental*. São Paulo: Memnon.

Barlow, D. H., & Durand, M. V. (2008). *Psicopatologia: Uma abordagem integrada*. São Paulo: Cengage Learning.

Diament, A. (2006). Aprendizagem e deficiência mental. In N. T. Rotta, L. Ohlweiler, & R. S. Riesgo (Orgs.), *Transtorno da aprendizagem: Abordagem neurobiológica e multidisciplinar*. Porto Alegre: Artmed.

Fierro, A. (2007). Os alunos com deficiência mental In C. Coll, A. Marchese, & J. Palacios (Orgs.), *Desenvolvimento psicológico e educação* (pp. 193-214). Porto Alegre: Artmed.

Font, J. (2008). Avaliação dos alunos com deficiência mental. In M. Sánchez-Cano & J. Bonals (Orgs.), *Avaliação psicopedagógica* (pp. 367-396, F. Murado, trad.). Porto Alegre: Artmed.

Organização Mundial da Saúde [OMS], (1993). *Classificação de transtornos mentais e de comportamento da CID-10: descrições clínicas e diretrizes diagnósticas*. Porto Alegre: Artes Médicas.

Organização das Nações Unidas [ONU], (2006). *Convenção sobre os direitos das pessoas com deficiência*. Recuperado em 15 de dezembro de 2010 em http://www.acessibilidadeweb.com/luso/Convencao.pdf

Papalia, D. (2007). *Desenvolvimento Humano*. Porto Alegre: Artmed.

Pérez, M. & Becerra, L. (2002). Retardo Mental. In A. N. Cayssials, M. Pérez, F. Uriel, A. D'Anna & L. Becerra, *WISC III: Nuevas Investigaciones*. Buenos Aires: Paidós.

Rotta, N. T., Bianchi, M. A., & Silva, A. R. (2005). Retardo do desenvolvimento neuropsicomotor. In N. T. Rotta, L. Ohlweiler, & R. S. Riesgo (Orgs.), *Rotinas em neuropediatria* (pp. 17-25). Porto Alegre: Artmed.

Slate, J. R. (1995). Discrepancies between IQ and index scores for a clinical sample of students: Useful diagnostic indicators? *Psychology in the Schools, 33*(2), 103-108. Recuperado em 03 de abril de 2011 de http://onlinelibrary.wiley.com/doi/10.1002/1520-6807(199504)32:2%3C103::AID-PITS2310320205%3E3.0.CO;2-L/abstract

Spruill, J. (1998). Assessment of mental retardation with the WISC-III. In A. Prifitera, & D. Saklofske, *WISC-III clinical use and interpretation* (pp. 73-136). San Diego: Academic Press.

Wechsler, D. (1991). *Wechsler Intelligence Scale for Children – Third Edition (WISC-III): Manual*. San Antonio: Psychological Corporation.

Wechsler, D. (2002). *WISC-III: Escala de Inteligência Wechsler para Crianças Terceira Edição: Manual*. (V. L. M. Figueiredo, adaptação e padronização brasileira). São Paulo: Casa do Psicólogo.

CAPÍTULO 9

APLICAÇÃO DO WISC-III EM CRIANÇAS E ADOLESCENTES SURDOS: UM ESTUDO EXPLORATÓRIO

Tharso de Souza Meyer
Vera L. M. de Figueiredo

De acordo com o Censo Escolar de 2003, existem 56.024 crianças e adolescentes surdos matriculados no Ensino Básico, sendo que apenas 3,6% terminam o Ensino Médio (Federação Nacional de Educação e Integração dos Surdos – FENEIS, 2011). Atualmente, o Brasil atende a cerca de 700 mil pessoas com surdez nos diversos níveis e modalidades de ensino (Pacheco & Estruc, 2011).

Levando em conta o número crescente de surdos inseridos nos diversos âmbitos da sociedade, faz-se necessário o desenvolvimento de novos métodos e modelos de atendimento e de prestação de serviço para acolher esta comunidade. É de grande relevância, também, que os psicólogos procurem conhecer seus processos linguísticos, cognitivos e sociais, a fim de facilitar o processo de inclusão dos surdos.

A Língua Brasileira de Sinais (Libras) foi oficializada pela Lei nº 10.436 (Presidência da República, 2002), sendo então considerada pela atual visão da educação bilíngue como a língua materna dos surdos. Nesta abordagem, considera-se que a Libras, além de favorecer os processos cognitivos responsáveis pela formação de conceitos (Araújo, 2005), fornece todo o aparato linguístico necessário para a estruturação do pensamento e a aquisição de outras línguas (Quadros, 1997), garantindo o pleno desenvolvimento do surdo (Goldfeld, 1997). A Libras é uma língua com estrutura gramatical própria e tem as mesmas características de uma língua oral (mesmos níveis linguísticos), sendo que sua modalidade de articulação é visual-espacial.

A produção científica brasileira a respeito da surdez, na área da Psicologia, ainda pode ser considerada incipiente. As pesquisas concentram-se na exploração de temas como a língua, o desenvolvimento cognitivo, a família e os processos educativos (Bisol & Sperb, 2010). No Brasil, encontram-se poucas evidências científicas na área da psicometria que possam proporcionar a avaliação de alguns aspectos do desenvolvimento dos surdos. Alguns instrumentos não verbais costumam ser utilizados para auxiliar no diagnóstico da capacidade intelectual de crianças e adolescentes surdos. Entre eles, estão a Escala de Maturidade Mental Colúmbia, o Teste Não Verbal de Inteligência R2, as Matrizes Progressivas Coloridas e Geral de Raven e o TONI-3 (Figueiredo, et al., 2010). Esses testes, entretanto, avaliam a inteligência com base em um único raciocínio, estimando apenas a capacidade geral.

Historicamente, nos Estados Unidos, as Escalas Wechsler de Inteligência têm sido amplamente utilizadas entre os indivíduos surdos. Elas estão entre as melhores maneiras para avaliar a inteligência desta população. As Escalas Wechsler, em todas as suas versões, geraram mais estudos sobre crianças surdas do que qualquer outra medida de inteligência, sendo as mais utilizadas por clínicos e pesquisadores (Braden, 1992).

A vantagem de utilizar as Escalas Wechsler de Inteligência para avaliação cognitiva, em relação a outros testes, é que elas permitem identificar as habilidades verbais e não verbais, ou seja, a inteligência cristalizada e fluida, além de que avaliam habilidades cognitivas específicas por meio dos subtestes. Entretanto, a maioria dos estudos prioriza a administração dos subtestes não verbais. Quando utilizam o conjunto verbal, as provas são aplicadas por meio de linguagem gestual, por traduções literais para língua de sinais, ou mesmo pela oralização, sem utilização da língua de sinais, procedimento que seria o mais adequado.

O WISC-III foi a primeira Escala Wechsler que incluiu crianças e adolescentes surdos na amostra de padronização (Wechsler, 1991, p. 216). Entre os estudos sobre essa escala, podem-se citar os de Slate e Fawcett (1995), Mackinson, Leigh, Blennerhassett e Anthony (1997), Maller (1997), Maller e Ferron (1997), Sullivan e Montoya (1997) e Remine, Care e Brown (2008).

Com o apoio financeiro do Conselho Nacional de Pesquisa (CNPq) foi desenvolvido o estudo que será apresentado a seguir, o qual buscou iniciar o processo de adaptação cultural do WISC-III para surdos. Os procedimentos seguidos foram: o estudo da equivalência cultural, a análise semântica e a tradução para a língua de sinais. Posteriormente, a versão síntese do teste em Libras foi aplicada a um grupo de alunos e os resultados foram analisados qualitativamente.

PROCEDIMENTOS DA INVESTIGAÇÃO
ANÁLISE TEÓRICA DOS ITENS

Para a Análise de Juízes, contou-se com 24 especialistas, entre intérpretes e professores de surdos. Os itens dos subtestes verbais foram apresentados em um formulário pelo qual os juízes deviam posicionar-se quanto à adequação dos itens ao contexto cultural dos surdos. No caso de considerarem o item inadequado, deviam propor sugestões para alterá-lo.

Segundo os juízes, vários vocábulos deveriam ser substituídos e acrescidos de recursos visuais para melhor compreensão por parte dos surdos. Para análise dos dados, considerou-se como critério a concordância de 80% dos juízes para manter os itens no instrumento. Os itens que não atingiram esse índice foram revisados em etapa posterior, na qual foi organizado um Grupo de Trabalho (GT) com profissionais consultores. Com base nas sugestões dos juízes e nas discussões do GT, foi elaborada uma versão preliminar do instrumento. Os resultados da análise de juízes mostraram que os subtestes Vocabulário e Informação tiveram maior percentual de itens com conteúdos inadequados (Figueiredo et al., 2008; Martins et al., 2007; Martins et al., 2008). Alguns desses conteúdos não são usualmente ensinados no meio acadêmico dos surdos; por outro lado, a tradução para a língua de sinais dá indícios da resposta correta, já na enunciação do item.

ANÁLISE SEMÂNTICA

Procedeu-se à tradução dos itens verbais e das instruções dos subtestes não verbais, contemplando as especificações necessárias da língua de sinais, como a própria estrutura frasal do instrumento. Por exemplo, em Informação, item 5 ("Que dia vem depois de quinta-feira?"), a estrutura da questão foi alterada para *"Semana quinta-feira, depois qual?"*.

Outras modificações relacionaram-se a conteúdos específicos. Em Compreensão, o item 8 ("Por que, na lista telefônica, os nomes estão colocados em ordem alfabética?") foi modificado para *"Dicionário ABCDE. Por quê?"*, em função de a lista telefônica não pertencer ao cotidiano dos surdos. Os itens que envolviam nomes próprios e os que continham palavras desconhecidas para os surdos ou sem sinal próprio (por exemplo, os itens finais do Vocabulário) foram digitalizados[1]. Foram acrescentados itens de exemplo e figuras em alguns itens, atendendo à recomendação de Ray (1982), segundo o qual é relevante a suplementação de exemplos e demonstrações nos testes psicológicos.

Na etapa seguinte, as instruções e os itens do teste, formulados em Libras, foram filmados e gravados em DVD para o treinamento dos examinadores e para padronizar o processo de aplicação. Para verificar se os itens e as instruções seriam compreendidas pela população alvo, foi feita uma aplicação dialogada a cinco indivíduos surdos.

---

1 Em Libras, digitalizar uma palavra é o equivalente a soletrá-la oralmente: cada letra da palavra é sinalizada separadamente.

A retrotradução foi realizada por três especialistas (intérpretes de Libras e surdos que estavam cursando ou já haviam concluído o Ensino Superior) que assistiram às imagens do DVD e transcreveram o que haviam compreendido, ou seja, traduziram de Libras para o Português. Algumas modificações relacionadas à estrutura do teste e ao conteúdo de alguns itens foram ainda realizadas pelo GT para a elaboração da versão experimental (Martins et al., 2009; Oliveira et al., 2009; Vechia et al., 2009).

ESTUDO PILOTO

Participaram do estudo treze alunos matriculados em escolas públicas inclusivas (58%) e exclusivas[2] das cidades de Pelotas e de Rio Grande (RS). A maioria era do sexo masculino (69%) e as idades variaram entre sete e vinte anos (M = 14 anos; DP = 4,43). Apesar de o teste ser padronizado para a faixa de seis a dezesseis anos, esta foi ampliada, considerando-se como critério mais relevante a escolaridade dos adolescentes. Esta decisão foi tomada porque, em geral, há um atraso na escolarização dos surdos e, consequentemente, encontrou-se dificuldade para localizar surdos com quinze/dezesseis anos frequentando o Ensino Médio. Conforme Lebedeff (2006) e Sanches e Gouveia (2008), é incontestável o atraso na escolaridade dos sujeitos surdos. Como sugerem Almeida, Lemos, Guisande e Primi (2008), existe um efeito mais significativo da série escolar na diferenciação dos desempenhos.

O teste foi administrado na própria escola do aluno, de forma individual, dispendendo de uma a duas sessões. Todos os examinadores do grupo de pesquisa fizeram cursos de Libras[3], objetivando, além do aprendizado da língua, um maior contato com a Comunidade Surda local.

A administração do instrumento foi realizada por duplas de examinadores: enquanto um sinalizava os itens, o outro transcrevia as respostas. Considerando que a Libras é apreendida pelo canal visual, a aplicação do teste exige atender a todos os sinais e expressões faciais realizadas pelo examinando.

Em relação ao instrumento, todos os itens dos seis subtestes verbais foram aplicados na íntegra, ignorando-se o critério de suspensão da aplicação. Isso foi feito porque o nível crescente de dificuldade dos

---

2 Escola inclusiva é a instituição que admite alunos portadores de necessidades especiais na rede comum de ensino, enquanto a escola exclusiva promove atendimento somente a esta clientela.

3 Os cursos foram oferecidos pela instituição relacionada aos pesquisadores, a Universidade Católica de Pelotas (UCPel).

itens, identificado na amostra de padronização, provavelmente não seria o mesmo para os surdos. Nos subtestes de execução, testaram-se apenas as instruções e os itens iniciais. Nos subtestes Semelhanças, Vocabulário e Compreensão, encontrou-se dificuldade de identificar respostas de escore dois (2), pela pobreza de conteúdo das respostas. Portanto, decidiu-se considerar pontuação dicotômica (certo ou errado).

Paralelamente ao WISC-III, foi aplicado o teste Matrizes Progressivas de Raven (Escala Geral ou Especial) e efetuou-se um levantamento de dados sobre a forma de comunicação com os surdos, mediante um questionário aos familiares. Após a administração dos testes, eles foram avaliados de acordo às instruções dos respectivos manuais.

DISCUSSÃO DOS RESULTADOS

A maioria dos participantes (77%) apresentou, em média, dois anos de atraso na escolaridade. Na avaliação intelectual mediante o teste Matrizes Progressivas de Raven, metade do grupo obteve desempenho abaixo da média, 33% inteligência dentro da média e 17% inteligência acima da média. Em relação ao domínio da Libras por parte da família – o qual está comprovado que auxilia na estimulação do desenvolvimento geral dos surdos (Araújo, 2005; Goldfeld, 1997; Lebedeff, 2006; Negrelli & Marcon, 2006; Quadros, 1997; Ribeiro & Sander, 2009; Sander & Mori, 2008; Santos, 2009; Santos & Zychy, 2008) – observou-se que apenas 46% dos pais ou responsáveis responderam positivamente, ou seja, menos da metade dos pais utilizam Libras na comunicação com o(a) filho(a). De modo similar ao que é referido na literatura, grande parte dos respondentes (93%) tinham pais ouvintes.

SUBTESTE INFORMAÇÃO

Este subteste avalia a quantidade de informação geral que o indivíduo assimila de seu ambiente circundante, a capacidade de compreensão e a de pensamento associativo (Glasser & Zimmerman, 1977). Além disso, explora a riqueza do ambiente nos primeiros anos e a extensão da escolaridade.

As modificações feitas no subteste são especificadas na Tabela 9.1. Elas se concentraram na estrutura semântica dos itens, no uso da digitalização e de classificadores, e na introdução de figuras nos itens iniciais. *Digitalização* (ou datilologia) é a soletração de letras com as mãos. Normalmente utilizado para soletrar os nomes de pessoas, de lugares e os vocábulos não existentes na língua de sinais, o procedimento foi utilizado nos itens 14, 27, 28 e 30. *Classificadores* são sinais que, em Libras, complementam uma ideia. São formas representadas por configurações de mão que, substituindo o nome que as precedem, podem vir junto a verbos de movimento e de localização para classificar o sujeito ou o objeto que está ligado à ação do verbo (Pacheco & Estruc, 2011). Os classificadores foram utilizados nos itens 10 e 19. Por exemplo, no item 10, a palavra "dúzia" foi digitalizada e acompanhada de classificador, o qual consistiu em sinalizar com as mãos três movimentos: o primeiro, a representação de uma caixa de ovos; o segundo, a abertura da mesma, e o terceiro, a retirada de ovos.

Para o item 13 foi utilizada uma questão paralela (13a) relacionada à cultura dos surdos[4]. Nos itens 12 e 13 foram feitas inversões entre pergunta e resposta, comparando-se à forma original. Solicitou-se o nome da pessoa como resposta para minimizar o uso de digitalização de nomes próprios nas perguntas.

Tabela 9.1 Modificações em itens do subteste Informação

Item	Item original (BR)	Item em Libras
1	Apontando-se para o nariz, pergunte: "O que é isso?"	Apontando-se para figura: "Para que faz nariz?" ("Para que serve o nariz?")
2	"Quantas orelhas você tem?"	"Quantas (aponta para figura) você tem?"
10	"Quantas coisas tem uma dúzia?"	"Nome *dúzia* (digitalizar) caixa (abrindo) ovos total?" (representar caixa de ovos)
12	"Quem foi Pedro Álvares Cabral?"	"Que *pessoa* encontrou o Brasil?"
13	"Quem foi Monteiro Lobato?"	"Que pessoa escreveu sítio pica-pau amarelo?"
	a – "Quem foi L'Epée?"	Item experimental
19	"Em que direção o sol se põe/esconde?"	(Representar os pontos cardeais, com os braços abertos) "o sol se põe/esconde onde?"
26	"De onde é extraído o látex?"	"Qual material faz borracha?"

No item 1, no qual houve uma pequena modificação em relação à forma original (pois o sinal, em Libras, para "nariz", sugere resposta), observou-se apenas 43% de acerto, demonstrando que aumentou o nível

---

4 O abade Charles-Michel de L'Épée (1712-1789) foi o fundador da primeira escola pública para surdos de Paris, utilizando a língua de sinais como método de ensino.

de dificuldade. Nos itens 2 e 10, a maioria obteve bom desempenho, indicando que as adaptações foram pertinentes. Nenhum examinando acertou o item 12, apesar de as respostas serem relacionadas ao contexto do descobrimento do Brasil. Em futuro estudo, deve ser feito um exame mais minucioso sobre a forma como este conteúdo é inserido no currículo escolar dos surdos. No item 13, verificou-se que a primeira forma não obteve escores corretos; na segunda forma, houve acerto, sugerindo que a segunda alternativa deve ser mantida no teste. No item 19, 36% alcançaram acerto, percentual superior ao da amostra de padronização do teste (25%). Todos os sujeitos erraram o item 26, associado ao material escolar. Esta associação pode ter ocorrido devido ao sinal de "borracha" ser o mesmo utilizado para a palavra "apagar". A tradução para Libras desse item deve ser repensada.

Outras considerações podem ser feitas em relação a dificuldades observadas na aplicação do subteste. Algumas perguntas não foram claramente entendidas devido às limitações relacionadas à própria língua de sinais. Além da precariedade de sinais para vocábulos menos usuais, alguns deles podem ter mais de um significado. Por exemplo, não existe, até o momento, como representar o item 9 ("estações do ano") em Libras. O sinal de *verão* também pode significar *calor*, e o de *inverno* pode denotar *frio*. Desta forma, o item suscitou respostas relacionadas a eventos climáticos, como *chuva, vento, sol*.

Outras dificuldades podem estar relacionadas à falta de domínio dos surdos quanto à sinalização utilizada. No item 23, a sinalização para *"país"* não foi compreendida pela maioria dos participantes, cujas respostas não se relacionaram ao tema.

Também foram encontrados problemas no uso da digitalização de nomes próprios, tanto nas perguntas como nas respostas. Na comunicação dos surdos, os nomes próprios não são habituais; costuma-se empregar sinais específicos para identificar as pessoas.

No item 18, em que a resposta aceita seria "Santos Dumont", que tem sinal próprio, houve respostas corretas. Desta forma, é preciso evitar itens que exijam digitalização, o que é recomendado por Maller (1997). Além das limitações do instrumento e da própria Libras, o baixo escore total de acertos pode estar associado à dificuldade para memorizar e assimilar os conteúdos relacionados ao currículo escolar e à pouca estimulação no ambiente familiar.

SUBTESTE SEMELHANÇAS

Este subteste tem por objetivo verificar a capacidade de utilização da memória remota, da compreensão, do pensamento associativo, assim como a capacidade de selecionar e verbalizar as relações apropriadas entre dois objetos ou conceitos aparentemente distintos (Glasser & Zimmerman, 1977). Proporciona uma medida do pensamento lógico-abstrato, categorial, com conteúdo verbal e os escores são dados pela qualidade da resposta (2, 1 ou 0 ponto).

A capacidade para estabelecer relações classificatórias, envolvidas no raciocínio abstrato, desenvolve-se na criança por meio do contato com a realidade e da informação recebida em casa e na escola (Glasser & Zimmerman, 1977). A forma de comunicação da criança surda se restringe, muitas vezes, a níveis de generalizações menores, o que faz com que ela apresente dificuldades para dominar conceitos mais complexos e para perceber a relação existente entre palavras hierarquicamente relacionadas. Segundo Uriel e Cayssials (2002), o tipo de estímulo utilizado neste subteste é breve, já que inclui perguntas simples e repetitivas, favorecendo os sujeitos com déficit na recepção auditiva.

A pergunta-chave "Qual a semelhança entre..." foi substituída por "Que se parecem...", considerando que para a segunda forma existe um sinal correspondente em Libras. Quanto ao procedimento de aplicação, estendeu-se a ajuda (&) aos itens 3 e 4 para auxiliar o entendimento da prova por parte das crianças, considerando-se que poderia haver dificuldades de compreensão.

Somente um item (nº 8) teve necessidade de alteração, pois seu conteúdo não faz parte da cultura surda. Em vez de *"O que têm em comum telefone e rádio?"*, empregou-se *"Que se parecem celular-mensagem e TDD?"*[5]. Neste item, a maioria das respostas foram corretas; entretanto, observou-se que alguns alunos não tinham conhecimento do TDD, tecnologia que está disponível somente em algumas escolas.

Analisando as respostas de determinados itens, é possível tecer algumas considerações. O item 2 foi mantido, apesar de se relacionar mais à cultura ouvinte. Nesse item, respostas como "escutar" e "ritmo/música" foram consideradas corretas. Ambas demonstram que houve associação à resposta "fazem música".

---

5 *Telecommunications Device for the Deaf.* O TDD é um telefone público com teclado e visor que envia e recebe mensagens escritas pela linha telefônica, analogamente aos celulares, sem necessidade de conexão à *internet*.

A maioria das respostas aos itens fez referência às diferenças entre os objetos e não à sua similaridade, sugerindo um raciocínio mais concreto. Surgiram respostas como "Leite é da vaca, água é da chuva" (item 4) e "Lápis escreve e borracha apaga" (item 19).

Em relação às respostas obtidas, observou-se que em apenas quatro pares de palavras, de um total de dezenove, houve acerto de 50% ou mais. Em todos os itens foi observada dificuldade para expressar respostas que envolvessem generalizações e relações classificatórias, as quais recebem escores de dois pontos.

As respostas observadas sugerem predomínio do raciocínio concreto e rigidez dos processos de pensamento, podendo ser consequência da falta de estimulação ambiental. Segundo Azevedo (2000), a criança surda pode demorar mais que a ouvinte para realizar certas conquistas cognitivas, como o raciocínio hipotético, podendo até mesmo não adquiri-las. As dificuldades podem estar associadas à pobreza de conceitos previamente adquiridos na primeira infância. Isso ocorre em função da dificuldade de usar a língua de sinais na comunicação familiar, pois, contando com uma estimulação adequada, o surdo pode atingir qualquer grau de abstração (Meyer, Martins, Vechia, & Figueiredo, 2010).

SUBTESTE ARITMÉTICA

As questões deste subteste são utilizadas para aferir a agilidade mental e a concentração mediante o exame da competência do sujeito de raciocinar mediante o uso de operações numéricas simples. Avalia a capacidade de organização espaço-temporal, de simbolização e a habilidade de utilizar conceitos numéricos e abstratos, assim como a habilidade de resolver problemas apresentados verbalmente (Glasser & Zimmerman, 1977).

A experiência cotidiana, as regras sociais, o conhecimento adquirido no ambiente escolar e a idade do indivíduo são fatores que contribuem fortemente para o êxito nessa prova. A baixa pontuação pode sugerir distração e pobre rendimento escolar, devido, talvez, à desvantagem cultural (Glasser & Zimmerman, 1977).

Foi realizada uma alteração no procedimento de aplicação do subteste. Na forma original, o examinando deve ler em voz alta as perguntas a partir do item 19, enquanto na forma adaptada esse procedimento se antecedeu para o item 17 em função de os itens serem mais longos e mais difíceis de sinalizar. Conforme indicam Hill-Briggs, Dial, Morere e Joyce (2007), fazer com que um indivíduo surdo leia as instruções ou os estímulos não é adequado, visto que as capacidades de leitura entre pessoas sem audição variam grandemente e são geralmente baixas nesta população, podendo afetar os resultados dos testes de várias formas. Os autores ainda sugerem que as pessoas que são testadas mediante material impresso deveriam também ser testadas por meio do seu modo de comunicação primário. Por essa razão, no estudo, os itens 17–24 foram tanto sinalizados como lidos pelos examinandos. Nesses itens, que exigem habilidade para transformar problemas verbais em operações matemáticas, os participantes do estudo não obtiveram pontuação (escore zero).

Entre as modificações realizadas, foi acrescentado um item de exemplo, solicitando a contagem sinalizada da figura de duas casas, e foram substituídos todos os nomes pessoais, para evitar a digitalização, trocando-se os nomes próprios por sinais de *pai*, *mãe*, *amigo* etc. Essa alteração ocorreu nos itens 6, 9, 10, 13, 17, 19, 21, 22 e 23.

Nos itens 8, 12, 13 e 14, os problemas continham a palavra "lápis", a qual foi substituída por "caneta". O sinal utilizado para "lápis" pode ser confundido com outros significados (como sair e sumir), enquanto o sinal de "caneta" pode sugerir, no máximo, o sinal empregado para "lapiseira", o que não prejudica a resposta do examinando. Nos itens iniciais (1–12), que envolvem operações aritméticas mais simples, os participantes obtiveram mais de 50% de acerto. Tais resultados podem estar associados à falta de estrutura cognitiva que lhes possibilite compreender os conceitos matemáticos – dado sugerido pelas observações de Nogueira e Zanquetta (2008) ao avaliarem o desenvolvimento cognitivo de adolescentes surdos com provas piagetianas.

SUBTESTE VOCABULÁRIO

Este subteste é considerado uma medida da capacidade de aprendizagem, da informação verbal, da gama de ideias influenciadas pelo ambiente educativo da criança e pelo seu âmbito cultural. Explora a fluidez verbal e o nível cultural, sendo os escores dados pela qualidade da resposta (2, 1 ou 0 ponto). Uma pontuação baixa tem muitas possibilidades de interpretação, sendo a principal delas a limitação do ambiente educativo ou familiar. Ainda se deve considerar que outros fatores, como a idade do sujeito, seu *status* socioeconômico e seu grau de escolarização formal, irão influenciar o nível da definição das palavras (Cayssials, 1998).

Entre as modificações realizadas neste subteste, conforme indica a Tabela 9.2, uma delas referiu-se ao acréscimo de figuras nos itens iniciais (de 1 a 7), conforme sugerido pelos juízes na análise teórica dos itens, uma vez que a sinalização desses vocábulos em Libras sugere a resposta. Essa estratégia de apresentação foi utilizada com base em Braden e Hannah

(1998), que sugerem a utilização de outros artifícios visuais para auxiliar a compreensão da tarefa.

Na tentativa de minimizar o uso de digitalizações (alfabeto manual) para as palavras que não têm sinal próprio, algumas modificações foram realizadas. Os vocábulos dos itens 8, 17, 21, 23, 24, 25 e 27 foram substituídos por sinônimos encontrados no dicionário de Libras (Capovilla, 2001). Para os itens 19, 28, 29 e 30 não foram encontrados sinônimos, e foi necessário substituir tais palavras por outras.

Tabela 9.2   Modificações em itens do subteste Vocabulário

Item	Item original (BR)	Item em Libras
1	"O que é um chapéu?"	Acrescentou-se figura.
2	"O que é um relógio?"	
3	"O que é um ladrão?"	
4	"O que é um guarda-chuva?"	
5	"O que é um burro?"	
6	"O que é uma vaca?"	
7	"O que é uma bicicleta?"	
8	"O que é valente?"	"O que é pessoa corajosa?"
11	"O que é sair?"	"O que é viajar?" (sinal de *sair* sugere resposta)
13	"O que é exato?"	"O que é exato?"
17	"O que é fábula?"	"O que é conto?"
19	"O que é migrar?"	"O que é seminário?"
21	"O que é aflição?"	"O que é sofrimento?"
23	"O que é retificação?"	"O que é consertar?"
24	"O que é unânime?"	"O que é concordância?"
25	"O que é aberração?"	"O que é aconselhar?"
27	"O que é árduo?"	*A* - "O que é estresse?"
		B - "O que é complicado?"
28	"O que é iminente?"	"O que é inteligente?"
29	"O que é compelir?"	"O que é bilinguismo?"
30	"O que é dilatório?"	"O que é capitalismo?"

A maioria dos examinados obteve acerto em todos os itens aos quais foram acrescentadas figuras. Nos itens 11 e 23, a maioria da amostra obteve bom desempenho, sugerindo que não houve dificuldade de entendimento e que as substituições foram adequadas. Nos itens 17, 24, 25, 28 e 29, os participantes obtiveram baixos escores. Dessa forma, pode-se concluir que os vocábulos eram desconhecidos pelos participantes do estudo. Para o item 27, foram testadas duas alternativas: na forma *A* não foi obtido nenhum acerto, mostrando ser mais difícil do que a forma *B*.

Analisando-se as respostas erradas de alguns itens, pode-se pensar em algumas dificuldades relacionadas a limitações para a comunicação em Libras. No item 21, o sinal empregado para designar "sofrimento" é similar ao usado para "fome"; por essa razão, várias respostas relacionaram-se à comida.

No item 30, o sinal em Libras que designa "capitalismo" é composto por duas sinalizações: "capital" e "dinheiro". Por essa razão, as respostas refletiram uma dissociação: algumas foram relacionadas a Capitais (cidades) e outras se referiram a dinheiro. Conclui-se que devem ser evitados sinais compostos.

O fato de um sinal em Libras representar vários sinônimos e significados diferentes entre si limita o repertório de respostas do examinando. Em função disso, houve dificuldades para discriminar respostas de 2 e 1 ponto. Exemplo: o sinal utilizado para "exato" abrange os significados de "certo" (1 ponto) e "correto" (2 pontos) – que seriam os sinônimos aceitáveis como resposta.

No estudo de Maller (1997), foram excluídos 21 itens do subteste Vocabulário por não apresentarem sinais próprios em ASL[6] e serem considerados inadequados aos surdos. Como assinalam Braden e Hannah (1998), parece haver coerência entre os estudos quanto a mostrar escores consistentemente mais baixos em Vocabulário do que nos outros subtestes da Escala Verbal.

As dificuldades observadas no subteste também podem ser associadas à falta de estimulação. Crianças surdas, filhas de pais ouvintes, possuem atraso no desenvolvimento do vocabulário, refletido em léxicos menores, taxas mais baixas de aquisição de palavras novas e menor amplitude de contextos capazes de promover aprendizagem de palavras (Bisol & Sperb, 2010; Costa & Chiari, 2006). Quanto maior for o domínio da Libras, maior será o número de conceitos semânticos e dispositivos linguísticos de que a

---

6   *American Sign Englis:* língua de sinais norte-americana.

criança surda irá dispor. A fluência em Libras incrementa a compreensão do ensino formal (Lebedeff, 2006).

Segundo Glasser e Zimmerman (1977), as baixas pontuações neste subteste apresentam muitas possibilidades de interpretação, sendo a principal um ambiente educativo ou familiar limitado. No caso de grupos minoritários, pode ocorrer que as crianças não tenham sido estimuladas a se expressar verbalmente. As dificuldades conceituais, refletidas no subteste Vocabulário, foram mais detalhadamente discutidas por Meyer, Figueiredo, Martins e Vechia (2010).

SUBTESTE COMPREENSÃO

Os itens deste subteste, idealizado para explorar a capacidade de compreensão de situações comportamentais, demandam uma tomada de consciência das experiências sociais cotidianas. As respostas são influenciadas pelo raciocínio, pela expressão verbal, pelos problemas e oportunidades culturais familiares e pelo grau de interiorização da cultura social – este último, fundamental para a avaliação das respostas dos surdos neste subteste. Ainda, a expressão da pergunta "por quê?" durante a administração e o entendimento da causalidade parecem constituir o obstáculo mais relevante para a resposta correta do examinando. Este fator acentua-se pelas perguntas condicionais "O que faria se...?" (Uriel & Cayssials, 2002).

Na etapa de adaptação do teste, foram feitas algumas modificações nos itens, conforme indica a Tabela 9.3. Apenas um item (nº 8) foi modificado quanto ao conteúdo, respeitando a especificidade da cultura dos surdos; nos outros dois, a alteração foi apenas relativa à estrutura semântica da língua.

Tabela 9.3   Modificações em itens do subteste Compreensão

Item	Item original (BR)	Item em Libras *
1	"O que você faria se desse um corte no dedo?"	Incluímos o sinal referente à palavra "dor".
8	"Por que na lista telefônica os nomes estão colocados em ordem alfabética?"	"Dicionário ABCDE. Por quê?"
9	"Por que é necessário que o governo fiscalize a carne antes de ser vendida?"	"Governo sempre precisa fiscalizar carne, sabe o carimbo roxo? Por que fiscaliza?"

Nos itens 1, 2, 3, 4 e 7, as respostas foram semelhantes às obtidas na amostra de padronização (sujeitos ouvintes). Como os primeiros itens desse subteste avaliam a capacidade adaptativa, os integrantes da amostra apresentaram, em sua maioria, um comportamento mais independente.

Já nos itens 8 e 9, as respostas foram relacionadas às utilizações (funcionalidade). No item 8, a maioria das respostas foram relacionadas à relevância do dicionário. Exemplos: "Para aprender sinais, palavras"; "para estudar. Se não sabe o português, vê significados". No item 9, o percentual de respostas certas (28%) foi muito abaixo do observado na amostra de padronização (57%). Nos dois itens, viu-se a necessidade de revisar a estrutura da questão, pois a forma utilizada para a pergunta pode não ter sido a mais adequada.

No item 12, as respostas incorretas reafirmavam a pergunta em vez de explaná-la, ou seja: em vez de justificarem a resposta, as crianças repetiam que a votação "deve ser secreta", "é para ninguém ver". No item 15, todas as respostas foram consideradas erradas, evidenciando pobreza de conhecimento. Elas foram associadas a punições: "Mentir é feio", "A mãe fica brava" e "Evita castigo".

Como nos demais subtestes verbais, surgiram limitações relacionadas à própria língua, pois um único sinal pode sugerir significados distintos. Por exemplo, no item 11, o sinal utilizado para "jogos" é o mesmo empregado para "arroz", o que pode ter dificultado o entendimento da questão.

Os resultados mostraram que o subteste não é adequado para avaliar a maturidade social dos surdos. A exigência de respostas múltiplas em alguns itens e a capacidade de julgamento que envolve a lógica foram fatores que dificultaram a obtenção de respostas de 2 pontos. Os resultados diferem dos de Maller (1997), segundo a qual os padrões de resposta de crianças surdas e ouvintes foram similares em Compreensão. Baixos escores neste subteste sugerem dificuldades de expressão e pensamento excessivamente concreto – que limita a capacidade de aceitar e deduzir conclusões hipotéticas (Glasser & Zimmerman, 1977; Marchesi, 1995).

SUBTESTE DÍGITOS

Foi idealizado para mensurar a amplitude da memória, atenção e concentração e o nível da agilidade mental. Seu resultado é fortemente influenciado pelo grau de instrução educativa/escolar (Glasser & Zimmerman, 1977).

Esta prova foi administrada com a digitalização dos números, em vez da oralização, envolvendo a modificação do construto a ser avaliado. A memória auditiva foi substituída pela memória visual, conforme indicado por Wechsler (1991). Durante as aplicações, percebeu-se que os participantes compreenderam as instruções corretamente e tiveram mais dificuldade na sequência de ordem inversa, assim como os ouvintes.

Apesar de esta versão do subteste avaliar a memória visual, o desempenho na prova não foi satisfatório, o que poderia ser explicado pela baixa escolaridade. Segundo Hill-Briggs et al. (2007), os surdos que utilizam sinalização geralmente apresentam um desempenho abaixo do padrão em tarefas verbais de processamento sequencial, tais como repetição de dígitos e palavras, independentemente de os estímulos serem falados, escritos ou sinalizados. Os resultados sugeriram limitações na memória imediata, baixa atenção e dificuldade de inversão de uma ordem já automatizada ou "recém-vista".

CONJUNTO DE EXECUÇÃO

Foram testadas as instruções e os itens iniciais de cada subteste. Não se observou dificuldade no entendimento das tarefas, nem na sua execução. Considerando que estes subtestes utilizam a linguagem verbal somente nas instruções, ao serem estas traduzidas para língua de sinais não ocasionam prejuízo ao entendimento dos surdos. Quanto aos estímulos envolvidos nos itens, nenhum é verbal, facilitando a execução da tarefa. Por essas razões, o Conjunto de Execução das Escalas Wechsler de Inteligência, em qualquer uma de suas edições, tradicionalmente é utilizado para avaliação cognitiva de surdos.

CONSIDERAÇÕES FINAIS

A Psicologia e, em especial, a área da Avaliação Psicológica devem levar em conta a preocupação com os direitos das pessoas deficientes e de grupos minoritários, uma vez que a diminuição de escores nos testes pode ser resultado de condições culturais que determinam motivações, habilidades e, até mesmo, características psicológicas. Segundo Anastasi e Urbina (2000, p. 440), "cada teste psicológico mede uma amostra de comportamento. Na medida em que a cultura afeta o comportamento, sua influência deve ser e será detectada pelos testes". Por essa razão, surgiu o interesse em adaptar o teste WISC-III para que pudesse ser aplicado a indivíduos surdos, respeitando as características culturais próprias dessa comunidade.

Para a pesquisa, houve uma grande preocupação em seguir todas as etapas do processo de uma adaptação transcultural. Os resultados apresentados são referentes a todo o processo que iniciou com a análise teórica dos itens, prosseguiu com o processo cuidadoso de tradução do instrumento para Libras, finalizando com a aplicação do teste a uma amostra piloto. Alguns resultados foram anteriormente apresentados por Meyer, Martins e Vechia (2010) e por Meyer, Vechia, Martins e Figueiredo (2011).

É importante destacar algumas considerações. Em relação à ordem de dificuldade dos itens, pode-se observar que houve diferenças entre os subtestes Informação, Vocabulário e Compreensão. Os dados sugerem que as experiências e as aprendizagens dos dois grupos são diferentes. Nos subtestes Semelhanças, Aritmética e Dígitos não se identificaram alterações significativas, indicando que o nível de dificuldade foi semelhante ao dos ouvintes. Houve dificuldade de pontuar os subtestes com escores politômicos (Semelhanças, Vocabulário e Compreensão), não sendo possível discriminar respostas com níveis diferentes de qualidade. Essa particularidade pode ser decorrente do fato de que a estrutura gramatical e a lexical das duas línguas não são correspondentes, o que dificulta a conceitualização de vocábulos e a elaboração de respostas.

As respostas dos examinandos foram, na sua maioria, mais pobres e denotativas de um raciocínio preponderantemente concreto, quando comparadas às da amostra de padronização para ouvintes. A maioria dos participantes apresentou raciocínio intelectual inferior, atraso na escolaridade e aquisição tardia da Libras sendo filhos e alunos de pais e professores ouvintes. Segundo a literatura, não existem limitações cognitivas próprias da surdez. As deficiências podem ocorrer por fatores como a falta de estimulação precoce na língua de sinais e falhas na metodologia de ensino. De acordo com Gesueli (2006), a relação com professores surdos favorece a criança, pois o professor ouvinte geralmente não tem fluência na língua de sinais. Além disso, conforme observado por Ferreira, Dornelas, Teófilo e Alves (2012), a educação bilíngue no Brasil ainda é restrita: os profissionais geralmente não dominam a Libras, utilizando-a somente como apoio à língua oral, o que contradiz a proposta educativa.

Outro aspecto que deve ser ponderado é a pertinência de elaborar normas por série escolar, em vez de normas por faixas etárias. A repetência é uma consequência frequente, considerando que a surdez pode estar associada a outras comorbidades, que muitas vezes a aquisição de Libras ocorre somente após o ingresso na escola e que existe a exigência de a criança ajustar-se à língua dominante (Português). Dessa forma, é comum encontrar alunos com idades mais avançadas em séries iniciais. De acordo com Alves (1998), as normas por série escolar seriam mais apropriadas para situar a maturidade intelectual de uma criança atrasada em termos de escolaridade.

Entre as sugestões para os profissionais que forem avaliar surdos utilizando um teste traduzido para Libras, recomenda-se que tenham domínio amplo da língua, tanto para aplicar o instrumento como para poder pontuar as respostas, considerando que existem regionalismos na língua de sinais. Sugere-se, ainda, a filmagem das respostas, que, por serem sinalizadas, dificultam a anotação no caderno de respostas pelo desvio visual do examinador.

A pesquisa de adaptação do WISC-III para surdos será continuada como projeto de dissertação de mestrado do autor principal deste capítulo. O teste será administrado a uma amostra mais ampla e representativa de alunos surdos. Será aplicada uma forma reduzida do teste, definidos os parâmetros psicométricos e as normas especiais para a interpretação.

Agradecemos aos seguintes colaboradores:

- *Psicólogos Antonielle Cantarelli Martins, Francielle Cantarelli Martins, Olga Cassal Viedo, Shana Gularte Della Vechia e William Martins de Oliveira, que participaram do estudo, em suas diversas etapas, como bolsistas e auxiliares de iniciação científica.*

- *Professores Drª. Janie Cantarelli e Ms. Fabiano Souto Rosa, que contribuíram com suporte teórico e reflexões sobre o tema.*

- *Intérpretes de Libras Ana Marci Ferreira, Luciara Brum, Maitê Maus da Silva, Larissa Lemes Ramos Tavares e Nádia Gonçalves, que, de diferentes formas, auxiliaram no desenvolvimento da pesquisa.*

- *Colégio Municipal Pelotense, Instituto de Educação Assis Brasil, Escola Especial Professor Alfredo Dub, Escola Estadual Barão de Cerro Largo e Escola Municipal de Ensino Fundamental Helena Small, instituições que aceitaram participar da pesquisa.*

REFERÊNCIAS BIBLIOGRÁFICAS

Almeida, L. S., Lemos, G., Guisande, M. A. & Primi, R. (2008). Inteligência, escolarização e idade: normas por idade ou série escolar? *Avaliação Psicológica, 7*(2), 117-125.

Alves, I. C. B. (1998). Variáveis significativas na avaliação da inteligência. *Psicologia Escolar e Educacional, 2*(2), Campinas, SP.

Anastasi, A. & Urbina, S. (2000). Considerações éticas e sociais na testagem. In A. Anastasi & S. Urbina, *Testagem Psicológica* (pp. 432-445). Porto Alegre: Artmed.

Araújo, M. A. N. (2005). A estruturação da linguagem e a formação de conceitos na qualificação de surdos para o trabalho. *Psicologia: Ciência e Profissão, 25*(2), 240-251.

Azevedo, O. B. (2000). A família como parceira no desenvolvimento cognitivo da criança surda na perspectiva da educação bilíngue. *Revista FACED, 4.*

Recuperado em 31 de março de 2011 de http://www.portalseer.ufba.br/index. php/rfaced/issue/view/331

Bisol, C. & Sperb, T. M. (2010). Discursos sobre a surdez: deficiência, diferença, singularidade e construção de sentido. *Psicologia: Teoria e Pesquisa, 26*(1), 7-13.

Braden, J. P. (1992). Intellectual assessment of deaf and hard-of-hearing people: a quantitative and qualitative research synthesis. *School Psychology Review, 21*(1), 82-94.

Braden, J. P. & Hannah, J. M. (1998). Assessment of hearing-impaired and deaf children with the WISC-III. In A. Prifitera & D. Saklofske, *WISC-III clinical use and interpretation* (pp. 175-201). San Diego: Academic Press.

Capovilla, F. C. (2001). *Dicionário enciclopédico ilustrado trilíngue da Língua de Sinais Brasileira.* São Paulo: EDUSP.

Cayssials, A. N. (1998). *La escala de inteligencia Wisc-III en la evaluación psicológica infanto-juvenil.* Buenos Aires: Paidós.

Costa, M. C. M. & Chiari, B. M. (2006). Verificação do desempenho de crianças deficientes auditivas oralizadas em teste de vocabulário. *Pró-Fono Revista de Atualização Científica, 18*(2), 189-196.

Federação Nacional de Educação e Integração dos Surdos – FENEIS (2011). Quantitativo de surdos nas escolas. Recuperado em 31 de março de 2011, de <www.feneis.com.br>.

Ferreira, M. I. O., Dornelas, S. A., Teófilo, M. M. M. & Alves, L. M. (2012). Avaliação do vocabulário expressivo em crianças surdas usuárias da Língua Brasileira de Sinais. *Revista CEFAC (online), 14*(1), 9-17. Recuperado em 20 de fevereiro de 2012, de http://www.scielo.br/pdf/rcefac/v14n1/152-10.pdf

Figueiredo, V. L. M., Viedo, O. C., Martins, A. C., Vechia, S. G. D., Oliveira, W. M., Martins, F. C. & Meyer, T. S. (2008). Adaptação do teste WISC-III para surdos: resultados preliminares sobre a análise teórica dos itens verbais. In *Actas da XIII Conferência Internacional de Avaliação Psicológica: Formas e Contextos* (CD-ROM). Braga, Portugal.

Figueiredo, V. L. M., Martins, A. C., Martins, F. C., Viedo, O. C., Vechia, S. G. D., Meyer, T. S. & Oliveira, W. M. (2010). Testes psicológicos para a avaliação de surdos: uma breve revisão da literatura. In A. A. A. Santos, F. F. Sisto, E. Boruchovitch & E. Nascimento (Orgs.), *Perspectivas em Avaliação Psicológica* (pp. 293-309). São Paulo: Casa do Psicólogo.

Gesueli, Z. M. (2006). Lingua(gem) e identidade: a surdez em questão. *Educação & Sociedade, 27*(94), 277-292.

Glasser, A. J. & Zimmerman, I. L. (1977). *Interpretación clínica de la Escala de Inteligencia de Wechsler para Niños (WISC).* Madrid: TEA Ediciones.

Goldfeld, M. (1997). *A criança surda: linguagem e cognição numa perspectiva sócio-interacionista.* São Paulo: Plexus.

Hill-Briggs, F., Dial, J. G., Morere, D. A. & Joyce, A. (2007). Neuropsychological assessment of persons with physical disability, visual impairment or blindness, and hearing impairment or deafness. *Archives of Clinical Neuropsychology, 22,* 389-404.

Lebedeff, T. B. (2006). Análise das estratégias e recursos "surdos" utilizados por uma professora surda para o ensino de língua escrita. *PERSPECTIVA, 24* (volume especial), 139-152.

Mackinson, J. A., Leigh, I. W., Blennerhassett, L. & Anthony, S. (1997). Validity of the TONI-2 with deaf and hard-of-hearing children. *American Annals of the Deaf, 142*(4), 294-299.

Maller, S. J. (1997). Deafness and WISC-III item difficulty: invariance and fit. *Journal of School Psychology, 35*(3), 299-314.

Maller, S. J. & Ferron, J. (1997). WISC-III factor invariance across deaf and standardization sample. *Educational and Psychological Measurement, 57*(6), 987-994.

Marchesi, A. (1995). Comunicação, linguagem e pensamento das crianças surdas. In C. Coll, J. Palacios & A. Marchesi, *Desenvolvimento psicológico e educação: necessidades educativas especiais e aprendizagem escolar*. Porto Alegre: Artes Médicas.

Martins, F. C., Martins, A. C., Viedo, O. C., Meyer, T. S., Oliveira, W. M., Vechia, S. G. D. & Figueiredo, V. L. M. (2007). Adaptação do teste WISC-III para surdos. In *16º Congresso Iniciação Científica, 6ª Mostra de Pós-graduação, 4ª Mostra de Extensão da Universidade Católica de Pelotas* [CD-ROM]. Pelotas, RS.

Martins, F. C., Martins, A. C., Viedo, O. C., Vechia, S. G. D., Meyer, T. S., Figueiredo, V. L. M. & Oliveira, W. M. (2009). Instrumentos de avaliação psicológica para surdos: uma revisão da literatura. In *IV Congresso Brasileiro de Avaliação Psicológica - XIV Conferência Internacional de Avaliação Psicológica: Formas e Contextos - V Congresso Brasileiro de Rorschach e Outros Métodos Projetivos. Avaliação Psicológica: Formação, Atuação e Interfaces*. Campinas, SP.

Martins, F. C., Viedo, O. C., Martins, A. C., Vechia, S. G. D., Oliveira, W. M., Meyer, T. S. & Figueiredo, V. L. M. (2008). Adaptação do WISC-III para surdos: resultados preliminares sobre a análise teórica dos itens verbais. In *17º Congresso de Iniciação Científica, 7ª Mostra de Pós-Graduação e 4ª Mostra de Extensão da Universidade Católica de Pelotas* [CD-ROM]. Pelotas, RS.

Meyer, T. S., Figueiredo, V. L. M., Martins, F. C. & Vechia, S. G. D. (2010). Capacidade conceitual dos surdos de acordo com o subteste Vocabulário do WISC-III. In *XIX Congresso de Iniciação Científica/XII Encontro de Pós-Graduação/II Mostra Científica*. Pelotas, RS.

Meyer, T. S., Martins, F. C. & Vechia, S. G. D. (2010). A compreensão verbal dos surdos segundo o teste WISC-III. In *XXIII Salão de Iniciação Científica/XIX Feira de Iniciação à Inovação e Desenvolvimento Tecnológico/V Salão UFRGS Jovem* [CD-ROM]. Porto Alegre, RS.

Meyer, T. S., Martins, F. C., Vechia, S. G. D. & Figueiredo, V. L. M. (2010). Raciocínio abstrato de surdos avaliado pelo subteste Semelhanças. In *IX Encontro Mineiro de Avaliação Psicológica & II Congresso Latino-americano de Avaliação Psicológica*. Belo Horizonte, MG.

Meyer, T. S., Vechia, S. G. D., Martins, F. C. & Figueiredo, V. L. M. (2011). O teste WISC-III em surdos. In *V Congresso Brasileiro de Avaliação Psicológica*. Bento Gonçalves, RS.

Negrelli, M. E. D. & Marcon, S. S. (2006). Família e criança surda. *Ciência, Cuidado e Saúde, 5*(1), 98-107.

Nogueira, C. M. I. & Zanquetta, M. E. M. T. (2008). Surdez, bilinguismo e o ensino tradicional de Matemática: uma avaliação piagetiana. *ZETETIKÉ, 16*(30), 219-237. Recuperado em 31 de março de 2011 de http://www.fe.unicamp.br/zetetike/viewissue.php?id=21

Oliveira, W. M, Vechia, S. G. D., Martins, F. C., Meyer, T. S., Martins, A. C., Viedo, O. C. & Figueiredo, V. L. M. (2009). O subteste Informação do WISC-III está adequado para a cultura surda? In *IV Congresso Brasileiro de Avaliação Psicológica/XIV Congresso Brasileiro de Rorschach e outros métodos projetivos/ Avaliação Psicológica: Formação, Atuação e Interfaces.* Campinas, SP.

Pacheco, J. & Estruc, R. (2011). *Curso Básico da LIBRAS (Língua Brasileira de Sinais)*. Recuperado em 31 de março de 2011 de http://www.ebah.com.br/content/ABAAAet80AJ/apostila-sinais-surdos

Presidência da República (2002). Lei nº 10.436, de 24 de abril de 2002. Casa Civil, Subchefia para Assuntos Jurídicos. Recuperado em 31 de março de 2011, de http://www.planalto.gov.br/ccivil_03/Leis/2002/L10436.htm

Quadros, R. M. (1997). *Educação de surdos: A aquisição da linguagem.* Porto Alegre: Artes Médicas.

Ray, S. (1982). Adapting the WISC-R for deaf children [resumo]. *Assessment for Effective Intervention, 7* (3), 147-157. Recuperado em 31 de março de 2011 de http://aei.sagepub.com/content/7/3/147.short.

Remine, M. D., Care, E. & Brown, P. M. (2008). Language ability and verbal and nonverbal executive functioning in deaf students communicating in spoken English. *Journal of Deaf Studies and Deaf Education, 13*(4), 531-545.

Ribeiro, N. N. M. & Sander, M. E. (2009). Língua de Sinais, mediação e formação de conceitos em alunos surdos. Secretaria de Estado da Educação do Paraná, Maringá. Recuperado em 16 de fevereiro de 2011, de http://www.diaadiaeducacao.pr.gov.br/portals/pde/arquivos/2117-8.pdf?PHPSESSID=2010012008183564

Sanchez, C. N. M. & Gouveia Jr., A. (2008). Adaptação da EAH para a população de surdos falantes de Libras. *Revista Brasileira de Terapia Comportamental e Cognitiva, 10*(2), 171-179.

Sander, M. E. & Mori, N. N. R. (2008). *A mediação pedagógica e a formação de conceitos em alunos surdos.* Seminário de Pesquisa, Programa de Pós-Graduação em Educação, Universidade Estadual de Maringá. Recuperado em 31 de março de 2011 de http://www.ppe.uem.br/publicacoes/seminario_ppe_2008/pdf/c047.pdf

Santos, F. M. A. (2009). Marcas da LIBRAS e indícios de uma interlíngua na escrita de surdos em língua portuguesa. Dissertação de Mestrado, Instituto de Letras, Universidade Federal da Bahia, Salvador.

Santos, J. M. & Zychy, A. C. (2008). Família: um núcleo significativo para a escolaridade da criança surda. *Revista Eletrônica Lato Sensu, 3*(1). Recuperado em 31 de março de 2011 de http://web03.unicentro.br/especializacao/Revista_

Pos/P%C3%A1ginas/3%20Edi%C3%A7%C3%A3o/Humanas/PDF/15-Ed3_CH-Fam%C3%ADliaNucl.pdf.

Slate, J. R. & Fawcett, J. (1995). Validity of the WISC-III for deaf and hard of hearing persons. *American Annals of the Deaf, 140*(3), 250-254.

Sullivan, P. M. & Montoya, L. A. (1997). Factor analysis of the WISC–III with deaf and hard-of-hearing children. *Psychological Assessment, 9*(3), 317-312.

Uriel, F. & Cayssials, A. (2002). Disfunciones sensoriales: sordera. In A. Cayssials et al., *WISC-III Nuevas Investigaciones: Normas de la Ciudad de Buenos Aires y el conurbano bonaerense* (Cuadernos de evaluación psicológica). Buenos Aires: Paidós.

Vechia, S. G. D., Oliveira, W. M., Martins, F. C., Meyer, T. S., Martins, A. C., Viedo, O. C. & Figueiredo, V. L. M. (2009). Adaptação do subteste Vocabulário para surdos. In *IV Congresso Brasileiro de Avaliação Psicológica/XIV Congresso Brasileiro de Rorschach e outros métodos projetivos/Avaliação Psicológica: Formação, Atuação e Interfaces.* Campinas, SP.

Wechsler, D. (1991). *Wechsler Intelligence Scale for Children – Third Edition (WISC-III): Manual.* San Antonio: Psychological Corporation.

CAPÍTULO 10

HABILIDADES COGNITIVAS DE CRIANÇAS VÍTIMAS DE MAUS-TRATOS

Josiane Puchalski Sousa
Vera L. M. de Figueiredo

O crescente fenômeno da violência é apontado como um dos maiores problemas de saúde pública do mundo, atingindo milhares de pessoas diariamente. A violência representa grande importância para a sociedade brasileira nas últimas décadas, em razão de seu crescimento, sua gravidade, seu impacto social e sua capacidade de vulnerabilizar a saúde individual e coletiva (Malta et al., 2010; Polanczyk, Zavaschia, Benetti, Zenker, & Gammerman, 2003).

De acordo com dados do Departamento de Informática do Sistema Único de Saúde – DATASUS (2002), a violência e os acidentes constituem, em conjunto, a segunda causa de óbitos no quadro da mortalidade geral brasileira, sendo a primeira causa entre todas as mortes de crianças e adolescentes. Nas últimas décadas, foram reunidas inúmeras evidências que mostram como os eventos estressores traumáticos ligados à violência na infância são relativamente comuns e afetam profundamente o desenvolvimento do indivíduo (Cicchetti & Toth, 2005).

Entre os eventos estressores traumáticos mais comuns entre crianças e adolescentes estão aqueles que envolvem maus-tratos (Ximenes, Oliveira, & Assis, 2009). No ano de 2005, segundo o Instituto Brasileiro de Geografia e Estatística – IBGE, registraram-se nos serviços de saúde 4.854 atendimentos classificados como agressões domésticas. Esse estudo também evidenciou que crianças com menos de dez anos de idade representaram uma parcela importante das vítimas, apresentando, em comparação a outras faixas etárias, maior vulnerabilidade aos maus-tratos (Instituto Brasileiro de Geografia e Estatística, 2006).

Outros trabalhos destacam o aumento da prevalência de maus-tratos e um início precoce dos abusos. De acordo com a Agência Notisa de Jornalismo Científico (2011), em matéria para a *Revista Psique*, uma pesquisa realizada no Hospital das Clínicas da Faculdade de Medicina da Universidade de São Paulo revelou um crescimento de 36% de casos de maus-tratos infantis no primeiro semestre de 2010 em relação ao mesmo período de 2009. Em outro estudo, realizado no Estado de Alagoas, foram registradas 1.043 ocorrências de abuso sexual infantil no período entre 2001 e 2009. A pesquisa constatou que a maioria das vítimas foram meninas, que os casos somente são revelados quando as vítimas estão na faixa etária entre 7 e 14 anos, e que a idade de início dos abusos é de entre cinco e oito anos (Canuto, Gouveia, & Araújo, 2010). No Brasil, cerca de 44% das vítimas, nos casos de abuso sexual denunciados, apresenta história de abuso físico na infância (Zanoti-Jeronymo et al., 2009).

TERMOS E DEFINIÇÕES

Torna-se imprescindível conhecer, compreender e refletir sobre as inúmeras formas de manifestação da violência, uma vez que estas definições têm implicações práticas quanto à prevenção e ao manejo do problema (Pedersen & Grossi, 2011). Para um conhecimento mais amplo, destaca-se a importância de diferenciar "agressividade" de "violência". Dentro da multiplicidade de definições encontrada na literatura, o conceito de Santos (1997) para agressividade é um dos mais abrangentes e satisfatórios. Segundo ele, a agressividade é uma herança biológica própria da natureza animal e da humana, sendo uma forma de defesa natural ante ameaças.

Por outro lado, a violência, segundo o conceito de Niehoff (1999), é um comportamento mal-adaptativo, culturalmente construído pelo homem e baseado nas relações humanas e nos conflitos. A violência é o ato mais primário de manifestação da agressão, desencontrada no tempo e desmedida na sua intensidade. O uso abusivo do poder é o principal diferencial para se distinguir violência de agressividade.

De acordo com Caminha (1999), os termos "abuso" e "maus-tratos" referem-se a uma forma de violência, repetitiva e intencional, na qual alguém, geralmente próximo à vítima, usa do poder ou da força física para envolvê-la em atos que não está apta para suportar. O tipo mais frequente de maus-tratos contra a criança ou adolescente é a violência doméstica (intrafamiliar), que ocorre dentro dos lares ou no convívio com parentes e pessoas relacionadas aos familiares. Esse tipo de abuso, de difícil detecção, costuma prolongar-se por muito tempo. A família, considerada o agente protetor da criança, tende a acobertar ou silenciar a violência, seja pela cumplicidade dos adultos, seja pelo medo, constrangimento e sentimento de culpa que as vítimas sentem por denunciar o abusador (Braun, 2002).

Definir diferentes tipos de maus-tratos é apenas uma forma didática de compreender um problema que, embora se observe isoladamente, muitas vezes acontece de forma dinâmica e simultânea, já que um episódio de violência pode desencadear inúmeros outros. Os principais tipos de maus-tratos, passíveis de notificação, incluem negligência, abuso físico, abuso sexual e abuso psicológico (Habigzang & Caminha, 2004; Pires & Miyazaki, 2005). A literatura aponta o sexo feminino como maioria entre as vítimas de negligência e de abuso sexual (Martins & Jorge, 2009; Polanczyk et al., 2003).

TIPOS DE VIOLÊNCIA

NEGLIGÊNCIA

A negligência refere-se à incapacidade do cuidador para supervisionar ou proteger a criança, ou para atender suas necessidades físicas e emocionais. É a omissão de responsabilidade de um ou mais membros da família em relação a outro, sobretudo àquele que precisa de ajuda por questões de idade ou alguma condição física, permanente ou temporária (Braun, 2002; Cicchetti & Toth, 2005). Caracterizada pela indiferença e pela rejeição afetiva, a negligência é o tipo mais frequente de maus-tratos. Nesta categoria, inserem-se problemas como falta de apoio emocional e de atenção, ausência de cuidados médicos, abandono e expulsão da criança de casa, ausência de alimentação, falta de cuidados de higiene, de roupas e de supervisão inadequada, como deixar a criança sozinha e sem cuidados por longos períodos. O abandono é considerado a forma mais grave de negligência (Hlady, 2004).

ABUSO FÍSICO

Neste caso, a força física é usada de forma intencional, isto é, não ocorre de forma acidental, e tem como objetivo punir, ferir ou destruir a vítima. A violência física é baseada no poder disciplinador e autoritário que o adulto assume sobre a criança ou o sobre o adolescente, que é agredido com o objetivo de obter disciplina e obediência (Pires & Miyazaki, 2005; Trocmé, 2011). Na maioria das vezes, este tipo de violência deixa marcas, sendo, portanto, de maior visibilidade e de mais fácil diagnóstico. As marcas indicativas do abuso incluem hematomas, escoriações, lacerações, contusões e queimaduras. O grau da violência física varia consideravelmente, desde beliscões e tapas até agressões que conduzem à morte (Pedersen & Grossi, 2011; Trocmé, 2011). No entanto, é importante lembrar que a nossa sociedade, muitas vezes, aceita os maus-tratos físicos como medidas disciplinadoras e educativas, apesar de suas inúmeras consequências, já comprovadas.

ABUSO PSICOLÓGICO

É toda forma de discriminação, depreciação ou desrespeito em relação à criança ou ao adolescente. Pode envolver comportamentos como punir, humilhar ou aterrorizar uma pessoa mediante agressões verbais e cobranças exageradas, baseadas em expectativas irreais em relação ao bom comportamento ou ao desempenho escolar. Muitos cuidadores descarregam sobre a criança suas frustrações pessoais, gerando sentimentos de culpa e desvalia. De acordo com Pires e Miyazaki (2005), esse tipo de abuso pode envolver também o isolamento da criança – privando-a de experiências comuns a sua idade, como o fato de ter amigos – ou ainda indução à prostituição, ao uso de drogas e ao crime. Este tipo de violência é um dos mais dificilmente identificáveis, pela sutileza e pela falta de materialidade dos atos, embora seja muito frequente que se associe a agressões corporais. O abuso psicológico leva a profundas marcas no desenvolvimento, o que pode comprometer a saúde mental (Ministério da Saúde, 2002).

ABUSO SEXUAL

Entre todos os tipos de violência praticados contra o ser humano, a violência sexual é, possivelmente, um dos delitos menos denunciados em nossa sociedade. Três são as causas disso, dentre outras prováveis: os tabus sexuais com a possível estigmatização da vítima, o temor de sofrer represálias do agressor e as sérias modificações emocionais e financeiras no sistema familiar acarretadas por uma denúncia de incesto (Ferreira & Rocha, 2011; Williams, 2002). O abuso sexual intrafamiliar é frequente e envolve a atividade sexual entre uma criança ou adolescente e um parente imediato, próximo ou que a criança ou adolescente considere membros do grupo familiar (Braun, 2002).

O abuso sexual é uma situação em que a criança ou o adolescente é usado para a gratificação sexual de um adulto ou até mesmo de um adolescente mais velho, baseado em relação de poder que pode incluir desde carícias, manipulação dos órgãos sexuais, voyeurismo, pornografia e exibicionismo, até o ato sexual com ou sem penetração, com ou sem violência (Habigzang et al., 2008). Por vezes, esta prática inclui elementos de sadismo – como flagelação, tortura e surras – e de exploração sexual visando a fins econômicos. No abuso sexual, a sexualidade está a serviço de necessidades não sexuais: o outro é destituído do seu lugar de ser desejante e é forçado a ser objeto de um jogo perverso. É inegável que esta violência deixa marcas profundas no psiquismo das vítimas, o que se agrava pela conotação sensacionalista com que se divulgam os casos (Azevedo & Guerra, 2000).

FATORES DE RISCO PARA A VIOLÊNCIA INTRAFAMILIAR

No ambiente familiar, paradoxalmente, a criança tanto pode receber proteção como conviver com riscos para o seu desenvolvimento. Os fatores de risco para violência apontam frequentemente ao baixo nível socioeconômico e à fragilidade dos vínculos familiares (Pedersen & Grossi, 2011). Pais agressivos ou negligentes, com dificuldades para controlar ou expressar de forma adequada suas emoções, podem afetar o aprendizado das crianças, que, por sua vez, apresentam maior risco de sofrer dificuldades e atrasos no desenvolvimento acadêmico, psicossocial e pessoal (Milot, Éthier, St-Laurent, & Provost, 2010).

Adultos que vivem em condições de pobreza vivenciam frequentemente níveis elevados de estresse e de instabilidade social. Esses fatores afetam a capacidade de prover cuidados parentais adequados, podendo ocasionar prejuízos à criança ou ao adolescente em habilidades como solução de problemas, linguagem, memória e habilidades sociais (Barnett, 1997). No entanto, a pobreza não pode explicar todas as ocorrências de maus-tratos na infância. A falta de conexões interpessoais sadias e uma rede limitada de adultos que sirvam como modelos para a aquisição de comportamentos pró-sociais entre estas famílias podem dificultar as oportunidades para que a criança estabeleça novas relações saudáveis (Bradley & Corwyn, 2002).

Com relação às influências de fatores parentais sobre as práticas educativas, o estudo de Fox, Platz e Bentley (1995) chegou a resultados importantes. Os autores verificaram que mães de níveis socioeconômicos e educacionais inferiores tendem a empregar um menor número de estratégias educacionais e disciplinares não coercitivas. Filhos de mulheres com até três anos de estudo apresentam 2,5 vezes mais risco de morrer antes dos cinco anos de idade que os de mulheres com oito anos ou mais de estudo. Atribui-se essa diferença a uma percepção mais ampla, na mãe escolarizada, quanto aos cuidados com a higiene e a saúde dos filhos (Instituto Brasileiro de Geografia e Estatística, 2004).

Em um levantamento de dados com cinquenta casos de abuso sexual, através de Boletins de Ocorrência Policiais e Termos de Informações do Departamento Estadual da Criança e do Adolescente da Polícia Civil do Rio Grande do Sul, foi constatado que as famílias pertenciam às classes econômicas B ou C e apenas 6% dos agressores havia completado o Ensino Médio. Além disso, a maioria dos abusadores fazia uso de álcool e de outras drogas (Braun, 2002).

Andrade et al. (2005) observaram uma estimulação de menor qualidade entre as crianças cujo principal cuidador não possuía companheiro e entre aquelas crianças que não dispunham do convívio paterno. A ausência do companheiro interferiu negativamente na qualidade da estimulação disponível no ambiente familiar, o que pode estar ligado à influência do pai no desempenho da função materna e à estabilidade emocional da mãe.

FATORES PROTETORES CONTRA A VIOLÊNCIA INTRAFAMILIAR

A qualidade da interação do adulto com a criança é um dos principais elementos para uma adequada estimulação no espaço familiar. Os processos vinculares são mecanismos contribuintes para que a criança desenvolva sua percepção, dirija e controle seu comportamento; além disso, esses processos permitem adquirir conhecimentos e habilidades, estabelecendo relações e contribuindo para a construção do ambiente físico e social. Famílias bem estruturadas que demonstram fortes vínculos afetivos, com regras claras de convivência e de organização, estabelecem um poderoso fator de proteção contra a violência doméstica (Ferreira & Rocha, 2011).

Werner (1998) indica como fator protetor o vínculo afetivo da criança com um cuidador alternativo – como um dos avós ou irmãos – que sirva como suporte nos momentos de estresse e estimule a criança de forma positiva. Os amigos, os professores e a escola também podem fornecer importante auxílio emocional para uma criança fragilizada. Desse modo, o apoio familiar, a rede de apoio social e um autoconceito positivo podem servir como proteção contra os efeitos de experiências traumáticas (Sapienza & Pedromônico, 2005).

De acordo com Kato (1993), o nível da escolaridade da mãe é apontado como fator de proteção em áreas como a extensão de vocabulário e os escores de inteligência. O nível escolar materno, quando acima de cinco anos, se associou positivamente a aspectos como: organização do ambiente físico e temporal da criança, variação na estimulação diária e maior envolvimento emocional e verbal da mãe com o filho (Andrade et al., 2005).

Certos estudos sugerem que altos escores de inteligência, temperamento positivo, flexibilidade e boa capacidade de adaptação ao ambiente são características da criança associadas a um baixo risco de exposição a eventos traumáticos. Além disso, a competência social e a capacidade de interação com seus pares também são vistos como fatores de proteção (Breslau, Lucia, & Alvarado, 2006; Rae-Grant, Thomas, Offord, & Boyle, 1989).

CONSEQUÊNCIAS COMPORTAMENTAIS E COGNITIVAS DOS MAUS-TRATOS

As vivências traumáticas na infância podem determinar o poder de destruição do sujeito, que pode direcionar a agressividade e a melancolia para dentro de si, assim como contra aqueles que fazem parte de suas relações interpessoais. Quando os traumas não elaborados contaminam as novas experiências, o violentado pode tornar-se o violentador, caracterizando uma ameaça em potencial para si mesmo e para a sociedade (Albornoz, 2009).

Hesse e Main (2006) apontam que os maus-tratos praticados pelos cuidadores são das condutas mais traumáticas que uma criança pode vivenciar. Mães abusivas dirigem a seus filhos comportamento aversivo, intrusivo e controlador, em contraste com mães negligentes que, ao exibirem cuidados inconsistentes, podem gerar sentimento de desvalia na criança. Pais abusadores ou distantes não regulam nem acalmam as experiências de aflição de seus filhos, mas ativam, a um só tempo, os sentimentos de medo, vazio e apego. Desta forma, as figuras que deveriam exercer cuidados adequados transmitem uma dupla mensagem: consolo e imprevisibilidade. Como não consegue lidar com o paradoxo de uma figura de apego potencialmente protetora e, ao mesmo tempo, abusiva, a criança se desestrutura. A experiência resultante, de ansiedade e medo, é característica de crianças vítimas de maus-tratos. Em um estudo recente, foram encontrados indicativos de Transtorno de Ansiedade em crianças abusadas (Dertelmann, 2011).

Em geral, a criança maltratada fica dividida entre o amor que sente pelo cuidador e o ódio diante da violência praticada por este. A ambivalência afetiva, natural em determinada fase do desenvolvimento, assume proporções que o ego, ainda bastante frágil, não consegue suportar. A criança aparece duplamente como vítima – do abuso e da desconfiança dos adultos –, tentando criar mecanismos para adaptar-se a esta situação. Desta forma, muitas vezes desmente a queixa que havia feito sobre o abuso sexual, acabando por reforçar os preconceitos dos adultos (Azevedo & Guerra, 2000). A quebra da confiança e da segurança a partir da relação com adultos abusivos, não protetores, tem graves consequências emocionais, pois favorece rupturas e distorções da autonomia do ego. A criança começa a perceber as pessoas que a cercam como pouco confiáveis e pouco seguras (Almeida-Prado & Féres-Carneiro, 2005).

As consequências da violência intra/extrafamiliar podem ser imediatas ou tardias. As imediatas são: estresse pós-traumático, autoestima negativa e outros distúrbios emocionais. Os riscos de drogadição, de problemas de aprendizado, de queixas somáticas, de distúrbios na sexualidade, de depressão, e de suicídio são manifestações tardias de todas as formas de violência (Braun, 2002). As crianças com danos já infligidos correm maior risco de sofrer abusos repetitivos e danos possivelmente fatais. As crianças maltratadas têm, geralmente, déficit de habilidades que regulem o afeto e o comportamento. Apresentam falhas na capacidade de vincular-se, devido às falhas na habilidade de integrar emoções, bem como dificuldades na estruturação de comportamentos sociais, na medida em que seus pais falharam em promover relações seguras e de competência social (Barnett, 1997).

Crianças violentadas tendem a apresentar conduta agressiva como forma de preservação às ameaças sofridas, pois entendem o ataque verbal ou físico como uma forma de afastar e de combater aqueles que lhes possam causar danos. Outra forma de defesa é negar eventos traumáticos mediante a supressão da memória e o desvio da atenção, já que recordar é uma maneira de entrar em contato com os sentimentos dolorosos que fazem parte das lembranças do abusado. Além disso, crianças expostas a ambientes estressantes podem apresentar quadros de dissociação, a ponto de gerar rupturas bruscas e patológicas com a realidade (Caminha, 1999).

De acordo com Perry (2001), a principal psicopatologia decorrente da exposição sistemática das crianças a eventos traumáticos repetitivos e intencionais denomina-se Transtorno de Estresse Pós-Traumático (TEPT). Os efeitos neuropsicológicos do TEPT entre as crianças envolvem a diminuição da capacidade de modulação da impulsividade e prejuízos cognitivos, sociais, afetivos e comportamentais (Ximenes et al., 2009).

Segundo as informações de Bücker (2010), as alterações cognitivas têm sido cada vez mais pesquisadas entre indivíduos com histórico de trauma precoce. A situação de trauma vivenciada durante a infância está associada a um pior desempenho das funções cognitivas e executivas (conjunto de processos que permitem a regulação da cognição e do comportamento), as quais possibilitam o envolvimento do indivíduo em ações como planejamento e execução de atividades complexas. Quando há falhas na função executiva, a flexibilidade do pensamento é prejudicada, assim como a capacidade de resolução de problemas (Dias, Menezes, & Seabra, 2010).

Sandgrund, Gaines e Green (1974) mostraram que as crianças abusadas física e sexualmente (excluídas as com dano cerebral severo) eram dez vezes mais suscetíveis a retardo intelectual. As crianças abusadas não só apresentam diminuição de QI, mas também menos comportamentos pró-sociais, e se associam pouco a outras crianças, quando comparadas àquelas que não sofreram abuso (Caminha, 1999).

Em um artigo de revisão, Kolko (1992) analisou os efeitos a curto e a longo prazo da violência intrafamiliar, constatando que as crianças apresentam funcionamento intelectual reduzido quando comparadas a seus controles sem histórico de abuso. Foram observadas defasagens da área verbal, da memória, da leitura, das habilidades percepto-motoras e da habilidade cognitiva geral. Em um estudo com crianças vítimas de violência, Bücker (2010) também encontrou relação entre maus-tratos e prejuízos do funcionamento cognitivo, envolvendo atenção, concentração e memória. Os dados da pesquisa também evidenciaram que a baixa escolaridade dos cuidadores é um fator associado à presença de trauma na infância.

Os estudos de Brenmer (1999) e de Bellis, Hooper, Spratt e Woolley (2009) sugeriram que o abuso crônico tem um efeito devastador sobre os processos de maturação e organização cerebral, pois acarreta prejuízos na memória de curto prazo e na declarativa, na atenção sustentada, na aprendizagem verbal, na construção visual e em funções executivas. Há evidências de que crianças negligenciadas ou abusadas fisicamente apresentam capacidade intelectual inferior quando comparadas àquelas que sofreram outros tipos de violência. As pesquisas de Nolin e Ethier (2007) e de Pears, Kim e Fischer (2008) encontraram relação entre abuso físico, déficits cognitivos, capacidade de resolução de problemas, abstração e planejamento.

Estudos que avaliaram crianças vítimas de maus-tratos mediante alguns subtestes do WISC-III (Vocabulário, Código, Completar Figuras, Cubos, Aritmética, Dígitos e Procurar Símbolos) encontraram relação entre o trauma familiar e prejuízos intelectuais como diminuição na memória, menor velocidade de processamento, baixa resistência à distração e déficit na capacidade intelectual geral. Crianças com histórico de abuso sexual, quando comparadas a um grupo controle, mostraram pior desempenho na atenção e concentração (Bellis et al., 2009; Bücker, 2010; DePrince, Kristin, Weinzierl, Melody, & Combs, 2009; Dertelmann, 2011; Porter, Lawson, & Bigler, 2005).

A avaliação da inteligência parece ser também uma preocupação no estudo de crianças vítimas de violência. O desempenho cognitivo está geralmente associado à adaptação sociocomportamental, sendo que, principalmente na criança, o déficit intelectual, mesmo que funcional, traz grande prejuízo no processo de escolarização. Na literatura revisada, o WISC-III está entre os testes mais utilizados, sendo a avaliação geralmente realizada por meio de subtestes isolados, visando a avaliar funções executivas, enquanto o QI é calculado por formas reduzidas (QI estimado).

A literatura relata que as crianças abusadas mostram redução de QI e problemas relacionados à linguagem, à flexibilidade do pensamento, à capacidade de resolução de problemas e às funções executivas. Da mesma forma, os estudos descrevem diversas alterações comportamentais e emocionais, presentes em crianças abusadas. Parte-se do princípio de que a avaliação neuropsicológica de crianças vítimas de violência é um processo complexo que deve ser muito bem conduzido e balizado, não apenas pelos instrumentos e pelas escalas já conhecidos para tal fim, mas também por uma avaliação subjetiva feita pelo profissional, sensível às potencialidades e às limitações afetivas do sujeito avaliado (Dertelmann, 2011).

ESTUDO COM UM GRUPO DE CRIANÇAS E ADOLESCENTES VÍTIMAS DE MAUS-TRATOS

O objetivo do estudo foi identificar o potencial cognitivo de crianças e de adolescentes vítimas de violência intrafamiliar, para oferecer subsídios aos profissionais que trabalham com este grupo clínico. No total, foram avaliadas 67 crianças e adolescentes de ambos os sexos, entre seis e dezesseis anos, da cidade de Pelotas (RS), recebidos em um núcleo de atendimento especializado em vítimas de violência intrafamiliar. A confirmação dos maus-tratos foi avaliada pela equipe técnica do centro de atendimento.

O único instrumento utilizado para realizar a estimativa da capacidade intelectual de crianças e dos adolescentes foi o WISC-III. A aplicação teve duração média de noventa minutos e fez parte do processo de avaliação psicológica. Os pais ou responsáveis foram entrevistados na própria instituição colaboradora, para maiores informações sobre as características da vítima e dos familiares. Os responsáveis pelas crianças e pelos adolescentes assinaram um termo de consentimento livre e informado. A avaliação intelectual e a entrevista com os pais foram realizadas por acadêmicas de Psicologia, e na ocasião alguns dados foram publicados (Corrêa, Gonçalves, & Figueiredo, 2005; 2007).

Dentre as principais características das vítimas atendidas, observou-se predomínio do sexo feminino e idade média da amostra de onze anos; entretanto, a maioria dos abusos teve início por volta dos seis anos. Todas as crianças avaliadas eram estudantes de escolas públicas e grande parte já havia apresentado repetência. Segundo a tipologia do abuso, 88% sofreram violência sexual e 12% outros tipos de maus-tratos (abuso psicológico, físico ou negligência). Segundo os relatos dos cuidadores, as crianças mostravam comportamentos tais como agitação, ansiedade, irritabilidade e problemas de aprendizagem.

As idades das mães e dos pais variaram entre vinte e sessenta anos. Em média havia três filhos por família. A maioria dos pais estava separada e não tinha o Ensino Fundamental completo. Além disso, havia alcoolistas na família, principalmente o pai, enquanto a presença de transtornos mentais foi mais frequente entre as mães. Os indivíduos identificados como prováveis autores da agressão eram, em maioria, familiares da vítima.

Na avaliação da inteligência, considerando a capacidade intelectual geral (QIT), 35,8% da amostra obtiveram classificação médio inferior e 29,8% apresentaram Deficiência Intelectual (Tabela 10.1). Não houve diferença significativa entre os gêneros. Os dados vão ao encontro dos estudos que assinalam o rebaixamento intelectual das crianças vítimas de violência (Caminha, 1999; Dertelmann, 2011; Kolko, 1992).

Tabela 10.1 Categorias de QI Total observadas entre crianças vítimas de violência

Categoria do QIT	Frequência	%
Deficiente Intelectual ≤ 69	20	29,8
Médio Inferior	24	35,8
Médio	14	20,9
Médio Superior	6	9,0
Superior ≥ 120	3	4,5

A Tabela 10.2 apresenta a média dos QIs, considerando as sete dimensões cognitivas avaliadas. Observa-se que não há discrepância entre as áreas verbal e de execução, e todas as habilidades mostram-se desenvolvidas de forma similar. No entanto, nota-se uma leve melhora do desempenho em Velocidade de Processamento.

Tabela 10.2 Média dos QIs no WISC-III de crianças vítimas de violência

Escalas	Amostra	DP
QI Verbal	83,96	20,52
QI Execução	83,90	21,45
QI Total	83,11	20,52
QI Compreensão Verbal	84,69	18,65
QI Organização Perceptual	83,64	20,52
QI Resistência à Distração	85,91	19,17
QI Velocidade de Processamento	89,66	16,80

Quanto às habilidades específicas avaliadas pelos subtestes, a Tabela 10.3 evidencia as médias dos escores ponderados. Considerando os valores da amostra de padronização (M = 10; DP = ±3), é possível identificar, no conjunto verbal, os subtestes Informação e Semelhanças com os menores escores. Tomando-se meio desvio padrão em relação à média dos subtestes, Aritmética e Dígitos apresentam também escores baixos. No conjunto de execução, as menores pontuações foram observadas nos subtestes Arranjo de Figuras, Cubos e Armar Objetos.

Tabela 10.3 Média dos escores ponderados dos subtestes do WISC-III para amostra clínica

Escala Verbal	Média	DP	Escala de Execução	Média	DP
Informação	6,85	3,34	Completar Figuras	8,33	4,09
Semelhanças	6,42	3,39	Código	8,34	4,09
Aritmética	7,79	3,68	Arranjo de Figuras	7,75	3,58
Vocabulário	8,48	3,49	Cubos	7,55	3,58
Compreensão	8,60	3,77	Armar Objetos	7,25	3,66
Dígitos	7,78	3,49	Procurar Símbolos	8,70	3,18

De acordo com Cayssials (2000), baixos escores em Informação indicam amplitude de conhecimentos limitada, memória diminuída, hostilidade em relação a uma tarefa escolar, baixa orientação para resultado e problemas de compreensão. O prejuízo neste subteste também pode estar relacionado à postura de não falar sobre certos temas que possam vincular-se com conflitos internos. Quanto às habilidades defasadas, dados semelhantes foram encontrados por Bücker (2010) e por Dias, Menezes e Seabra (2010).

Segundo Cunha (2000), pontuações abaixo da média em Semelhanças podem indicar pensamento rígido, concreto e até mesmo distorções. A criança não consegue compreender os conceitos requeridos ou se limita aos conceitos superficiais. Os estudos de Caminha (1999) e de Nolin e Ethier (2007) também encontraram relação semelhante entre maus-tratos, dificuldades na área verbal e prejuízos quanto à capacidade de abstração.

Simões (2002) considera que Aritmética é um subteste bastante sensível para detectar indícios de déficit de atenção e de falta de controle da impulsividade. Baixos escores demonstram distração, problemas relacionados à memória e habilidade inadequada para cálculo mental. Para Glasser e Zimmerman (1977), as reações emocionais, como preocupação e ansiedade, podem influenciar notavelmente as pontuações em Semelhanças. Escores abaixo da média em Dígitos também assinalam falhas de memória imediata, de atenção, de processamento sequencial e sintomas de ansiedade. Kolko (1992), Nolin e Ethier (2007), Bücker (2010) e Dertelmann (2011) já haviam relatado resultados parecidos em estudos com crianças violentadas quanto às habilidades de memória e atenção.

Baixas pontuações em Arranjo de Figuras alertam para problemas em reconhecer a essência da história, dificuldade para antecipar e compreender a sequência de eventos, particularmente eventos sociais, baixa habilidade de planejamento e de sequência temporal e problemas relacionados à atenção. Crianças com dificuldades em Armar Objetos têm pouca coordenação visomotora e habilidade de organização perceptual, bem como dificuldade de percepção das partes e do todo. Entretanto, escores baixos em Cubos podem indicar dificuldades motoras, baixa conceituação espacial, abstrata e impedimento de análise e síntese. O estudo de Kolko (1992) também aponta problemas relacionados às atividades percepto-motoras em crianças vítimas de maus-tratos.

Considerando outros dados colhidos na avaliação das crianças, relacionados às características familiares, aos aspectos comportamentais, ao desempenho cognitivo e ao tipo de abuso sofrido, algumas considerações merecem destaque. Crianças consideradas ansiosas pelos cuidadores apresentaram um QI mais baixo quando comparadas às não ansiosas, principalmente na área de execução, o que pode sugerir maior dificuldade nas tarefas manipulativas que sofrem interferência da pressão do tempo. Sendo assim, provavelmente a ansiedade, sintoma característico de vítimas de maus-tratos (Barnet, 1997; Braun, 2002; Dertelmann, 2011), tenha influenciado o desempenho de algumas crianças no teste.

As vítimas de negligência apresentaram diminuição do desempenho cognitivo, quando comparadas às que sofreram outros tipos de abuso, conforme indicado na literatura (Pears et al., 2008). Essas crianças apresentaram escores abaixo da média em todos os subtestes. Possivelmente esse rebaixamento esteja relacionado à falta de estimulação e de vínculo parental adequado. Não obstante, todos os participantes do estudo com histórico de sofrimento de negligência tinham os pais separados, o que pode ser visto como um fator de risco para violência (Andrade et al., 2005).

O nível escolar materno parece ter relação com o funcionamento intelectual da criança (Fox et al., 1995; Kato, 1993). Observou-se que, quanto mais alto o grau de escolaridade da mãe, maior o desempenho cognitivo dos filhos. Assim também, crianças que cursaram a pré-escola apresentaram

QI mais alto quando comparadas às que não frequentaram pré-escola. Por outro lado, aquelas que sofreram complicações no parto e no pós-parto mostraram capacidade intelectual limítrofe, o que faz pensar que as condições de nascimento possam ser fatores de risco ou de proteção para o desenvolvimento cognitivo da criança.

CONSIDERAÇÕES FINAIS

De acordo com a revisão da literatura, identifica-se que a preocupação em estudar crianças e adolescentes vítimas de violência vem crescendo nos últimos anos. Os artigos relacionados à avaliação comportamental e cognitiva deste grupo são, na sua maioria, produções estrangeiras. Por outro lado, no Brasil encontram-se produções mais voltadas para fatores socioculturais. Os estudos referem-se tanto ao contexto das vítimas e aos tipos de abuso como, também, às suas consequências. Os trabalhos caracterizam-se tanto por pesquisas de revisão da literatura como de investigação.

Observa-se o crescente interesse por avaliações neuropsicológicas, nas quais são analisadas principalmente as funções executivas. Vários subtestes do WISC-III vêm sendo incluídos como medidas isoladas de atenção, memória, função viso-espacial, velocidade psicomotora, percepção visual, resolução de problemas e formação de conceitos verbais. O estudo apresentado neste capítulo mostrou resultados similares aos encontrados na literatura, sugerindo que parece haver, entre crianças e adolescentes vítimas de maus-tratos, um mesmo perfil cognitivo com características próprias. Considerando o grupo como um todo, os resultados indicaram um maior prejuízo das habilidades verbais, da amplitude de informações, da memória e da concentração, assim como um raciocínio preponderantemente concreto e uma rigidez de pensamento. Na área de execução, houve prejuízos quanto à noção temporal, organização perceptual, atenção a detalhes, coordenação visomotora, conceitualização abstrata e capacidade de planejamento.

O desenvolvimento cognitivo, social e emocional da criança depende não só de seus cuidadores, mas também da sociedade em geral. Sendo assim, é preciso que os investimentos englobem os diversos setores sociais e políticos, na busca de melhores condições socioeconômicas e educacionais. Especificamente, a violência intrafamiliar se destaca por sua universalidade, estando presente em todas as culturas e sociedades, embora sua manifestação tenha maior visibilidade nas classes sociais mais pobres, tendo em vista as condições precárias que vivenciam. A falta de políticas públicas realmente eficazes contribui para a vulnerabilidade da família e para a desproteção dos membros que a constituem, principalmente crianças e adolescentes (Pedersen & Grossi, 2011).

Os profissionais que trabalham contra a violência não podem ignorar que sua dinâmica e suas manifestações são diversas e, como tal, exigem um tratamento diferenciado. Desta forma, percebe-se a necessidade de programas de intervenção psicopedagógica e de ações interdisciplinares no sentido de estimular o desenvolvimento psicossocial e cognitivo de crianças vítimas de maus-tratos. São necessárias, também, novas pesquisas neste campo, para que os profissionais das áreas da Saúde, das Ciências Humanas e da Educação tenham melhores condições de formular e adaptar estratégias de prevenção, de tratamento e de promoção de fatores de resiliência para essa população específica. Ainda, é importante ressaltar a necessidade de investimentos no preparo técnico e científico de tais profissionais, no sentido de aprimorar conhecimentos e habilidades, o que pode contribuir para a melhor identificação e tratamento dos diversos tipos de violência (Pires & Miyazaki, 2005). Sabe-se que, quanto mais precoces forem as intervenções realizadas entre crianças e adolescentes, melhor será o prognóstico.

Agradecemos:

- *Às psicólogas responsáveis pela coleta de dados, Rafaela de Souza Corrêa e Priscylla Rotta Gonçalves, que trabalharam, na ocasião do estudo, como bolsista e auxiliar de pesquisa, respectivamente.*

- *À psicóloga Gisele Scobernatti, coordenadora do NACA (Núcleo de Atenção à Criança e ao Adolescente), por ter autorizado a coleta de dados no local.*

REFERÊNCIAS BIBLIOGRÁFICAS

Agência Notisa de Jornalismo Científico (2011). O que são os maus-tratos às crianças? *Psique Ciência & Vida, 6*(64), 36-43.

Albornoz, A. (2009). Psicoterapia psicanalítica com crianças institucionalizadas. In M. Castro & A. Stürmer (Orgs.), *Crianças e adolescentes em psicoterapia*. Porto Alegre: Artmed.

Almeida-Prado, M. & Féres-Carneiro, T. (2005). Abuso sexual e traumatismo psíquico. *Interações, 10*(20), 11-34.

Andrade, S., Santos, D., Bastos, A., Pedromônico, M., Almeida-Filho, N., & Barreto, M. (2005). Ambiente familiar e desenvolvimento cognitivo infantil: uma abordagem epidemiológica. *Revista de Saúde Pública, 39*(4), 606-611.

Azevedo, M. & Guerra, V. (2000). Vitimação e vitimização: questões conceituais. In M. Azevedo (Org.), *Crianças vitimizadas: a síndrome do pequeno poder* (2a. ed., pp. 25-47). São Paulo: Iglu Editora.

Barnett, D. (1997). The effects of early intervention on maltreating parents and theirs children. In M. Guralnick (Org.), *The effectiveness of early intervention* (pp. 147-170). Baltimore: Paul Brookes.

Bellis, M., Hooper, S., Spratt, E., & Woolley, D. (2009). Neuropsychological findings in childhood neglect and their relationships to pediatric PTSD. *Journal of the International Neuropsychological Society, 15*(6), 868-878.

Bradley, R. & Corwyn, R. (2002). Socioeconomic status and child development. *Annual Review of Psychology, 53*, 371-399.

Braun, S. (2002). *A violência sexual infantil na família: do silêncio à revelação do segredo.* Porto Alegre: Age.

Brenmer, J. (1999). Does stress damage the brain? *Biological Psychiatry, 45*(7), 797-805.

Breslau, N., Lucia, V., & Alvarado, G. (2006). Intelligence and other predisposing factors in exposure to trauma and posttraumatic stress disorder: a follow-up study at age 17 years. *Archives of General Psychiatry, 63*(11), 1238-1245.

Bücker, J. (2010). *Trauma na infância e desempenho cognitivo: Prejuízo da atenção em crianças em idade escolar.* Dissertação de Mestrado, Faculdade de Medicina, Universidade Federal do Rio Grande do Sul, Porto Alegre.

Caminha, R. (1999). A violência e seus danos a crianças e ao adolescente. In AMENCAR (Org.), *Violência Doméstica* (pp. 43-60). Brasília, DF: UNICEF.

Canuto, P., Gouveia, S., & Araújo, L. (2010). *Epidemiologia do abuso sexual em crianças e adolescentes no município de Maceió.* Recuperado em 7 de junho de 2011, de http://www.mulherecidadania.al.gov.br

Cayssials, A. N. (2000). *La escala de inteligencia Wisc-III en la evaluación psicológica infanto-juvenil.* Buenos Aires: Paidós.

Cicchetti, D. & Toth, S. (2005). Child maltreatment. *Annual Review of Clinical Psychology, 1*, 409-438.

Correa, R. S., Gonçalves, P. R., & Figueiredo, V. L. M. (2005). Perfil de crianças e adolescentes vítimas de violência intra/extra familiar, atendidas no NACA, na cidade de Pelotas. In *III Jornada de Estudos do CEP-RUA/FURG Populações em situação de risco: desconstruindo crenças.* Rio Grande, RS.

Correa, R. S., Gonçalves, P. R., & Figueiredo, V. L. M. (2007). Desempenho de crianças e adolescentes vítimas de violência no subteste Compreensão do WISC-III. *Encontro: Revista de Psicologia, 11*(15), 118-127.

Cunha, J. A. (2000). Escalas Wechsler. In J. A. Cunha et al., *Psicodiagnóstico - V* (pp. 529-615). Porto Alegre: Artes Médicas.

Departamento de Informática do Sistema Único de Saúde [DATASUS] (2002). *Notas Técnicas: Mortalidade-Brasil.* Recuperado em 29 de maio de 2011, de http://tabnet.datasus.gov.br/cgi/deftohtm.exe?sim/cnv/obtuf.def.

DePrince, A., Kristin, M., Weinzierl, K., Melody, D., & Combs, M. (2009). Executive function performance and trauma exposure in a community sample of children. *Child Abuse and Neglect, 33*(6), 353-361.

Dertelmann, C. (2011) *Avaliação neuropsicológica em crianças vítimas de maus-tratos*. Dissertação de Mestrado, Programa de Pós-Graduação em Psicologia, Pontifícia Universidade Católica do Rio Grande do Sul, Porto Alegre.

Dias, N., Menezes, A., & Seabra, A. (2010). Alterações das funções executivas em crianças e adolescentes. *Estudos Interdisciplinares em Psicologia, 1*(1), 80-95.

Ferreira, M. & Rocha, V. (2011). Normalidade e desvios do comportamento vincular materno. In M. Azambuja & M. Ferreira (Orgs.), *Violência sexual contra crianças e adolescentes* (pp. 205-215). Porto Alegre: Artmed.

Fox, R., Platz, D., & Bentley, K. (1995). Maternal factors related to parenting practices, developmental expectations, and perceptions of child behavior problems. *The Journal of Genetic Psychology, 156*, 431-441.

Glasser, A. J. & Zimmerman, I. (1977). Interpretación clínica de la Escala de Inteligencia de Wechsler para Niños. Madrid: Tea Ediciones.

Habigzang, L. & Caminha, R. (2004). *Abuso sexual contra crianças e adolescentes: conceituação e intervenção clínica.* São Paulo: Casa do Psicólogo.

Habigzang, L., Koller, S., Stroeher, F., Hatzenberger, R., Cunha, R., & Ramos, M. (2008). Entrevista clínica com crianças e adolescentes vítimas de abuso sexual. *Estudos de Psicologia, 13*(3), 285-292.

Hesse, E. & Main, M. (2006). Frightened, threatening, and dissociative parental behavior in low-risk samples: Description, discussion, and interpretations. *Development and Psychopathology, 18*(2), 309-343.

Hlady, J. (2004). Child neglect: Evaluation and management. *British Columbia Medical Journal, 46*(2), 77-81.

Instituto Brasileiro de Geografia e Estatística [IBGE] (2004). *Em 2030, cerca de 40% da população brasileira deverá ter entre 30 e 60 anos* Recuperado em 7 de junho de 2011, de http://www.ibge.gov.br

Instituto Brasileiro de Geografia e Estatística [IBGE] (2006). *Tábua da vida 2005.* Rio de Janeiro: IBGE.

Kato, M. (1993). *No mundo da escrita: uma perspectiva psicolingüística* (4ª ed.). São Paulo: Ática.

Kolko, D. (1992). Characteristics of child victims of physical violence: research findings and clinical applications. *Journal of Interpersonal Violence, 7*(2), 244-276.

Malta, D., Souza, E., Silva, M., Silva, C., Andreazzi, M., Crespo, C., Mascarenhas, M., Porto, D., Figueroa, A., Neto, O., & Penna, G. (2010). Vivência de violência entre escolares brasileiros: Resultados da Pesquisa Nacional de Saúde do Escolar (PeNSE). *Ciência & Saúde Coletiva, 15*(2), 3053-3063.

Martins, C. & Jorge, M. (2009). Negligência e abandono de crianças e adolescentes: Análise dos casos notificados em município do Paraná, Brasil. *Pediatria, 31*(3), 186-197.

Milot, T., Éthier, L., St-Laurent, D., & Provost, M. (2010). The role of trauma symptoms in the development of behavioral problems in maltreated preschoolers. *Child Abuse & Neglect, 34*, 225-234.

Ministério da Saúde (2002). *Notificação de maus tratos contra crianças e adolescentes pelos profissionais de saúde: um passo a mais na cidadania em saúde* [manual]. Brasília, DF: Ministério da Saúde.

Niehoff, D. (1999). *The biology of violence.* New York: The Free Press.

Nolin, P. & Ethier, L. (2007). Using neuropsychological profiles to classify neglected children with or without physical abuse. *Child Abuse and Neglect, 31*(6), 631-643.

Pears, K., Kim, H., & Fischer, P. (2008). Psychosocial and cognitive functioning of children with specific profiles of maltreatment. *Child Abuse & Neglect, 32,* 958-971.

Pedersen, J. & Grossi, P. (2011). O abuso sexual intrafamiliar e a violência estrutural. In M. Azambuja & M. Ferreira (Orgs.), *Violência sexual contra crianças e adolescentes* (pp. 25-34). Porto Alegre: Artmed.

Perry, B. (2001). The neurodevelopmental impact of violence in childhood. In D. Schetky & E. Benedek (Eds.), *Textbook of Child and Adolescent Forensic Psychiatry* (pp. 221-238). American Psychiatric Press: Washington

Pires, A. & Miyazaki, M. (2005). Maus-tratos contra crianças e adolescentes: revisão da literatura para profissionais da saúde. *Arquivos de Ciências da Saúde, 12,* 42-49.

Polanczyk, G., Zavaschi, M., Benetti, S., Zenker, R., & Gammerman, P. (2003). Violência sexual e sua prevalência em adolescentes de Porto Alegre, Brasil. *Revista de Saúde Pública, 37*(1), 8-14.

Porter, C., Lawson, J. S., & Bigler, E. D. (2005). Neurobehavioral sequelae of child sexual abuse. *Child Neuropsychology, 11*(2), 203–220.

Rae-Grant, N., Thomas, B., Offord, D., & Boyle, M. (1989). Protective factors and the prevalence of behavior and emotional disorders in children and adolescents. *Journal of American Academy of Child and Adolescent Psychiatry, 28*(2), 262-268.

Sandgrund, A., Gaines, R., & Green, A. (1974). Child abuse and mental retardation: A problem of cause and effect. *American Journal of Mental Defficiency, 79,* 327-331.

Santos, B. (1997). Aspectos causadores da violência. In B. Santos (Org.), *Maus-tratos e abuso sexual contra crianças e adolescentes: Uma abordagem multidisciplinar.* São Leopoldo: Séries Cadernos.

Sapienza, G. & Pedromônico, M. (2005). Risco, proteção e resiliência no desenvolvimento da criança e do adolescente. *Psicologia em Estudo,* Maringá, *10*(2), 209-216.

Simões, M. (2002). Utilizações da WISC-III na avaliação neuropsicológica de crianças e adolescentes. *Paidéia, 12*(23), 113-132.

Trocmé, N. (2011). Maus-tratos na infância e seu impacto sobre a epidemiologia do desenvolvimento psicossocial. In R. Tremblay, M. Boivin & R. Peters (Eds.), *Enciclopédia sobre o desenvolvimento na primeira infância [on-line].* Montreal, Quebec: Centre of Excellence for Early Childhood Development. Recuperado em 3 de junho de 2011, de http://www.enciclopedia-crianca.com/documents/ TrocmePRTxp1.pdf

Werner, E. (1998). Protective factors and individual resilience. In S. Meisels & P. Shonkoff (Orgs.), *Handbook of early childhood intervention* (pp. 97-116). New York: Cambridge University Press.

Williams, L. (2002). Abuso sexual infantil. In H. Guilhardi, M. Madi, P. Queiroz & M. Scoz (Orgs.), *Sobre comportamento e cognição: contribuições para a construção da teoria do comportamento* (vol. 10, pp. 155-164). Santo André: ESETec Editores Associados.

Ximenes, L., Oliveira, R., & Assis, S. (2009). Violência e transtorno de estresse pós-traumático na infância. *Ciência & Saúde Coletiva, 14*, 417-433.

Zanoti-Jeronymo, D., Zaleski, M., Pinsky, I., Caetano, R., Figlie, N., & Laranjeira, R. (2009). Prevalence of physical abuse in childhood and exposure to parental violence in a Brazilian sample. *Cadernos de Saúde Pública, 25*(11), 2467-2479.

CAPÍTULO 11

DESENVOLVIMENTO COGNITIVO E COMPORTAMENTAL DE CRIANÇAS NASCIDAS COM BAIXO PESO: UMA BREVE REVISÃO DA LITERATURA

Cíntia de Souza Serpa
Caroline Schüler
Vera L. M. Figueiredo

Atualmente, há um aumento de estudos, por parte de profissionais da saúde, sobre as condições de vida e a adaptação da criança desde o início do seu desenvolvimento. Nesse contexto, numerosas pesquisas acompanham crianças com problemas neonatais e buscam evitar que se potencializem os fatores de risco ao longo do processo evolutivo.

Segundo Bordin, Linhares e Jorge (2001), os avanços tecnológicos e científicos na área de Neonatologia contribuem de maneira significativa para que bebês nascidos pré-termo e com baixo peso consigam sobreviver, e tentam prevenir distúrbios ou atrasos no desenvolvimento. O Ministério da Saúde (2009) apontou que a taxa bruta de natalidade de nascidos vivos com baixo peso no Brasil em 2008 foi de 8,3%.

Na área de Neonatologia, os estudos ainda apresentam algumas controvérsias e lacunas, como as relações da prematuridade com a inteligência e o comportamento ao longo do desenvolvimento infantil. Pretende-se, por meio de uma revisão da literatura, identificar a associação entre o baixo peso ao nascer, o desenvolvimento cognitivo e as possíveis desadaptações comportamentais e escolares da criança.

DEFININDO BAIXO PESO AO NASCER

O Ministério da Saúde (2006) identifica como recém-nascido de risco aquele que apresenta baixo peso ao nascer (menor que 2500 g) e que tenha sido internado por intercorrências após o nascimento. Alguns autores subdividem os recém-nascidos com peso menor ou igual a 2500 g em dois grupos: aqueles que apresentam o maior peso de nascimento referente a 1500 g e aqueles que apresentam peso de nascimento menor que 1500 g, atualmente referidos como grupo de muito baixo peso e de extremo baixo peso (Troster, Goshi, & Ramos, 1986). Associados a esses critérios principais para a identificação do recém-nascido de risco, encontram-se outros agravantes como: famílias residentes em área de risco ou sem fonte de renda, mães adolescentes (com menos de dezesseis anos de idade), analfabetas ou portadoras de deficiência, distúrbio psiquiátrico ou drogadição que impeça o cuidado da criança, e recém-nascidos manifestamente indesejados.

As condições ambientais familiares podem exercer forte influência sobre o desencadeamento de problemas no desenvolvimento infantil. Quanto mais baixo o peso ao nascer e quanto maior o risco psicossocial presente no contexto familiar, mais dificuldades podem ocorrer durante o crescimento da criança (Linhares, Chimello, Bordin, Carvalho, & Martinez, 2005). Mancini, Megale, Brandão, Melo e Sampaio (2004) comprovam que existe incontestável evidência de que os aspectos ambientais atuam de forma decisiva, podendo agravar ou atenuar o impacto do risco biológico no desenvolvimento da criança.

CONSEQUÊNCIAS NO DESENVOLVIMENTO GERAL DA CRIANÇA

Na trajetória do desenvolvimento da criança, a condição de "pequeno para a idade gestacional" constitui-se em um fator adverso de alto risco neonatal, que pode comprometer o seu desempenho futuro. Neonatos de muito baixo peso e extremo baixo peso ao nascer têm maior risco de sequelas, como paralisia cerebral e deterioração intelectual, e podem apresentar, na idade escolar, dificuldades na aprendizagem e menor capacidade de funcionamento social e adaptativo. Whitfield, Grunau e Holsti (1997) e Botting, Powls, Cooke e Marlow (1998) ainda destacam que o baixo rendimento escolar vivenciado pelas crianças de extremo baixo peso ao nascer acarreta prejuízos nas habilidades viso-espaciais, visomotoras e verbais.

Os estudos de Linhares et al. (2000) e Linhares et al. (2005) utilizaram o Desenho da Figura Humana e a Escala Comportamental Infantil A2 de Rutter. Foi identificado que as crianças nascidas com baixo peso apresentam mais problemas comportamentais do que aquelas nascidas com peso adequado. Enurese, medo, tiques, impaciência e dificuldade de permanência nas atividades foram problemas significativamente mais comuns nos prematuros de baixo peso do que nos demais.

Bordin et al. (2001) avaliaram crianças nascidas pré-termo e com baixo peso utilizando a Escala de Comportamento Infantil A2 de Rutter, Avaliação Assistida e testes de inteligência. Em relação ao comportamento, foram detectados índices sugestivos de necessidade de atendimento psicológico para a maioria das crianças. Bhutta, Cleves, Casey, Cradock e Anand (2002) verificaram que as crianças nascidas com baixo peso apresentaram maior incidência de Transtorno de Déficit de Atenção/Hiperatividade (TDAH), além de outros distúrbios comportamentais.

As crianças nascidas pré-termo com baixo peso, quando comparadas a crianças nascidas a termo, possuem maior predisposição para apresentar dificuldades cognitivas, prejuízos na linguagem, anormalidades neurológicas e maior risco de sequelas, tais como surdez, cegueira, convulsões e paralisia. Estes atrasos no desenvolvimento podem ocasionar desvantagens com relação à inteligência e ao desempenho escolar, assim como podem evidenciar distúrbios comportamentais (Rodrigues, Mello & Fonseca, 2006).

Fan (2008) avaliou crianças de seis e sete anos, nascidas prematuras e com baixo peso, utilizando o Inventário de Comportamentos da Infância e Adolescência (CBCL), as Escalas de Desenvolvimento de Bayley e o Teste de Denver. Concluiu que a baixa escolaridade materna e a baixa renda familiar foram preditores de risco quanto ao desenvolvimento global da criança (cognitivo e comportamental). Encontrou, ainda, alterações quanto à sintomatologia comportamental (ansiedade/depressão, problemas de atenção e comportamento agressivo). Lamônica e Picolini (2009) destacaram que crianças nascidas com baixo peso necessitam de um acompanhamento rigoroso, por meio de uma equipe multidisciplinar e de programas especiais de acompanhamento.

CONSEQUÊNCIAS NO DESENVOLVIMENTO COGNITIVO DA CRIANÇA

O rendimento cognitivo é uma importante variável na estruturação e na dinâmica do desenvolvimento global da criança e pode fornecer indicadores sugestivos acerca de seu desempenho futuro (Bordin et al., 2001). Bhuta et al. (2002) analisaram os efeitos da prematuridade com baixo peso sobre a capacidade intelectual de crianças em idade escolar, e concluíram que estas apresentam escores reduzidos em testes de desempenho cognitivo.

Linhares et al. (2000) avaliaram o efeito do nascimento extremamente prematuro da criança com baixo peso, associando-o ao nível intelectual, à situação acadêmica, a indicadores emocionais e ao comportamento. Estudaram duas amostras: uma constituída por 34 crianças de oito a dez anos nascidas pré-termo e com peso inferior a 1500 g e outra com vinte crianças nascidas a termo, com peso superior a 2500 g. Na avaliação do nível intelectual foi utilizada a Escala de Matrizes Progressivas Coloridas de Raven

– Escala Especial. No grupo de crianças nascidas pré-termo, observou-se uma amplitude de variação do percentil cinco ao 95, com 49% de crianças com percentil cinquenta ou mais (na média ou acima da média). Uma parcela de 42% das crianças classificou-se com percentil 25 (definidamente abaixo da média) e 9%, com percentil dez ou cinco, correspondentemente (deficiência mental). O grupo dos nascidos a termo apresentou resultados similares, e não houve diferença estatística significativa.

Em um estudo de coorte (Bordin et al., 2001), foram utilizadas a Escala de Matrizes Progressivas Coloridas de Raven – Escala Especial, o WISC-III e outras escalas comportamentais para crianças. Foi avaliado o desenvolvimento cognitivo e comportamental de vinte crianças nascidas pré-termo com peso abaixo de 1500 g nos anos de 1988 a 1991, em um hospital de Ribeirão Preto (SP). Investigou-se o desempenho de habilidades linguísticas, cognitivas, motoras, de autocuidados e de socialização em crianças prematuras e nascidas com baixo peso. Quanto à avaliação intelectual, os pesquisadores concluíram que as crianças apresentavam desempenho cognitivo na média, tendendo ao rebaixamento.

Em outro estudo de coorte, Méio, Lopes e Morsch (2003) avaliaram o desenvolvimento cognitivo na idade pré-escolar de recém-nascidos prematuros de muito baixo peso, oriundos de uma instituição pública da cidade do Rio de Janeiro. Para a avaliação do desenvolvimento cognitivo, utilizaram o teste *Wechsler Preschool and Primary Scale of Intelligence – Revised* (WPPSI-R). Concluíram que a média do quociente de inteligência estava abaixo da faixa de normalidade devido à incidência elevada de comprometimento cognitivo. A média do escore total foi mais baixa entre as crianças que necessitaram de ventilação assistida por mais de sete dias; porém, não houve diferença estatisticamente significativa.

Espírito Santo, Portuguez e Nunes (2009), em um estudo transversal prospectivo sobre recém-nascidos prematuros com baixo peso em um hospital de Porto Alegre (RS), avaliaram o desenvolvimento cognitivo e comportamental dessas crianças entre quatro e cinco anos. Os instrumentos utilizados foram: a Escala WPPSI, a Escala de Conners para Pais Revisada (CPRS-R), o teste de Denver e exames neurológicos. O estudo sugeriu que bebês prematuros com baixo peso ao nascer apresentaram prevalência consideravelmente alta de transtornos cognitivos e comportamentais (incluindo fatores preditivos de TDAH). O nível intelectual foi classificado predominantemente como médio ou médio baixo, mas as diferenças quanto a esta modalidade não foram estatisticamente significativas.

Linhares et al. (2005) buscaram avaliar indicadores do desenvolvimento psicológico na fase escolar de crianças nascidas pré-termo com muito baixo peso e compará-los aos de crianças nascidas a termo, quanto às áreas intelectual, emocional e comportamental. A amostra foi composta por quarenta crianças de oito a dez anos, que foram subdivididas em dois grupos. O primeiro foi composto por vinte crianças nascidas prematuras e com peso inferior a 1500 g e o segundo, por vinte crianças nascidas a termo e com peso superior a 2500 g. Utilizou-se para avaliação da inteligência as Matrizes Progressivas Coloridas de Raven – Escala Especial. As crianças prematuras com baixo peso apresentaram nível intelectual inferior à média. Verificou--se também, neste mesmo grupo, que, quanto menor o nível intelectual das crianças, mais problemas de comportamento elas apresentaram.

Fan (2008) desenvolveu um estudo transversal de coorte retrospectivo, avaliando o desenvolvimento cognitivo comportamental de crianças dos seis aos sete anos de idade egressas da UTI Neonatal. As crianças nasceram prematuras e com baixo peso nos anos de 1999 e 2000 em um hospital de Porto Alegre (RS). As variáveis sociodemográficas (idade, escolaridade materna e renda familiar) foram relacionadas ao desenvolvimento cognitivo e comportamental dessas crianças. Além das escalas comportamentais, utilizou-se a Escala de Inteligência Wechsler para Crianças – Terceira Edição (WISC-III). As crianças nascidas pré-termo e com baixo peso apresentaram escores rebaixados nos seguintes subtestes do WISC-III: Informação (avalia organização, eficiência da memória e nível de conhecimento), Código (avalia memória imediata e atenção) e Procurar Símbolos (avalia aspectos atencionais e ritmo de execução).

Oliveira (2008) realizou um estudo transversal e descritivo no município de Divinópolis (MG), nos anos de 2001 e 2002, cuja amostragem foi constituída por dois grupos: um de baixo peso, constituído por crianças nascidas pré-termo e com peso menor ou igual a 1500 g, e outro de peso adequado, constituído por crianças nascidas a termo e com peso maior ou igual a 2500 g. O objetivo foi examinar a relação entre o baixo peso ao nascimento, fatores ambientais e o desenvolvimento motor e cognitivo na idade pré-escolar. A avaliação psicométrica da inteligência foi realizada por meio das provas de Vocabulário e de Cubos do WISC-III. As crianças com baixo peso tiveram desempenho mais pobre que as crianças de peso adequado, tanto na medida de inteligência não verbal quanto na de inteligência verbal. Contudo, em ambos os subtestes o desempenho médio ficou dentro dos limites do normal para a idade das crianças. O pesquisador concluiu, ainda, que o nível educacional das mães se correlacionou negativamente com o desempenho cognitivo das crianças, confirmando os resultados de Bordin et al. (2001), que, analisando amostras compostas por prematuros com baixo peso, também encontraram níveis de inteligência dentro dos parâmetros normais.

ESTUDO EXPLORATÓRIO COM UMA AMOSTRA DE ESCOLARES NASCIDOS COM BAIXO PESO

As primeiras autoras do capítulo desenvolveram, como trabalho de conclusão de curso, um estudo retrospectivo de base documental, realizado na cidade de Rio Grande (RS), num centro especializado de atendimentos interdisciplinares para crianças provenientes de escolas públicas por apresentarem dificuldades na aprendizagem.

Foram utilizados os prontuários das crianças, que continham: ficha de anamnese (entrevista semiestruturada com perguntas relacionadas à concepção, à gravidez, ao nascimento, ao desenvolvimento, à saúde, às interações sociais e à vida escolar da criança) e ficha com dados relatados pelo professor acerca da conduta apresentada pela criança na escola. Também foi considerada a história clínica dos alunos, por meio dos registros das consultas médicas e psicológicas. As demais informações (variáveis do estudo) foram levantadas no próprio setor.

O grupo de estudo constou de alunos atendidos nos anos de 2009 e 2010 (N = 300) com idades entre quatro e treze anos, sendo 69% meninos. Realizou-se a identificação das crianças que formaram o grupo de estudo "baixo peso ao nascer" – com menos de 2500 g (N = 45). As demais crianças foram consideradas com "peso adequado" (N = 245).

Ao compararem-se os dois grupos estudados quanto aos dados pré, peri e pós-natal, identificou-se diferença significativa referente ao tempo de pré-natal. No grupo de crianças nascidas com peso adequado, 70% das mães fizeram o seguimento pré-natal durante os nove meses de gestação, enquanto que no grupo de crianças com baixo peso apenas 55% das mães o realizaram. Apesar de reconhecer a relevância de considerar a idade gestacional como fator de risco, essa variável não foi identificada por falta de informações precisas.

Quanto ao desenvolvimento neuropsicomotor, os indicadores analisados foram o sentar, o andar e o falar e houve diferença estatisticamente significativa ($p < 0,001$). Constatou-se desenvolvimento tardio em pelo menos uma das aquisições entre 80% das crianças com baixo peso, enquanto que, entre as crianças de peso adequado, 36% apresentaram algum atraso psicomotor. Estes dados vão de encontro ao estudo de Volpi, Rugolo, Peraçoli e Corrente (2010), no qual se observou que crianças prematuras de muito baixo peso adquirem as habilidades motoras dentro do prazo previsto para a idade.

Linhares et al. (2005) destacaram que tanto o grupo de baixo peso como o grupo de peso adequado apresentaram pelo menos três indicadores de sinais de ansiedade, preocupações e dificuldades em adotar estratégias adequadas de enfrentamento. Apesar de a literatura não apontar diferenças relevantes quanto a indicadores de ansiedade, observou-se, no grupo estudado, que as crianças nascidas com baixo peso estão mais vulneráveis a apresentar comportamentos ansiogênicos, tais como roer unhas, chupar dedos, morder lábios, arrancar cabelos e tiques.

A imaturidade psicológica – chupar dedos, tomar mamadeira, dormir na cama dos pais – também apresentou diferença significativa entre as crianças nascidas com baixo peso e as nascidas com peso adequado. Dentre as crianças nascidas com baixo peso, 96% foram classificadas como imaturas, apresentando os seguintes indicadores: 36% das crianças dormiam na cama dos pais; 33% fizeram uso prolongado de chupeta, sendo que 22% ainda a utilizavam; 61% das crianças fizeram uso prolongado de mamadeira e 23% ainda a usava. Entretanto, no grupo de crianças nascidas com peso adequado, 86% apresentaram apenas um dos indicadores de imaturidade psicológica.

Em relação às alterações comportamentais, 93% das crianças nascidas com baixo peso apresentaram problemas, mas não se encontrou diferença significativa entre os dois grupos. As alterações de comportamento mais comuns foram: distúrbios do sono (59%), conduta agitada (71%), agressividade (47%), dificuldade de relacionamento com os colegas (60%) e problemas de atenção e concentração (84%).

Os resultados da pesquisa mostraram que a maioria das mães de nascidos pré-termo não realizou acompanhamento pré-natal e que alguns comportamentos foram mais frequentes no grupo nascido com baixo peso, segundo os dados mencionados anteriormente. Quanto aos indicadores de ansiedade, houve diferença significativa entre os dois grupos (p = 0,06), com maior prevalência de ansiedade entre as crianças com baixo peso. Também se observou maior propensão desse grupo para imaturidade psicológica e dificuldades motoras.

As limitações do estudo referem-se ao tamanho da amostra, que dificultou a generalização dos resultados, em função do número reduzido de crianças nascidas com baixo peso. Por ser um estudo retrospectivo, cabe considerar também os métodos utilizados na busca dos dados, visto que há o viés de memória das informações colhidas junto à mãe e a influência da subjetividade de mães e professoras ao estimar o comportamento da criança. Outra limitação esteve no fato de a amostra estudada não ter sido representativa de vários níveis socioeconômicos, sendo composta somente pelos estratos mais baixos. Também não foram usadas escalas padronizadas para avaliar aspectos comportamentais e sociais. Sugere-se que sejam feitas pesquisas mais amplas sobre o assunto, integrando crianças de outras classes sociais.

CONSIDERAÇÕES FINAIS

Esta revisão pretendeu enfatizar as vulnerabilidades neonatais ocasionadas pelo baixo peso ao nascer. Porém, a maioria dos trabalhos revisados associou o peso de nascimento à prematuridade, uma vez que grande parte da população nascida com baixo peso é composta por prematuros. A literatura aponta a influência de múltiplos fatores sobre o desenvolvimento infantil, entre eles os aspectos biológicos e sociais. O contexto familiar assume um papel relevante, uma vez que recursos externos podem ser mobilizados no sentido de promover mediação adequada às crianças, proporcionando condições para a ativação de recursos que lhes permitirão um desenvolvimento saudável.

Neonatos de muito baixo peso e extremo baixo peso apresentam maior incidência de transtornos comportamentais, alterações emocionais e prejuízos no desenvolvimento intelectual. Tais prejuízos poderão ser maiores ou menores dependendo do contexto em que a criança se desenvolver. Bordin et al. (2001) confirmam que crianças nascidas pré-termo com baixo peso vivendo em condições de pobreza, mas experimentando um ambiente com três ou mais fatores protetores (variedade de estimulação, suporte emocional, responsividade parental e aceitação do comportamento infantil) são mais propensas a mostrar sinais de resiliência.

Segundo Gherpelli (2007), as taxas de sobrevida de recém-nascidos de muito baixo peso praticamente dobraram depois da instituição da ventilação mecânica assistida nas unidades neonatais de terapia intensiva, o que contribui expressivamente para reduzir a mortalidade neonatal. No entanto, a prematuridade e o baixo peso ao nascer ainda são as principais causas da mortalidade e da morbidade neonatal, com um forte impacto clínico e epidemiológico na população. Os estudos analisados evidenciaram que a vulnerabilidade biológica decorrente do nascimento pré-termo e do baixo peso ao nascer é fator adverso, de alto risco para o desenvolvimento infantil.

Os estudos concordam quanto à presença de problemas comportamentais entre crianças nascidas com baixo peso, confirmando que estas apresentam índice sugestivo de alterações comportamentais e a necessidade de atendimento psicológico. Os instrumentos referidos para a avaliação do comportamento e dos aspectos emocionais foram a Escala Comportamental Infantil A2 de Rutter, o Desenho da Figura Humana (DFH) e o Inventário de Comportamentos da Infância e Adolescência (CBCL). As alterações de conduta mais observadas foram: agitação, impaciência, inquietude, assim como sintomas de ansiedade e depressão. Associado a elas, a maioria dos estudos constatou maior incidência de Transtorno de Déficit de Atenção/ Hiperatividade neste grupo de crianças.

Intercorrências como convulsões, paralisia cerebral, hidrocefalia e hemorragia intracraniana são frequentes em crianças nascidas pré-termo e com baixo peso. Esses fatores, entre outros, podem ser determinantes de posteriores déficits intelectuais que prejudicarão o desempenho escolar das crianças. Por essa razão, encontraram-se na literatura vários estudos que investigam a capacidade cognitiva, comparando crianças nascidas com baixo peso a crianças nascidas com peso adequado.

Nos trabalhos citados neste capítulo, as técnicas empregadas para avaliação da inteligência foram as Matrizes Progressivas Coloridas de Raven e as versões infantis das Escalas Wechsler de Inteligência. Há referências ao WPPSI, ao WPPSI-R e ao WISC. É importante salientar que as edições para pré-escolares não estão validadas para o contexto brasileiro. Seu uso provavelmente ocorreu pela falta de um instrumento adaptado que avaliasse a capacidade cognitiva de crianças dessa faixa etária. O WISC também não foi adaptado, mas apenas traduzido para uso no Brasil. Entretanto, sua utilização pode ser compreendida, uma vez que o instrumento foi empregado por profissionais em nosso país desde 1964 até 2002, quando foi então publicada a terceira versão do teste.

Em relação ao WISC-III, ele foi utilizado tanto na versão completa (aplicação dos doze subtestes) como na de rastreio (apenas dois subtestes). Na forma reduzida, os subtestes Vocabulário e Cubos foram selecionados para estimação do QI Total, apesar de nenhuma evidência sobre a efetividade dessa avaliação ter sido divulgada até o trabalho de Vechia (2011).

Quanto aos resultados do desempenho intelectual, muitas controvérsias foram encontradas. Alguns estudos evidenciaram que crianças com baixo peso apresentaram escores reduzidos em testes de desempenho cognitivo. Outros destacaram que o nível intelectual foi classificado predominantemente como médio ou médio inferior, não sendo estas diferenças significativas. Embora não haja um consenso documentado, a literatura mostra que os atrasos cognitivos advindos do baixo peso ocasionam desvantagens no âmbito escolar.

Os estudos mostraram que grande parte das crianças nascidas com baixo peso apresenta desenvolvimento aparentemente normal até o ingresso na escola. Muitas vezes, suas dificuldades serão evidenciadas no processo de alfabetização, quando as exigências motoras e cognitivas são maiores. São relevantes seguimentos longitudinais do desenvolvimento de crianças nascidas em condições de risco que visem a neutralizar precocemente as adversidades identificadas na idade pré-escolar.

É fundamental, ainda, considerar a importância de políticas públicas de assistência pós-natal e a implementação de serviços que ofereçam atividades educativas e informativas para as crianças e seus familiares na tentativa de prevenir ou minimizar futuros problemas de aprendizagem. Fica evidente que, quando se busca a compreensão do impacto no decorrer do desenvolvimento da criança, a condição de baixo peso ao nascer não deve ser vista de maneira isolada. É necessário considerá-la como fator operante de um sistema complexo, em que diversos aspectos estão inter--relacionados em um contexto específico e individual, determinando as formas de interação da criança com o meio.

Agradecemos à pediatra Carla Cornetet (mestranda do Programa de Pós-Graduação em Ciências da Saúde da Universidade Federal do Rio Grande – FURG) pela revisão deste capítulo.

REFERÊNCIAS BIBLIOGRÁFICAS

Bhutta, A. T., Cleves, M. A., Casey, P. H., Cradock, M. M., & Anand, K. J. S. (2002). Cognitive and behavioral outcomes of school-aged children who were born preterm. *JAMA, 288*(6), 728-737.

Bordin, M. B. M., Linhares, M. B. M., & Jorge, S. M. (2001). Aspectos cognitivos e comportamentais na média meninice de crianças nascidas pré-termo e com muito baixo peso. *Psicologia: Teoria e Pesquisa, 17*(1), 49-57.

Botting, N., Powls, A., Cooke, R. W. I., & Marlow N. (1998). Cognitive and educational outcome of very-low-birthweight children in early adolescence. *Developmental Medicine & Child Neurology, 40*(10), 652-660.

Espírito Santo, J. L., Portuguez, M. W., & Nunes, M. L. (2009). Status cognitivo-comportamental de prematuros de baixo peso ao nascimento em idade pré-escolar que vivem em país em desenvolvimento. *Jornal de Pediatria, 85*(1), 35-41.

Fan, R. G. (2008). *Aprendizado e comportamento em crianças nascidas prematuras e com baixo peso em idade pré-escolar e processo de alfabetização.* Dissertação de Mestrado. Pontíficia Universidade Católica do Rio Grande do Sul, Porto Alegre.

Gherpelli, J. L. D. (2007). *Desenvolvimento neuropsicomotor do recém-nascido de muito baixo peso.* Programa de Atualização em Neonatologia – Sistema de Educação Médica Continuada à Distância. Porto Alegre: Editora Artmed.

Lamônica, D. A. C. & Picolini, M. M. (2009). Habilidades do desenvolvimento de prematuros. *Revista CEFAC, 11*, 145-153.

Linhares, M. B. M., Carvalho, A. E. V., Bordin, M. B. M., Chimello, J. T., Martinez, F. E., & Jorge, S. M. (2000). Prematuridade e muito baixo peso como fatores de risco ao desenvolvimento da criança. *Paidéia, 10*(18), 60-69.

Linhares, M. B. M., Chimello, J. T., Bordin, M. B. M., Carvalho, A. E. V., & Martinez, F. E. (2005). Desenvolvimento psicológico na fase escolar de crianças nascidas pré-termo em comparação com crianças nascidas a termo. *Psicologia: Reflexão e Crítica, 18*(1), 109-117.

Mancini, M. C., Megale, L., Brandão, M. B., Melo, A. P. P., & Sampaio, R. S. (2004). Efeito moderador do risco social na relação entre risco biológico e desempenho funcional infantil. *Revista Brasileira de Saúde Materno-Infantil, 4*(1), 25-34.

Méio, M. D. B. B., Lopes, C. S., & Morsch, D. S. (2003). Fatores prognósticos para o desenvolvimento cognitivo de prematuros de muito baixo peso. *Revista Saúde Pública, 37*(3), 311-318.

Ministério da Saúde (2006). *Pré-Natal e Puerpério – Atenção qualificada e humanizada – Manual técnico: Atenção no puerpério*. Brasília (DF): Ministério da Saúde.

Ministério da Saúde (2009). Caderno de informações de Saúde. Recuperado em 25 de agosto de 2011, de http://tabnet.datasus.gov.br/tabdata/cadernos/cadernosmap.htm.

Oliveira, G. E. (2008). *Relação entre baixo peso ao nascimento, fatores ambientais e o desenvolvimento motor e cognitivo na idade pré-escolar*. Dissertação de Mestrado, Escola de Educação Física, Fisioterapia e Terapia Ocupacional, Universidade Federal de Minas Gerais, Belo Horizonte.

Rodrigues, M. C. C., Mello, R. R., & Fonseca, S. C. (2006). Dificuldade de aprendizagem em escolares de muito baixo peso ao nascer. *Jornal de Pediatria, 82*(1), 6-14.

Troster, E. J., Goshi, L. H., & Ramos, J. L. A. (1986). Prematuridade. In: F. A. C. Vaz, *Manual de atendimento a recém-nascidos normais e patológicos. prematuridade* (pp. 227-231). São Paulo: Sarvier.

Vechia, S. G. D. (2011). *Formas reduzidas do WISC-III: características psicométricas de quatro modelos*. Dissertação de Mestrado, Universidade Católica de Pelotas, Pelotas.

Volpi, S. C. P., Rugolo, L. M. S. S., Peraçoli, J. C., & Corrente, J. E. (2010). Aquisição de habilidades motoras até a marcha independente em prematuros de muito baixo peso. *Jornal de Pediatria, 86*(2), 143-148.

Whitfield, M.F., Grunau, R. V., & Holsti, L. (1997). Extremely premature (< 800 g) schoolchildren: multiple areas of hidden disability. *Archives of Disease in Childhood, 77*(2), F85-F90.

PARTE 3

VALIDADE, FIDEDIGNIDADE E PADRONIZAÇÃO

CAPÍTULO 12

EVIDÊNCIAS DE VALIDADE NA AMOSTRA DE PADRONIZAÇÃO BRASILEIRA

Vera L. M. de Figueiredo

No processo de adaptação de um teste psicológico a um contexto diferente daquele para o qual foi criado, torna-se relevante evidenciar a validade do instrumento. É essencial determinar se o construto tem o mesmo significado nas duas culturas e o grau de eficácia do teste para predizer um desempenho específico dos sujeitos da nova população. Sem informações sobre essas propriedades, os dados referentes à fidedignidade e à normatização do teste perdem o significado.

Para Anastasi e Urbina (2000, p. 108), "a validade de um teste refere-se àquilo que ele mede e quão bem o faz", ou seja, indica a extensão em que o teste avalia um traço psicológico (validade de construto) e o quanto prediz um comportamento (validade de critério). A validade de construto tem sido considerada mais relevante para o estudo dos testes psicológicos, pois, segundo Pasquali (1996, p. 94), "constitui a maneira direta de verificar a hipótese da legitimidade da representação comportamental dos traços latentes associando-os com a teoria psicológica".

O presente capítulo descreve os estudos sobre evidências de validade do WISC-III para crianças brasileiras, apresentados com maior detalhamento por Figueiredo (2001) e pelo próprio manual do teste (Wechsler, 2002). Foram realizadas várias provas de validade, tendo-se em vista que a convergência de informações define a qualidade psicométrica do instrumento. Inicialmente organizada em seis faixas etárias, a amostra foi redistribuída em três grupos, visando a maior representatividade, a maior variabilidade de respostas e a melhor inferência dos resultados. Para as análises, foram considerados os dados da amostra geral (N = 801), distribuídos entre as seguintes faixas etárias: seis e sete anos (N = 265), de oito a onze anos (N = 270) e de doze a dezesseis anos (N = 266).

VALIDADE DE CONSTRUTO
VALIDAÇÃO INTERNA
12.1. ANÁLISE FATORIAL

Utilizou-se a análise fatorial para investigar a adequação da estrutura do WISC-III original à amostra brasileira. Segundo Wechsler (1991), o WISC-III avalia um conjunto de capacidades cognitivas, tais como compreensão verbal, raciocínio espacial e memória, entre outras, que contribuem para a capacidade global do indivíduo. Cada uma dessas facetas é considerada, pelo autor, um construto que influencia as respostas da criança aos itens do teste, os quais buscam medir dimensões tanto globais como primárias da capacidade intelectual.

12.1.1. Análise fatorial exploratória

Inicialmente, procedeu-se a análise fatorial exploratória pelo método dos Componentes Principais. A presença de covariância entre os doze subtestes revelou que, apesar das diferenças do material usado, as operações mentais exigidas apresentam variância comum elevada. Esta comunalidade entre os subtestes justificou a redução da solução a um modelo mais parcimonioso.

Para definir o número de fatores subjacentes ao teste foram considerados os seguintes critérios: a) *eigenvalue* ≥ 1; b) percentual de variância explicada; c) *scree plot;* e d) interpretabilidade do fator. Considerando-se o número de *eigenvalues* maiores ou iguais a 1, observou-se a presença de um fator maior da extração de fatores para os quatro grupos etários, tendo em média um *eigenvalue* de 5,6 – que explicou 47% da variância da solução – e um *eigenvalue* menor (média = 1,12), que explicou 9,3% da variância. Pelo critério do *scree plot*, os resultados indicaram a presença clara de um fator e de possíveis outros dois ou três. Com base nesses dados, realizaram-se análises fatoriais dos Eixos Principais, extraindo-se um fator não rotado e fatores (dois, três, quatro e cinco) com rotação oblíqua, a qual pressupõe covariância entre os fatores.

A presença de um fator geral foi sugerida pela identificação de um *eigenvalue* maior em todas as faixas estudadas da amostra brasileira, justificando o emprego do QI Total para escores gerais. Tanto para as amostras por grupo etário como para a amostra geral, o fator g ficou constituído por todas as variáveis (subtestes) do modelo, sendo responsável por 47% da variância. Para a amostra geral, a covariância mínima entre o item e o fator correspondeu a uma carga fatorial de 0,56, evidenciando uma covariância de pelo menos 31% de cada subteste com o QI Total.

As cargas fatoriais foram altas em todos os subtestes, variando de 0,55, em Armar Objetos, a 0,78, em Informação, indicando a presença de um fator geral estável para todos os grupos etários. Segundo Kaufman (1994), há vários métodos para determinar o grau pelo qual um subteste mede g ou a inteligência geral, entre os quais cita Kamphaus (1993), que utiliza as cargas do primeiro fator não rotado. Com base na mesma classificação usada por Kaufman para analisar os subtestes do WISC-III da amostra americana, categorizou-se as cargas de g encontradas na amostra geral, e os resultados aparecem na Tabela 12.1.

Tabela 12.1   Classificação dos subtestes do WISC-III segundo as cargas fatoriais do fator g para a amostra brasileira

Medidas de g		
Boas: $\geq$ 0,70	**Médias: de 0,50 a 0,69**	**Fracas: < 0,50**
Informação (0,78)	Completar Figuras (0,66)	--
Aritmética (0,71)	Compreensão (0,65)	
Semelhanças (0,71)	Arranjo de Figuras (0,65)	
Vocabulário (0,71)	Cubos (0,61)	
	Símbolos (0,60)	
	Dígitos (0,58)	
	Código (0,56)	
	Armar Objetos (0,55)	

Diferentemente dos dados resultantes da amostra americana (Kaufman, 1994), Vocabulário e Cubos não foram considerados, no contexto brasileiro, os melhores representantes do fator geral. Em relação à representatividade dos dois subtestes nas escalas de Wechsler, tradicionalmente eles são conhecidos como as mais válidas medidas de g na Escala Verbal e na de execução, respectivamente (Groth-Marnat, 1999; Kaufman, 1994; Sattler, 1992; Wechsler, 1991). Considerando-se os dados da amostra geral brasileira, Informação e Completar Figuras são os subtestes que melhor representaram a inteligência geral, em cada uma das dimensões. Vocabulário não apresentou carga fatorial destacada entre nenhum grupo etário, mas Cubos se distinguiu entre o grupo de crianças maiores, da faixa de doze a dezesseis anos, para as quais as habilidades exigidas pelo subteste podem estar mais desenvolvidas. A partir das cargas fatoriais observadas no fator *g*, concluiu-se que, na amostra brasileira, os subtestes do WISC-III avaliam a inteligência geral de forma satisfatória.

A evidência de dois fatores – Verbal e Execução – também foi encontrada entre a amostra brasileira. Nessa análise, as cargas dos subtestes não verbais foram mais baixas, corroborando os achados de Blaha e Wallbrown (1996). Em termos gerais, Aritmética (habilidade numérica) e Dígitos (memória) apresentaram cargas menores no conjunto verbal, mostrando menor especificidade com tal construto. Os resultados vão ao encontro dos estudos de Carroll (1993) com matrizes hierárquicas, em que concluiu haver poucas razões para incluir Aritmética na Escala Verbal, e dos estudos de Vernon (1950) para quem os subtestes Aritmética e, principalmente, Dígitos, não trazem muita contribuição para o fator verbal (citado por Blaha e Wallbrown). Esses argumentos reforçam os dados observados na Escala Verbal, nos quais, para todas as idades, os subtestes se agruparam mais satisfatoriamente de forma a caracterizar o índice fatorial Compreensão Verbal (Informação, Semelhanças, Vocabulário e Compreensão), indicando maior pertinência da interpretação desse construto do que do QI Verbal.

Na Escala de Execução, o modelo mostrou-se mais instável, principalmente para o grupo de oito a onze anos. Completar Figuras, Código, Armar Objetos e Procurar Símbolos apresentaram carga maior no fator verbal de forma diferenciada em cada grupo etário. As pequenas variações encontradas entre grupos etários, segundo Sattler (1992), parecem mais ser resultantes de erros de medida do que da possibilidade de construtos diferentes para cada idade. Carroll (1993) também encontrou cargas significativas de Completar Figuras e Armar Objetos no fator Compreensão Verbal, o que, segundo o autor, sugere que o êxito nesses subtestes é, de alguma forma, afetado pelo nível de informação.

Com as ressalvas feitas, pode-se concluir que, para a amostra brasileira, há indicação para entender a Escala Verbal e a de Execução como entidades de funcionamento diferenciadas da habilidade cognitiva geral, como tradicionalmente têm sido tratadas. Entretanto, o modelo para a amostra brasileira – não muito bem definido – sugeriu que a interpretação do QI Verbal e a do QI de Execução devem ser feitas com certa precaução.

O WISC-III oferece, como informações adicionais aos tradicionais QIs, quatro fatores primários que têm sido amplamente utilizados na clínica. Correspondem a quatro dimensões psicológicas que complementam as informações das escalas de QIs. Os denominados índices fatoriais surgiram de uma solução em que foram observados quatro fatores. Os dois maiores foram reconhecidos como *Compreensão Verbal*, constituído pelos subtestes Informação, Semelhanças, Vocabulário e Compreensão, e *Organização Perceptual*, formado pelos subtestes Completar Figuras, Arranjo de Figuras, Cubos e Armar Objetos. Os dois menores foram *Resistência à Distração,* composto por Aritmética e Dígitos, e *Velocidade de Processamento*, formado por Código e Procurar Símbolos.

A solução de quatro fatores apareceu definida para os diferentes grupos etários, apresentando, entretanto, inconsistência para as crianças de oito a onze anos. Entre esse grupo, Completar Figuras, Aritmética e Dígitos mostraram maior comunalidade com o fator Compreensão Verbal, oferecendo pouca contribuição para o próprio fator, sugerindo que os processos verbais podem estar envolvidos nas operações (Carroll, 1993). Resultado semelhante encontra-se no relato de Roid, Prifitera e Weiss (1993), no qual Aritmética dividiu sua carga com Compreensão Verbal, o que, segundo os autores, se deve ao fato de o subteste apresentar itens escritos, implicando a presença de um componente de "raciocínio verbal". Nos grupos de oito e doze anos, Cubos ficou incluído no fator Resistência à Distração (RD), talvez pela comunalidade com a atenção e com a concentração que o fator mede, mas, de qualquer forma, esse resultado não seria esperado. O fator RD, representado pelas cargas mais baixas da solução, evidenciou uma dimensão de menor validade para todos os grupos etários das crianças brasileiras. O fator foi definido mais consistentemente (maior carga) pelo subteste Aritmética, uma habilidade de característica quantitativa ou numérica. Esse índice (RD) vem sendo apontado como um fator pouco consistente, que requer mais estudos, sendo recomendada precaução quanto à sua interpretação (Carroll, 1993; Kaufman, 1994). É recomendado por Sattler (1992) que a interpretação de RD seja feita somente para avaliação das fraquezas e dos domínios das habilidades da criança, e não para fins de diagnóstico. Os subtestes Código e Procurar Símbolos, que compõem o fator Velocidade de Processamento, evidenciaram cargas satisfatórias para todos os grupos etários.

Os resultados da análise do modelo quadrifatorial evidenciaram a presença de uma solução adequada para a amostra geral brasileira, justificando a interpretação das quatro dimensões no entendimento da habilidade intelectual das crianças, tomadas as devidas precauções.

12.1.2. Análise fatorial confirmatória

O modelo teórico apresentado para o WISC-III pressupõe a presença das seguintes dimensões subjacentes ao teste:

- Um fator geral caracterizando a inteligência geral e representado pelo QI Total;

- Dois fatores caracterizando as habilidades verbais e não verbais e representados pelo QI Verbal e pelo QI de Execução; e
- Quatro fatores caracterizando os índices fatoriais e representados por Compreensão Verbal e por Resistência à Distração, derivados da Escala Verbal, e por Organização Perceptual e por Velocidade de Processamento, derivados da Escala de Execução.

Considerando que esse modelo teórico também foi identificado para a amostra brasileira nas análises fatoriais exploratórias, a *confirmação* dessa hipótese foi verificada pela técnica estatística denominada de Modelo de Equação Estrutural. Considerando-se o índice χ^2/gl como uma estimativa inicial, a solução de cinco fatores foi a que mais se ajustou aos dados. Os demais índices de ajuste[1] apontaram os modelos de quatro e de cinco fatores como os de melhor qualidade, resultado coincidente com aquele encontrado no manual do teste (Wechsler, 1991). Embora a contribuição que o modelo de cinco fatores propiciou seja significativa, ela foi desconsiderada, decidindo-se pela solução de quatro fatores como a mais adequada e parcimoniosa.

Com base nos resultados das análises fatoriais exploratória e confirmatória, pode-se concluir que a validade de construto do WISC-III ficou evidenciada, para a amostra brasileira, no que se refere à presença de:

- Um fator geral de inteligência (QI Total); e
- Quatro índices fatoriais: Compreensão Verbal (CV), Organização Perceptual (OP), Resistência à Distração (RD) e Velocidade de Processamento (VP).

12.2. INTERCORRELAÇÕES ENTRE SUBTESTES E ESCALAS

Para analisar a estrutura interna de um teste, outra fonte de validação empírica são as correlações entre cada subteste e as escalas de QIs, e entre os subtestes, de par em par. As similaridades e diferenças presentes nos construtos representados no instrumento, foram analisadas pela estimação das intercorrelações de todos os subtestes e das escalas compósitas entre si.

É importante considerar que, ao serem calculadas as correlações entre os subtestes e as escalas em que eles estão inseridos (Informação e Compreensão Verbal, por exemplo), os coeficientes expressam valores superestimados, em função de os escores relativos aos subtestes estarem incluídos, também, no somatório dos escores da escala (autocorrelação). Para corrigir esse efeito, quando necessário, as correlações foram

---

1 Adjusted Goodness of Fit Index (AGFI), Standardized Root Mean Square Residual (SRMR), Bentler-Bonett Normed Fit Index (NFI), Bentler-Bonett Non-Normed Fit Index (NNFI), Bentler Comparative Fit Index (CFI).

determinadas pelo processo de eliminar das escalas compósitas os escores relativos a cada subteste.

Na amostra brasileira, as intercorrelações de todas as habilidades avaliadas pelo WISC-III mostraram que os subtestes verbais se correlacionaram mais entre si do que com os subtestes não verbais. Nos subtestes *verbais*, as correlações variaram de 0,35 (Dígitos e Compreensão) a 0,64 (Informação e Vocabulário). Quanto aos QIs, os subtestes correlacionaram-se mais com a Escala Verbal e, entre os índices fatoriais, com Compreensão Verbal, exceto Dígitos, que mostrou maior identificação com Resistência à Distração, construto a que ele pertence.

Considerando os subtestes *não verbais*, as correlações variaram de 0,28 (Procurar Símbolos e Armar Objetos) a 0,60 (Código e Procurar Símbolos). As intercorrelações com os QIs foram mais altas com a Escala Total em alguns casos (Completar Figuras, Código e Arranjo de Figuras), e em outros, com a Escala de Execução (Cubos, Armar Objetos e Procurar Símbolos). Quanto aos índices fatoriais, observou-se que os subtestes não verbais se correlacionaram mais com Organização Perceptual, exceto Código e Procurar Símbolos, que se associaram ao construto a que pertencem (Velocidade de Processamento).

Os dados encontrados entre a amostra brasileira foram bastante similares aos da amostra original de padronização do teste, sugerindo que as habilidades que apresentaram comunalidade de construto e se correlacionaram entre si deram evidências da validade convergente. Por outro lado, as correlações mais baixas, observadas entre os subtestes de áreas diferentes, mostraram a validade discriminante. Estas evidências são mais consistentes para os subtestes verbais, pois suas correlações foram maiores do que as de execução.

Validação por idade

Um critério importante de validação de muitos testes de inteligência é a diferenciação por idade. Como se espera que as habilidades aumentem com a idade durante a infância, os escores também deverão mostrar esse aumento, se o teste for válido (Anastasi & Urbina, 2000). No processo de adaptação do WISC-III, buscou-se evidências mediante a análise de correlações entre os escores brutos de cada sujeito (nos subtestes e nas escalas em QIs) e as suas respectivas idades.

As análises mostraram correlações altas e positivas, indicando que a idade influenciou significativamente os escores obtidos no teste. Considerando-se que a média das correlações foi de 0,75, pode-se afirmar que a idade foi responsável por 56% da variância dos resultados. Os subtestes mais saturados foram Informação e Aritmética e os menos influenciados foram Procurar Símbolos, Armar Objetos e Dígitos.

As diferenças entre as médias obtidas em cada escala de QI e em cada índice fatorial também foram analisadas em cada grupo etário. Os resultados mostraram que as médias dos escores aumentaram de modo diretamente proporcional à idade, confirmando a hipótese das mudanças desenvolvimentais. As Figuras 12.1 e 12.2 mostram a representação gráfica da influência da idade sobre os escores das escalas de QIs e sobre os dos índices fatoriais, respectivamente.

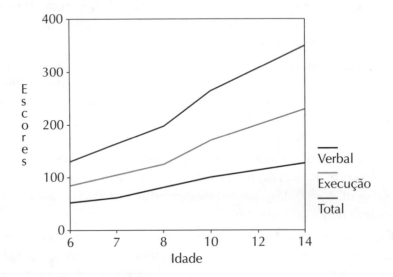

Figura 12.1 Escores brutos das escalas de QI em função de idade

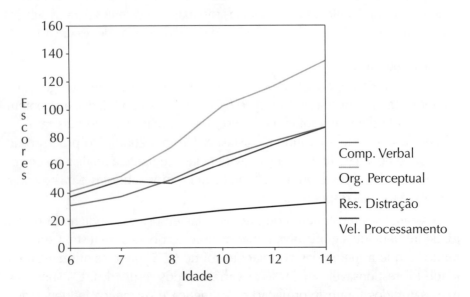

Figura 12.2 Escores brutos dos índices fatoriais em função de idade

Em ambas as figuras observa-se uma linha positivamente acentuada, indicando um desenvolvimento gradual das habilidades intelectuais conforme o aumento da idade. As curvas de desenvolvimento apresentam crescimento similar, com pequenas variações, sugerindo que a Escala Total e o índice Organização Perceptual se desenvolvem mais rapidamente, enquanto a Escala Verbal e o índice Resistência à Distração, mais lentamente.

A significância das diferenças entre as médias dos escores alcançados nas escalas de QIs e nos índices fatoriais pelos diferentes grupos etários foi analisada pela prova estatística ANOVA. Segundo os resultados, as diferenças entre as médias foram altamente significativas, tanto entre as escalas de QIs como entre os índices, evidenciando que a idade é um fator importante de determinação do rendimento das crianças nas habilidades avaliadas. Ao serem analisados os contrastes entre as médias, por meio do método de Comparações Múltiplas de Tukey, ficou evidenciado que as diferenças foram significativas entre todas as idades dos três grupos etários. O resultado foi o mesmo quando foram analisados os contrastes para os seis grupos originais (6, 7, 8-9, 10-11, 12-13 e 14-16).

Com base nos estudos sobre a idade, conclui-se que ela é fator relevante quanto ao desempenho das crianças no WISC-III, considerando que mudanças significativas são observadas nos escores do teste em função da idade. Os resultados evidenciam a validade de construto do instrumento, pois, avaliando habilidade cognitiva intrinsecamente dependente de mudanças por idade, o teste foi capaz de discriminar grupos diferenciados segundo essa variável. Dessa forma, justifica-se a elaboração de normas adaptadas segundo a idade para a interpretação dos resultados do teste.

Comparação com outro teste

Esta forma de validação de construto é evidenciada pela presença de correlações altas entre os escores do teste e outras variáveis com as quais o construto medido pelo teste deveria, de acordo com os supostos teóricos, estar relacionado (validade convergente). É caracterizada, também, por correlações baixas com variáveis irrelevantes que, pela teoria, diferem do construto (validade divergente).

Um dos métodos usados para evidência de validade é a correlação entre o novo teste e algum outro previamente disponível, que avalie o mesmo construto subjacente (Anastasi & Urbina, 2000). Quando se observa uma correlação alta entre dois instrumentos, ela pode ser considerada como uma prova de validade convergente do instrumento mais novo. Para levantamento de validade no contexto brasileiro, os escores do WISC-III foram correlacionados com aqueles obtidos no teste de inteligência geral Matrizes Progressivas de Raven – Escala Especial (Matrizes Progressivas Coloridas).

O teste de Matrizes Progressivas, desenvolvido na Inglaterra, foi criado para medir o fator *g*, exigindo que o sujeito estabeleça inferências sobre relações entre itens geométricos e abstratos. É um teste não verbal, de aplicação individual ou coletiva e com tempo livre para administração. O teste foi padronizado para a população brasileira por Angelini, Alves, Custódio, Duarte e Duarte (1999).

Para o estudo, foram selecionadas, da amostra geral (N = 801), 92 crianças da faixa etária de oito e nove anos, sendo 52% do sexo feminino, e 74% oriundas de escolas públicas. O Raven foi administrado a esta subamostra de forma individual ou coletiva (máximo de quatro alunos), na própria escola da criança, e na mesma sessão de aplicação do WISC-III ou com intervalo máximo de duas semanas entre elas.

A média de acertos no Raven foi de 22,59, com desvio padrão de 5,84. Foram calculadas as correlações entre os escores brutos do Raven e os resultados das escalas de QIs e dos índices fatoriais do WISC-III. As correlações mais altas ocorreram com a Escala Total (0,71) e com a de Execução (0,68). Correlações menores foram encontradas na escala de QI Verbal (0,65) e nos índices fatoriais CV, RD e VP, revelando menor comunalidade com esses construtos. Considerando que Matrizes Progressivas é um teste de inteligência não verbal, as correlações maiores com a Escala de Execução e com o índice de Organização Perceptual indicam que os instrumentos avaliam habilidades similares.

Considerando que as correlações estimadas entre o WISC-III e o Raven são influenciadas pela variância do erro dos subtestes, calculou-se a correlação corrigida dos escores totais mediante a fórmula de Atenuação Dupla (Guilford, 1954). Dessa forma, a correlação corrigida entre os dois testes passa a ser 0,77, evidenciando que o construto da inteligência geral é representado de forma semelhante pelos escores totais dos dois instrumentos. Os resultados são semelhantes aos de Zimmerman e Sam (1997), que divulgaram várias correlações na comparação do WISC-III a outras onze medidas de inteligência, encontrando uma média de 0,75 entre elas e o QI Total.

Validade de critério preditiva

A validade preditiva mostra a relação entre os escores do teste e um comportamento futuro preestabelecido. Entre os critérios mais frequentemente empregados na validação dos testes de inteligência encontra-se o índice de realização acadêmica. Matarazzo (1976) descreve uma série de estudos sobre a relação do rendimento escolar com testes de habilidade cognitiva, em que correlações em torno de 0,50 constituem evidências convincentes de que o QI tem uma considerável validade quando medido por este critério.

Para investigar o grau de eficácia do WISC-III para predizer o rendimento escolar acadêmico, os escores obtidos nos subtestes, nas escalas de QIs e índices fatoriais foram correlacionados com o aproveitamento escolar das crianças da amostra brasileira. Utilizou-se, como critério, notas nas disciplinas de Português e Matemática. Para cada aluno, foram registradas as médias das notas nessas disciplinas, relativas a dois bimestres seguintes ao da testagem. Foram descartadas as crianças que estavam no pré e na primeira série de escolas que não usavam avaliação quantitativa (notas), contando-se, para esse estudo, com uma subamostra de 612 sujeitos com média de idade de dez anos, três meses e dez dias. O grupo ficou constituído de 51% de crianças do sexo feminino, sendo 79% oriundas de escolas públicas. A média geral das notas em Matemática foi de 7,27 (DP = 1,87), e a média das de Português, 7,38 (DP = 1,64).

Em relação às notas de Matemática, como era esperado, as correlações maiores foram observadas com o subteste Aritmética (0,36), a Escala Total (0,40) e o fator Resistência à Distração (0,36). As notas de Português apresentaram correlações mais consistentes com o subteste Vocabulário (0,37), a Escala Verbal (0,41) e o fator Compreensão Verbal (0,40). As correlações mais relevantes ocorreram entre as habilidades que apresentam comunalidade de construtos.

Na amostra de padronização nacional, as significativas correlações entre as notas escolares e o desempenho da criança no teste indicaram que alunos com escores mais altos no WISC-III também apresentam notas mais elevadas. Tais resultados corroboram a evidência de validade preditiva do WISC-III para as crianças brasileiras.

CONCLUSÕES

Os estudos possibilitaram a observação de diversas evidências de validade do WISC-III para uso entre a população brasileira, que podem ser sintetizadas da seguinte forma:

- As análises fatoriais exploratórias mostraram a presença de um fator geral, responsável, em grande parte, pela variância dos resultados. Também foi identificada uma solução de quatro fatores (CV, OP, RD e VP), tanto na análise fatorial exploratória como na confirmatória, sendo este o modelo mais parcimonioso para explicar os resultados do teste.

- As correlações entre os subtestes verbais foram maiores do que entre os subtestes não verbais. Os subtestes da mesma escala (verbal ou não verbal) correlacionaram-se de forma mais satisfatória entre si do que entre os subtestes de escalas diferentes, que apresentavam menor similaridade de conteúdo.

- As correlações entre as idades do sujeito e seus escores no teste evidenciaram a interdependência do construto com a variável idade.

- A validade preditiva do WISC-III foi evidenciada por correlações satisfatórias do teste entre os escores em diferentes subtestes e escalas e o rendimento escolar das crianças.

- A forte correlação entre os escores totais do WISC-III e os das Matrizes Progressivas de Raven evidenciou que os dois instrumentos avaliam a inteligência geral de forma bastante similar.

REFERÊNCIAS BIBLIOGRÁFICAS

Anastasi, A., & Urbina, S. (2000). *Testagem psicológica*. Porto Alegre: Artes Médicas Sul.

Angelini A., Alves, I., Custódio, E., Duarte, W., & Duarte, J. L. (1999). *Manual de Matrizes Progressivas Coloridas de Raven – Escala Especial*. São Paulo: Centro Editor de Testes e Pesquisas em Psicologia.

Blaha, J., & Wallbrown, F. *(1996)*. Hierarchical factor structure of the Wechsler Intelligence Scale for Children-III. *Psychological Assessment, 8(2), 214–218.*

Carroll, J. B. (1993). What abilities are measured by the WISC-III? In B. A. Braken & R. S. McCallum (Orgs.), *Journal of Psychoeducational Assessment monograph series, Advances in Psychoeducational Assessment: Wechsler Intelligence Scale for Children –Third Edition* (pp. 134-143). Germantown, TN: Psychoeducational Corporation.

Figueiredo, V. L. M. (2001). *Uma adaptação brasileira do teste de inteligência WISC-III*. Tese de Doutorado, Instituto de Psicologia, Universidade de Brasília.

Groth-Marnat, G. (1999). Em iglês: (3rd ed.) *Handbook of psychological assessment*. New York: Wiley & Sons.

Guilford , J. (1954). *Psychometric methods*. New York: McGraw-Hill.

Kamphaus, R. (1993). *Clinical assessment of children's intelligence*. Boston, MA: Allyn & Bacon.

Kaufman, A. (1994). *Intelligent testing with the WISC-III*. New York: John Wiley & Sons.

Matarazzo, J. (1976). *Wechsler: medida e avaliação da inteligência do adulto*. São Paulo: Manole.

Pasquali, L. (1996). *Teoria e métodos de medida em ciências do comportamento*. Brasília: INEP.

Roid, G., Prifitera, A., & Weiss, L. (1993). Replication of the WISC-III factor structure in an independent sample. In B. A. Braken, & R. S. McCallum (Orgs.), *Journal of Psychoeducational Assessment monograph series, Advances in*

Psychoeducational Assessment: Wechsler Intelligence Scale for Children – Third Edition (pp. 6-21). Germantown, TN: Psychoeducational Corporation.

Sattler, J. (1992). *Assessment of Children: WISC-III and WPPSI-R supplement*. San Diego.

Vernon, P. E. (1950). The structure of human abilities. London: Methuen.

Wechsler, D. (1991). *Wechsler Intelligence Scale for Children – Third Edition (WISC-III): Manual*. San Antonio: Psychological Corporation.

Wechsler, D. (2002). *WISC-III: Escala de Inteligência Wechsler para Crianças Terceira Edição: Manual* (V.L.M., Figueiredo, adaptação e padronização brasileira). São Paulo: Casa do Psicólogo.

Zimmerman, I., & Sam, J. (1997). Review of the criterion-related validity of the WISC-III: the first five years. *Perceptual and Motor Skills, 85*, 531-546.

CAPÍTULO 13

EVIDÊNCIAS DE FIDEDIGNIDADE E VARIÂNCIA DOS SUBTESTES NA AMOSTRA DE PADRONIZAÇÃO BRASILEIRA

Vera L. M. de Figueiredo

A fidedignidade de um teste refere-se ao quanto um escore obtido se aproxima do escore verdadeiro do sujeito no traço que está sendo avaliado, bem como à estabilidade do escore no tempo. Os métodos utilizados para estimar a confiabilidade dos testes distinguem-se, segundo Pasquali (2001), entre três tipos de delineamentos de coleta da informação: (a) uma amostra, um teste, uma ocasião; (b) uma amostra, dois testes, duas ocasiões; e (c) uma amostra, um teste, duas ocasiões. Quanto às análises estatísticas, em geral são utilizados dois modelos: o de correlação e as técnicas alfa.

O estudo feito em relação à confiabilidade dos escores do WISC-III para as crianças brasileiras consistiu de uma única aplicação do teste, com exceção dos subtestes de velocidade (Código e Procurar Símbolos), para os quais foram usadas duas aplicações da mesma prova (teste-reteste). Em ambos os casos, altos níveis de fidedignidade mostram que os resultados do teste são menos suscetíveis a mudanças aleatórias.

Este capítulo apresenta os resultados das análises relativas à fidedignidade do instrumento, utilizando-se dos índices de consistência interna, da correlação teste-reteste, da estimativa do erro padrão de medida (EPM) e da concordância entre avaliadores. O capítulo finaliza com informações sobre as variâncias dos subtestes, que são consideradas um parâmetro relevante sobre a fidedignidade dos grupos de itens.

CONSISTÊNCIA INTERNA

A consistência interna permite analisar a fidedignidade de um teste – aplicado na mesma amostra, em uma única ocasião – mediante a comparação dos escores de duas ou mais partes do teste e a verificação da congruência de cada item com os restantes (Pasquali, 2001). Para os dez subtestes de habilidades, foi utilizado o método do *lambda 2 de Guttman* por considerar a homogeneidade da covariância, tomando como base a relação entre a covariância dos itens e a do escore total. Os subtestes Cubos e Informação apresentaram escores mais confiáveis, em que 82% e 80% da variância observada foi verdadeira. Desconsiderando-se os subtestes de velocidade (Código e Procurar Símbolos), os que apresentaram menor coeficiente de fidedignidade (0,70) foram Compreensão e Armar Objetos.

Para as escalas de QIs e de índices fatoriais, estimou-se os coeficientes de fidedignidade segundo a fórmula de Mosier para escores compósitos, apresentada por Guilford (1954). Os coeficientes das escalas de QIs e dos índices fatoriais foram superiores aos dos subtestes individuais. Esse fato ocorre porque os escores dessas escalas, usados para os cálculos, representam uma amostra mais abrangente de habilidades e, por conseguinte, geram maior variabilidade nos resultados e escores mais confiáveis. Em relação aos coeficientes médios das escalas de QIs, o QI Total (0,93) apresentou o coeficiente mais elevado entre os três, podendo ser considerado o indicador que avalia habilidade intelectual com maior rigor. O QI Verbal (0,92) mostrou maior confiabilidade que o QI de Execução (0,81).

Quanto aos coeficientes de fidedignidade dos índices fatoriais, aqueles associados à área verbal apresentaram maior confiabilidade do que aqueles relacionados à área não verbal. Compreensão Verbal foi a medida mais confiável (0,91), seguida por Resistência à Distração (0,84) e por Organização Perceptual (0,82). O fator Velocidade de Processamento mostrou a menor fidedignidade (0,74).

ESTABILIDADE TEMPORAL

Segundo Anastasi e Urbina (2000), a estabilidade temporal mostra a extensão em que os escores de um teste podem ser generalizados para outras ocasiões. Esse coeficiente foi determinado para os subtestes de velocidade (Código e Procurar Símbolos), e a técnica utilizada foi o teste-reteste, que avalia a estabilidade temporal dos resultados.

Os dois subtestes foram reaplicados a um grupo de 52 crianças de diferentes idades, no intervalo de tempo de três meses. Como a amostra não teve representatividade quanto às faixas etárias, não foram calculados coeficientes específicos para cada grupo de idade, e os coeficientes de correlação foram considerados índices médios para a amostra geral. Por essa razão, foi necessário corrigir esses valores atenuando o efeito da idade, mediante a fórmula citada por Snijders, Tellegen e Laros (1991). Com a variável idade, encontraram-se correlações de 0,73 para Código e de 0,64 para Procurar Símbolos. Ao ser corrigido o efeito da idade, foram obtidos, respectivamente, os coeficientes de fidedignidade de 0,70 e de 0,63 como correlações do reteste.

Os coeficientes podem ser considerados moderadamente estáveis, principalmente para Código. Os aumentos dos escores na segunda avaliação foram estatisticamente significativos (p < 0,001), indicando melhora do desempenho das crianças nessas provas. Essas flutuações sugerem que as habilidades medidas, principalmente por Código, são resultado de mudanças no desenvolvimento das crianças.

ERRO PADRÃO DE MEDIDA

O EPM é outro índice de fidedignidade que proporciona uma estimativa do erro ocorrido nos escores do sujeito, permitindo calcular o intervalo no qual se encontra o escore verdadeiro. Como a fidedignidade está inversamente correlacionada com o EPM, os subtestes mais confiáveis são os que apresentam menor erro de medida.

Entre os subtestes verbais, Informação (1,36) e Vocabulário (1,41) mostraram os menores erros de medida; Compreensão (1,69) e Dígitos (1,54), os maiores. Os subtestes não verbais Cubos (1,30) e Completar Figuras (1,40) mostraram os menores erros, enquanto Procurar Símbolos (1,82) e Armar Objetos (1,66), os maiores. Os valores dos EPM foram utilizados para o cálculo dos Intervalos de Confiança, que estão disponíveis no manual (Wechsler, 2002, p. 235-243).

CONCORDÂNCIA ENTRE AVALIADORES

A concordância entre avaliadores foi estimada por Wechsler (1991) para os subtestes Semelhanças, Vocabulário e Compreensão. Entretanto, a pesquisa de padronização brasileira do WISC-III não identificou a confiabilidade do instrumento pela consideração dos erros de pontuação dos avaliadores. Foi realizado um estudo[1] sobre uma amostra independente, tendo em vista que a subjetividade dos profissionais que utilizam o teste pode interferir diretamente nos escores do examinando. Resultados parciais da pesquisa já foram divulgados (Figueiredo, Araújo, Dias, & Busetti, 2010) e os finais são encontrados em um artigo em fase de submissão. Para o estudo, foram selecionados, aleatoriamente, da amostra de padronização brasileira, protocolos de três crianças com a mesma idade, cujas respostas foram pontuadas por 42 psicólogos de diferentes estados do Brasil.

---

1 Pesquisa com Bolsa de Iniciação Científica da Fundação de Amparo à Pesquisa do Estado do Rio Grande do Sul (FAPERGS).

Considerando os escores totais, a precisão foi calculada por meio do índice de correlação intraclasse para todos os subtestes, com exceção de Código e de Procurar Símbolos, por terem um sistema de pontuação diferenciado. Os coeficientes, em geral, foram considerados fortes, variando de 1,00 (Cubos) a 0,71 (Vocabulário). Os subtestes não verbais, com exceção de Completar Figuras, apresentaram os índices mais altos. Entre os subtestes verbais, Vocabulário, Semelhanças e Compreensão foram, nessa ordem, os mais influenciados pela subjetividade do avaliador. Os resultados evidenciaram que o examinador enfrenta maiores dificuldades para pontuar respostas que envolvam verbalizações.

Além das evidências de validade e fidedignidade do instrumento, torna-se relevante, também, levantar informações sobre a variância específica dos itens do teste e, no caso do WISC-III, dos subtestes. Reunindo as principais informações das propriedades psicométricas, apresentam-se, a seguir, dados sobre a comunalidade, a especificidade e o erro, calculados para cada subteste.

VARIÂNCIA DOS SUBTESTES

Carroll (1993) criticou a falta de informações, no manual do WISC-III, sobre as comunalidades e especificidades dos subtestes, dados essenciais para seu uso clínico. Segundo o autor, comunalidade é a proporção de variância de um determinado teste explicada por vários fatores comuns presentes em uma solução. A variância específica consiste do grau em que os escores de cada subteste são influenciados pelas habilidades, medidas somente pelo subteste e não pelos fatores comuns. Conhecer a especificidade de cada variável é importante para determinar a porção da variância que é única ao subteste e que não é compartilhada com nenhuma outra variável.

Segundo Pasquali (1997), a variância total de um item é constituída por três componentes: a variância comum (h^2), a variância específica (s^2) e a variância erro (e^2). A variância que tem diretamente a ver com o conceito de *validade* é a variância comum, ou comunalidade, pois ela representa a saturação do item no traço latente, ou seja, a contribuição dele para o construto. Essa comunalidade, juntamente à variância específica, forma a variância verdadeira do item, que vem a ser a *fidedignidade*. A variância do erro é definida como a variabilidade dos escores produzida por fatores estranhos ao construto e à especificidade do item. É importante que este último tipo de variância também seja considerado no estudo da precisão, pois a maior confiabilidade da medida dependerá de menor variância de erro. Assim, quanto maior a variância verdadeira e menor a variância do erro, mais fidedigno se torna um item.

Considerando-se a relevância dessas informações, foram calculadas as variâncias de cada subteste do WISC-III. Os cálculos dos coeficientes de variância fundamentaram-se nas orientações encontradas em Kaufman (1994), Carroll (1993) e Roid, Prifitera e Weiss (1993). A variância do erro foi estimada diminuindo-se da unidade (1,0) o coeficiente de fidedignidade do subteste. Para o cálculo da variância específica, inicialmente foi necessário estimar a variância comum (comunalidade) do subteste, representada, segundo Kaufman, pela correlação múltipla quadrática (R^2). Esses valores foram calculados pela técnica da Análise da Regressão, considerando-se cada subteste como variável dependente e todos os demais como preditores. Calculada a comunalidade, ela foi subtraída do coeficiente de fidedignidade ($r_{xx} - h^2$) para ser obtido o indicador da especificidade do subteste. Os coeficientes foram calculados para a amostra geral e para cada subteste. Os resultados são apresentados na Tabela 13.1 e referem-se a:

- Variância comum ou comunalidade (h^2);
- Variância específica ou especificidade (s^2);
- Variância do erro (e^2);
- Variância verdadeira ou fidedignidade (r_{xx}).

Tabela 13.1 Coeficientes gerais relativos à precisão e à validade dos subtestes WISC-III para a amostra brasileira

Subtestes	Variância comum (h^2)	Variância específica (s^2)	Variância do erro (e^2)	Variância verdadeira (r_{xx})
Informação	0,58	0,22	0,20	0,80
Aritmética	0,47	0,29	0,24	0,76
Semelhanças	0,49	0,28	0,23	0,77
Vocabulário	0,54	0,25	0,21	0,79
Compreensão	0,44	0,26	0,30	0,70
Dígitos	0,32	0,42	0,26	0,74
Completar Figuras	0,40	0,38	0,22	0,78
Código	0,40	0,30	0,30	0,70
Arranjo de Figuras	0,40	0,31	0,29	0,71
Cubos	0,40	0,42	0,18	0,82
Armar Objetos	0,34	0,36	0,30	0,70
Procurar Símbolos	0,44	0,19	0,37	0,63

A Tabela 13.2 apresenta uma interpretação qualitativa dos mesmos dados da Tabela 13.1. Para uma visão comparativa são incluídos os resultados da amostra americana, colhidos na literatura (Bracken, McCallum, & Crain, 1993; Carroll, 1993; Donders, 1996; Kaufman, 1994; Roid et al., 1993).

Tabela 13.2   Subtestes com os maiores e os menores coeficientes relacionados à validade e à fidedignidade do WISC-III

Propriedades da variância	Grau	Amostras	
		Americana	Brasileira
Comunalidade	Maior	Vocabulário Informação Semelhanças	Informação Vocabulário Semelhanças
	Menor	Dígitos Código Arranjo de Figuras	Dígitos Armar Objetos
Especificidade	Maior	Dígitos Código Arranjo de Figuras Completar Figuras Cubos	Dígitos Armar Objetos Cubos Completar Figuras
	Menor	Armar Objetos Informação Vocabulário Semelhanças	Procurar Símbolos Informação Vocabulário Compreensão
Erro	Maior	Armar Objetos Procurar Símbolos	Armar Objetos Compreensão Código Procurar Símbolos
	Menor	Vocabulário Cubos Dígitos	Cubos

Nas pesquisas sobre a estrutura fatorial do WISC-III, Bracken et al. (1993), Carroll (1993), Roid et al. (1993) e Kaufman (1994) encontraram em Dígitos e nos subtestes não verbais os maiores coeficientes de especificidade, enquanto que nos subtestes verbais e em Armar Objetos estavam as menores variâncias específicas, o que indica, segundo Carroll, que os escores desses subtestes não dependem somente de um ou dos quatro fatores comuns ao teste, mas, também, de considerável extensão de outras habilidades próprias da escala. Os subtestes com maior especificidade são os que propiciam a interpretação de perfis individuais preditos com base nos índices específicos do subteste. Informação e Vocabulário caracterizam-se como medidas com menores probabilidades de erro.

Na amostra de crianças brasileiras, os subtestes verbais apresentaram índices maiores de *variância comum*, o que indica que esses subtestes são os que mais contribuem para a variância do fator *g*, ou seja, são os que têm maior comunalidade com a inteligência geral. Os subtestes que apresentaram maior *variância específica* foram Dígitos e Cubos, seguidos por outros subtestes não verbais, enquanto que os de menor especificidade foram Procurar Símbolos e alguns subtestes verbais. Considerando que quanto menor a especificidade, maior a comunalidade dos subtestes com o construto, os resultados novamente apontam os subtestes verbais como os de maior validade, ou seja, os que melhor representam a inteligência geral. Essa ideia é compartilhada por Cronbach (1996, p. 261), segundo quem os subtestes verbais das escalas Wechsler "medem uma capacidade verbal além da capacidade geral", mas para quem o conceito de "capacidade de desempenho" não se sustenta bem, uma vez que "cada subteste de Desempenho é fortemente influenciado por componentes específicos que os outros subtestes não requerem".

Quanto à *variância do erro*, os maiores coeficientes encontram-se em Armar Objetos, Compreensão e Procurar Símbolos. Esses subtestes oferecem menor estabilidade dos escores, constituindo-se de maiores fontes de erro.

A Figura 13.1 ilustra, por meio gráfico, os três tipos de variância de cada subteste, no qual a variância comum, ou comunalidade, expressa a validade do subteste em relação ao construto, a variância comum, unida à especificidade, expressa fidedignidade, e a variância específica, junto à do erro, representa a unicidade de cada subteste.

Em relação aos requisitos de validade e de fidedignidade dos subtestes, os dados observados na amostra brasileira corroboram, em termos gerais, os resultados encontrados na literatura, evidenciando, entretanto, algumas divergências quanto aos construtos. Na amostra brasileira, a carga fatorial mais elevada em *g* ocorreu no subteste verbal Informação, e entre os subtestes não verbais, em Completar Figuras. Nessas dimensões (verbal e não verbal), as maiores comunalidades foram, respectivamente, com Informação e Procurar Símbolos, sugerindo que a inteligência geral está mais representada por operações concretas, a julgar pelas habilidades envolvidas nos subtestes. Esses resultados contrastam com a amostra americana, na qual os subtestes mais representativos da inteligência geral são Vocabulário e Cubos, que envolvem conteúdos mais abstratos.

Informação	Comum	Específica	Erro
Aritmética	Comum	Específica	Erro
Semelhanças	Comum	Específica	Erro
Vocabulário	Comum	Específica	Erro
Compreensão	Comum	Específica	Erro
Dígitos	Comum	Específica	Erro
Completar Figuras	Comum	Específica	Erro
Código	Comum	Específica	Erro
Arranjo de Figuras	Comum	Específica	Erro
Cubos	Comum	Específica	Erro
Armar Objetos	Comum	Específica	Erro
Procurar Símbolos	Comum	Específica	Erro

Figura 13.1   Representação gráfica das variâncias dos subtestes do WISC-III

REFERÊNCIAS BIBLIOGRÁFICAS

Anastasi, A., & Urbina, S. (2000). *Testagem psicológica*. Porto Alegre: Artes Médicas Sul.

Bracken, B., McCallum, R., & Crain, R. (1993). WISC-III subtest composite reliabilities and specificities: interpretative aids. In B. A. Braken, & R. S. McCallum (Orgs.), *Journal of Psychoeducational Assessment monograph series, Advances in Psychoeducational Assessment: Wechsler Intelligence Scale for Children – Third Edition* (pp. 22-34). Germantown, TN: Psychoeducational Corporation.

Carroll, J. B. (1993). What abilities are measured by the WISC-III? In B. A. Braken, & R. S. McCallum (Orgs.), *Journal of Psychoeducational Assessment monograph series, Advances in Psychoeducational Assessment: Wechsler Intelligence Scale for Children – Third Edition* (pp. 134-143). Germantown, TN: Psychoeducational Corporation.

Cronbach, L. (1996). *Testagem psicológica*. Porto Alegre: Artes Médicas.

Donders, J. (1996). Cluster subtypes in the WISC-III standardization sample: Analysis of factor index scores. *Psychological Assessment, 8*(3), 312-318.

Figueiredo, V. L. M., Araújo, J. M. G, Dias, T. C., & Busetti, M. V. (2010). Subtestes Semelhanças, Vocabulário e Compreensão do WISC-III: pontuação objetiva ou subjetiva? *Psicologia: Reflexão e Crítica, 23*(3), 449-455.

Guilford, J. (1954). *Psychometric methods*. New York: McGraw-Hill.

Kaufman, A. (1994). *Intelligent testing with the WISC-III*. New York: John Wiley & Sons.

Pasquali, L. (1997). *Psicometria: teoria e aplicações*. Brasília: Universidade de Brasília.

Pasquali, L. (2001). Parâmetros psicométricos dos testes psicológicos. In L. Pasquali (Org.), *Técnicas de Exame Psicológico – TEP: Manual* (pp. 111-136). São Paulo: Casa do Psicólogo.

Roid, G., Prifitera, A., & Weiss, L. (1993). Replication of the WISC-III factor structure in an independent sample. In B. A. Braken, & R. S. McCallum (Orgs.), *Journal of Psychoeducational Assessment monograph series, Advances in Psychoeducational Assessment: Wechsler Intelligence Scale for Children – Third Edition* (pp. 6-21). Germantown, TN: Psychoeducational Corporation.

Snijders, J., Tellegen, P., & Laros, J. (1991). *SON-R 21/2–7. Manual and research report*. Groningen: Wolters-Noordhoff.

Wechsler, D. (1991). *Wechsler Intelligence Scale for Children – Third Edition (WISC-III): Manual*. San Antonio: Psychological Corporation

Wechsler, D. (2002). *WISC-III: Escala de Inteligência Wechsler para Crianças – Terceira Edição: Manual* (V. L. M. Figueiredo, adaptação e padronização brasileira. São Paulo: Casa do Psicólogo.

CAPÍTULO 14

WISC-III E R-2: UM ESTUDO DE VALIDADE

Nilmar Carlos Gatto
Michele Beatriz Oliveira da Conceição
Vera L. M. de Figueiredo

Testes psicológicos são entendidos como o conjunto de estímulos comportamentais observáveis que fornecem aos psicólogos importantes informações para auxiliar na elaboração de diagnósticos. Para que sua utilidade e sua eficiência sejam comprovadas, são necessários estudos de validação, que se caracterizam como os mais importantes do ponto de vista psicométrico, pois determinam a satisfação do instrumento em cumprir a sua função, garantindo, assim, maior especificidade e credibilidade (Pasquali, 2007).

Para Urbina (2007), a validade de um teste indica a extensão do traço psicológico avaliado. Segundo a *American Psychological Association (APA)*, a *American Association for Educational Research (AERA)* e o *National Council on Measurement in Education (NCME)*, validade é "o grau em que todas as evidências acumuladas corroboram a interpretação pretendida dos escores de um teste para os fins propostos" (Urbina, 2007, p. 155).

Um dos métodos bastante utilizados para evidenciar e fundamentar a validade são as correlações obtidas entre um novo teste e outro previamente disponível que prediga o mesmo desempenho do instrumento em estudo (Urbina, 2007). Segundo Pasquali (2003), se um teste avalia um determinado construto e tal teste se correlaciona com outro, os dois instrumentos avaliam o mesmo traço de forma aproximada. A correlação entre dois testes é uma das técnicas mais utilizadas nos estudos de validação das provas de inteligência, tanto para identificar comunalidades dos instrumentos como para predizer comportamentos. Os testes de inteligência devem pressupor uma teoria de base que justifique os itens elaborados para avaliar o comportamento representativo do traço latente. No Brasil, não há estudos de validade relacionando as duas técnicas mais utilizadas para a avaliação da inteligência de crianças: o teste de inteligência não verbal R2 (Rosa & Alves, 2000) e a terceira edição da escala Wechsler para crianças (Wechsler, 2002).

O Teste R-2 avalia a inteligência geral e foi elaborado com base no Teste Não Verbal de Inteligência R1 (para adultos) o qual se baseou no Teste Matrizes Progressivas Coloridas de Raven. Ambos os instrumentos fundamentam-se na teoria do fator geral de Spearman, para o qual

> os testes que medem melhor o fator g são os testes homogêneos de raciocínio matemático ou gramatical (de sinônimos, de oposição), ou de percepção de relações complexas com material visual, e em especial os de material não verbal, com base em problemas de edução de relações, (Bernstein, 1961, p. 17, citado por Rosa & Alves, 2000, p. 16)

Segundo Raven, Raven e Court, citados por Rosa e Alves (2000) os estudos fatoriais identificaram que subjazem ao fator g a atividade mental edutiva – capacidade de tirar significados de situações difíceis e ir além do imediato e a reprodutiva – que envolve o domínio, a lembrança que leva a reprodução dos conhecimentos adquiridos pela influência da cultura e da escola. O Teste R2 avalia, basicamente, a capacidade edutiva, com trinta itens que envolvem as principais funções intelectuais (Rosa & Alves).

Fundamentando-se na teoria dos dois fatores de Spearman, as duas dimensões são traduzidas na teoria de Cattell pela inteligência cristalizada (Gc), que se apresenta por meio dos conhecimentos adquiridos pelas influências da cultura e da escola (habilidade verbal), e pela fluida (Gf), que envolve a capacidade biológica, vista como a habilidade indutiva (não verbal) (Primi, 2003). As Escalas Wechsler de Inteligência, elaboradas a partir de 1939, surgiram com a finalidade de avaliar a dimensão verbal da inteligência, pois as medidas utilizadas na ocasião eram, na sua maioria, do tipo não verbal (Wechsler, 1944). A técnica contempla, além do fator g da Inteligência (QI Total), duas dimensões similares à inteligência cristalizada (QI Verbal) e à fluida (QI de Execução).

Na pesquisa de padronização da versão americana do WISC-III, vários estudos foram realizados para determinar a validade do teste. No manual do teste (Wechsler, 1991), encontram-se alguns estudos de correlação nos quais foram observadas maiores associações entre o QI Total e a Escala Verbal.

VALIDAÇÃO DO WISC-III COM TESTES DE INTELIGÊNCIA NÃO VERBAIS

ESTUDOS ESTRANGEIROS

Na literatura internacional também se encontra estudos de validação das Escalas Wechsler com outros instrumentos de inteligência, principalmente do tipo não verbal. Purl e Curtis (1970), comparando as Matrizes Progressivas de Raven com o WISC e com o QI de Lorge-Thorndike, encontraram correlações significativas entre os dois primeiros testes, evidenciando valores maiores quando aumentava a escolaridade do grupo, com exceção de Arranjo de Figuras, que parecia decrescer com a idade, e de Dígitos, que se mantinha constante. Nos três grupos de diferentes idades, as maiores correlações ocorreram ora com o QI Total (de 0,46 a 0,58), ora com o QI de Execução (de 0,43 a 0,60). A menor correlação observada foi sempre com o QI Verbal, variando de 0,36 a 0,45. Os autores observaram que na correlação do teste Raven apareceram comunalidades com a Escala Verbal do WISC e com os subtestes Vocabulário e Informação, que fazem parte da mesma escala.

Kluever, Smith, Green, Holm e Dimson (1995) correlacionaram o percentil do WISC-III com o teste não verbal Matrizes Coloridas Progressivas de Raven, encontrando correlações mais significativas com o QI Total (0,67) e o de Execução (0,62). Com o QI Verbal a correlação também foi significativa, porém mais baixa (0,55).

No estudo de validade concorrente do Kaufman Brief Intelligence Test (K-BIT), usando o WISC-III como critério, Seagle e Rust (1996) analisaram os resultados de 94 crianças entre seis e catorze anos e encontraram correlações significativas entre os dois instrumentos. Os maiores coeficientes foram entre o QI Total (0,77) e o QI Verbal (0,74) do WISC-III e o QI Composto do K-BIT; o subteste Matrizes do K-BIT, que avalia a inteligência fluida, relacionou-se aos QIs de Execução (0,57) e Verbal (0,54) do WISC-III.

Curran, Elkerton e Steinberg (1996), que aplicaram o Snijders-Oomen Nonverbal Test of Intelligence – Revised (SON-R) e o WISC-III a uma amostra de 28 crianças, encontraram relação entre o QI Específico (QIS) do SON-R e o QI Total (0,68), o QI Execução (0,52) e o QI Verbal (0,51) do WISC-III; nas análises entre os sete subtestes não verbais do SON-R, a maior correlação observada foi com o subteste verbal Aritmética (0,66) do WISC-III.

O Universal Nonverbal Intelligence Test (UNIT) avalia três níveis: a inteligência como uma habilidade geral (g) no topo, fatores como memória e raciocínio fluido no segundo nível e fatores mais definidos, como orientação espacial e flexibilidade de organização, no terceiro nível. O manual do UNIT apresentou estudos de validação externa com o WISC-III e o Raven: em crianças com problemas de aprendizagem, as correlações com o WISC-III foram, respectivamente, relativa às baterias Abreviada, Padrão e Extensa: 0,78, 0,84 e 0,83 (Bracken & McCallum, 1998, citado por Lopes, Moreira, Guimarães, & Lopes, 2006).

Borghese e Gronau (2005) também estudaram a validade (convergente e discriminante) do UNIT utilizando o WISC-III como referência.

Aplicaram os dois instrumentos a escolares hispânicos com dificuldades em Inglês, encontrando correlações maiores que as esperadas entre o QI Total do UNIT e os QIs Total e Verbal do WISC-III, corroborando as evidências de validade do UNIT.

ESTUDOS NACIONAIS

No Brasil, são encontrados poucos estudos correlacionais com o WISC-III. Figueiredo (2001), na pesquisa de adaptação do instrumento, correlacionou-o com o teste não verbal Matrizes Progressivas Coloridas de Raven, administrando-os a 92 crianças entre oito e nove anos. Nas correlações entre os escores brutos dos testes foram observadas comunalidades com as escalas Total (0,71), de Execução (0,68) e Verbal (0,65).

O WISC-III foi utilizado como critério para estudo de validação do teste Woodcock-Johnson-III (WJ-III). Chiodi (2007) aplicou os dois testes a um grupo de trinta alunos de escolas públicas do Ensino Fundamental e Médio, com idades que variaram de treze a quinze anos. Os resultados apontaram comunalidades entre a pontuação total do WJ-III e os QIs do WISC-III, em níveis elevados, com o QI Total (0,86), de Execução (0,76) e Verbal (0,84).

Padrão semelhante ao observado com o WISC-III foi obtido com a Escala Wechsler de Inteligência para Adultos. Nascimento (2000), na pesquisa de validação do WAIS-III ao contexto brasileiro, aplicou o Teste Matrizes Progressivas de Raven – Escala Geral a uma amostra de 56 indivíduos. Diferente do esperado, as correlações do QI Total com o QI de Execução e com o Índice de Organização Perceptual foram menores do que as correlações com o QI Verbal e o Índice de Compreensão Verbal. Com o objetivo de levantar evidências de validade do WAIS-III ao contexto brasileiro para avaliação do retardo mental, Silva, Thomaz e Nascimento (2008) aplicaram o teste Matrizes Progressivas de Raven – Escala Geral a trinta adolescentes e adultos com déficit cognitivo. Na correlação entre os QIs, as comunalidades mais significativas do Raven foram com o QI Verbal (0,79) e o QI Total (0,75); quanto aos Índices Fatoriais, a maior correlação foi com Compreensão Verbal (0,75) e a menor foi com o Índice Velocidade de Processamento (0,63).

As pesquisas referidas no presente estudo mostram correlações sempre significativas entre os itens/subtestes verbais e não verbais, sugerindo uma comunalidade no tipo de raciocínio do indivíduo quando responde testes com esses conteúdos. Apesar de Wechsler ter referido que a atividade mental está embasada em dois tipos de inteligência, verbal e não verbal, diversos pesquisadores observaram que os testes com formato não verbal não contêm uma medida pura em sua estrutura. Constataram que, no conjunto de respostas não verbais, o testando utiliza em seu raciocínio também estratégias verbais (Kluever et al., 1995). As medidas da capacidade não verbal normalmente possuem elementos verbais e não verbais nas respostas dos indivíduos. Em estudo com Matrizes Progressivas Coloridas de Raven foi observado que, embora este teste tenha um formato não verbal, as respostas aos itens podem ser mediadas verbalmente. Sendo assim, o instrumento não deve ser encarado como uma medida pura de inteligência não verbal (Kluever et al. 1995).

Entre as análises para levantamento de evidências de validade para o R-2 (Rosa & Alves, 2000), o teste foi comparado às Matrizes Progressivas Coloridas de Raven em um grupo de 87 escolares, apresentando correlações de 0,30 para crianças com idade de seis anos e de 0,55 para crianças de nove anos. Segundo Rosa e Alves, o teste apresentou validade satisfatória para a idade de nove anos, enquanto que para os seis anos não foi estatisticamente significante. Para identificar a validade preditiva do R-2, Brepohl, Cazura e Marco (2005) correlacionaram-no com o subteste Aritmética do Teste de Desempenho Escolar (TDE), em uma amostra de 111 crianças entre dez e doze anos. Foi encontrada uma correlação significativa de 0,27 entre as duas provas. Segundo os autores, apesar do baixo coeficiente, há indícios de validade preditiva.

Apesar de o teste R-2 ser uma técnica de fácil e rápida aplicação, poucas pesquisas têm sido desenvolvidas com este instrumento. Um estudo, apresentado a seguir, foi conduzido com o objetivo de analisar os aspectos comuns avaliados pelos dois instrumentos, investigando a possibilidade de uso do R-2 como forma de rastreio na impossibilidade de aplicação do WISC-III.

ESTUDO DE CORRELAÇÃO ENTRE WISC-III E R-2

Em uma amostra independente da padronização do WISC-III, realizou-se um estudo em que participaram sessenta crianças, sendo dez delas da faixa etária entre seis e onze anos (média = oito anos; desvio padrão = 1,72). Estavam matriculadas em escolas públicas e particulares das cidades de Pelotas e Rio Grande (RS) e, após as direções das escolas aceitarem participar do estudo, foram selecionadas pelas próprias orientadoras ou pelas psicólogas.

Conforme a Tabela 14.1 indica, a maior parte dos participantes era do gênero masculino, estudava em escolas estaduais e não tinha reprovação. Quanto à procedência, o percentual de alunos foi o mesmo nas duas cidades.

Tabela 14.1 Identificação dos participantes

Variáveis	Frequência (f)	Percentual (%)
Gênero		
Masculino	36	60
Feminino	24	40
Tipos de Escola		
Estadual	31	52
Particular	25	42
Municipal	04	06
Repetência		
Não	41	68
Sim	19	32

Após os responsáveis assinarem os termos de consentimento, foram aplicados, na própria escola das crianças, os instrumentos WISC-III e R-2, de acordo com as regras de padronização dos manuais de cada um. Na maioria das vezes, os dois testes foram aplicados em uma única sessão, iniciando pelo WISC-III. Utilizou-se a análise das frequências para caracterizar a amostra e o coeficiente de Pearson para relacionar os escores dos dois testes.

DISCUSSÃO DOS RESULTADOS

Em relação ao nível intelectual dos participantes, observa-se, na Tabela 14.2, que a maioria deles se situou dentro da média, caracterizando uma distribuição aproximada à da curva normal.

Tomando-se a média e a mediana das idades dos alunos (oito anos), as correlações entre os dois testes foram analisadas em três grupos: amostra geral, grupo até oito anos e maiores de oito anos (ver Tabela 14.3). Em relação aos grupos etários, observa-se que as correlações foram mais altas entre o grupo acima de oito anos, dados semelhantes aos encontrados por Rosa e Alves (2000) quando relacionaram o R-2 às Matrizes Progressivas Coloridas de Raven. Os dados sugerem que a comunalidade entre o WISC-III e o R-2 é maior quando os instrumentos são aplicados a crianças com idade superior a oito anos. Correlacionando-se os percentis do WISC-III e do R-2, observou-se que nos três grupos o segundo instrumento mostrou maior relação com as escalas Verbal e com o índice de Compreensão Verbal do WISC-III.

Tabela 14.2 Distribuição da amostra (%) pela classificação do nível intelectual segundo os testes WISC-III e R-2

Classificação nível intelectual	Escalas do WISC-III							R-2
	QIV	QIE	QIT	QICV	QIOP	QIRD	QIVP	
Muito superior	10	8	13	12	5	2	15	5
Superior	12	7	2	8	10	10	7	7
Médio superior	15	7	8	20	5	15	18	15
Médio	28	33	38	28	35	35	31	42
Médio inferior	13	23	15	13	23	10	8	23
Limítrofe	10	10	8	10	12	3	13	5
Deficiente mental leve	12	10	13	8	10	22	3	0
Deficiente mental moderado	0	3	2	0	0	3	0	3

Legenda: QIV = QI Verbal; QIE = QI de Execução; QIT = QI Total; QICV = QI Compreensão Verbal; QIOP = QI Organização Perceptual; QIRD = QI Resistência à Distração; QIVP = QI Velocidade de Processamento; R-2 = Teste Não Verbal de Inteligência para Crianças.

Considerando que o conjunto verbal do WISC-III se relaciona ao raciocínio teórico-reflexivo e à linguagem, os dados sugerem que os itens do R-2 envolvem funções verbais, apesar de ser considerado um teste não verbal. Os resultados foram semelhantes aos de Kluever et al. (1995), que, ao relacionarem o WISC-III às Matrizes Progressivas Coloridas de Raven (teste de estrutura similar ao R-2), observaram que, apesar de este último ser um teste não verbal, seu conjunto de itens envolve também raciocínio verbal.

As correlações do R-2 com o QI Total e o de Execução do WISC-III foram também significativas, ainda que em valores menores. Esse dado sugere que, apesar de a maior correlação ter ocorrido com o QI Verbal do WISC-III, os dois instrumentos apresentaram comunalidades. Entre os índices fatoriais, a maior associação do R-2 foi com Compreensão Verbal, que mede habilidade de raciocínio abstrato e concreto, uso de conhecimento prático e capacidade para o pensamento associativo – aptidões envolvidas nas tarefas do R-2. A menor correlação foi com Velocidade de Processamento, o que significa que o R-2 apresentou pouca relação com os subtestes do WISC-III que medem fator de distração, coordenação e destreza visomotora. Os dados assemelham-se aos de Silva, Thomaz e Nascimento (2008), que, ao correlacionarem o WAIS-III com as Matrizes Progressivas de Raven – Escala Geral, encontraram maior correlação com o QI Verbal e menor com Velocidade de Processamento.

Tabela 14.3   Correlações entre percentis do WISC-III e do R-2

Escalas do WISC-III	Correlação com a amostra geral	Correlação com alunos ≤ 8 anos	Correlação com alunos > 8 anos
Verbal	0,66***	0,66***	0,75***
Execução	0,52***	0,44**	0,59***
Total	0,63***	0,59***	0,72***
Compreensão Verbal	0,63***	0,66***	0,68***
Organização Perceptual	0,52***	0,45**	0,60***
Resistência à Distração	0,62***	0,52**	0,73***
Velocidade de Processamento	0,47***	0,41**	0,53**

Nota: *** Valor $p \leq 0,001$; ** Valor $p \leq 0,010$; * Valor $p > 0,050$

Correlacionando os totais de acertos do R-2 com os escores ponderados dos subtestes do WISC-III, conforme indica a Tabela 14.4, é possível verificar associações mais elevadas do R-2 aos subtestes verbais do WISC-III Semelhanças, Informação e Aritmética, que medem habilidade de raciocínio abstrato e associativo, capacidade para separar detalhes essenciais dos não essenciais, memória de longo prazo, atenção e retenção de conhecimento, assim como a habilidade para resolução de problemas complexos – estratégias envolvidas também na resolução dos itens do teste R-2. Analogamente a isso, Kluever et al. (1995) observaram correlações significativas entre as Matrizes Progressivas Coloridas e os subtestes Vocabulário, Aritmética, Semelhanças e Informação do WISC-III e, ao analisarem as variáveis responsáveis pelo desempenho no Raven, encontraram os subtestes Dígitos e Aritmética como preditores dos percentis.

Tabela 14.4 Correlações entre os pontos ponderados do WISC-III e o total de acertos do R-2

Subtestes WISC-III	Correlação com a amostra geral	Correlação com alunos ≤ 8 anos	Correlação com alunos > 8 anos
Informação	0,71***	0,56***	0,79***
Semelhanças	0,77***	0,60***	0,82***
Aritmética	0,68***	0,54**	0,78***
Vocabulário	0,65***	0,45**	0,79***
Compreensão	0,69***	0,41**	0,75***
Dígitos	0,64***	0,48**	0,76***
Completar Figuras	0,55***	0,36*	0,73***
Código	0,41***	0,09*	0,67***
Arranjo de Figuras	0,68***	0,50**	0,78***
Cubos	0,54***	0,52**	0,65***

Nota: *** Valor $p \leq 0,001$; ** Valor $p \leq 0,026$; * Valor $p > 0,050$

Quanto aos subtestes não verbais, os valores mais significativos de associação ao R-2 foram com Arranjo de Figuras e Cubos, que envolvem capacidade de interpretar detalhes, pensamento sequencial, visualização espacial e conceitualização abstrata – habilidades também essenciais na tarefa do teste R-2. O estudo de Kluever et al. (1995) encontrou a maior correlação com Cubos.

As correlações mais significativas com os subtestes do WISC-III ocorreram entre a faixa etária acima dos oito anos. Os achados indicam que, quando houver necessidade de substituir a aplicação do WISC-III pelo teste R-2, os resultados serão mais confiáveis se obtidos com crianças com idade superior a oito anos.

Considerando os itens do R-2 e os respectivos raciocínios envolvidos, todos os subtestes correlacionaram-se de forma moderada (entre 0,40 e 0,60) com os itens 6, 8 e 9, que incluem, respectivamente, o raciocínio de identidade e a identidade por pares verticais. Os itens 10, 11, 14 e 28, que abrangem raciocínio de identidade por pares verticais, identidade por trios horizontais, raciocínio numérico e analogia/espelho vertical, correlacionaram-se, também, com todos os subtestes, exceto com Código. Todos os subtestes verbais do WISC-III correlacionaram-se com os itens 6, 8, 9, 10, 12, 14, 22 e 24, que envolvem, respectivamente, o raciocínio de identidade, a identidade por pares verticais, analogia/espelho, a identidade por trios horizontais e soma vertical, o raciocínio numérico, a alternância de posição e a soma concreta. Os valores das correlações variaram entre 0,40 e 0,58.

O subteste Aritmética correlacionou-se com o item 14 (r = 0,60) e com os itens 13 e 29 (r = 0,48), que, segundo o manual do R-2, envolvem o raciocínio numérico. Tais itens não demonstraram nenhuma comunalidade com os subtestes Código e Procurar Símbolos, sugerindo que os mesmos não exigem velocidade de processamento mental. O valor correlacional mais elevado foi do item 28 (r = 0,62) com o subteste Arranjo de Figuras, sugerindo que o item avalia organização perceptual, habilidade de raciocínio não verbal, atenção a detalhes e sequenciamento visual. Os dados sugerem que, apesar de cada item do R-2 propor um tipo específico de raciocínio, eles envolvem algumas habilidades cognitivas também exigidas nas respostas dos subtestes do WISC-III.

Os itens 2 a 4, 7, 15 a 17, 19, 20, 21, 23 e 30, que envolvem o raciocínio de completar figuras concretas, identidade por pares horizontais, raciocínio classificatório, completamento de fundo com cruzamento, alternância de figuras, alternância de posição e raciocínio espacial com duas direções, tiveram correlações muito baixas (< 0,40), ou mesmo nenhuma correlação, com os subtestes do WISC-III. O item 1 não foi analisado por não apresentar variância, já que todas as crianças acertaram ou foram auxiliadas na resposta.

As análises apresentadas são uma tentativa e uma proposta de estudo de validade dos itens do teste R-2, apesar de não ser o foco do trabalho apresentado neste capítulo. Inicialmente, algumas hipóteses foram levantadas, por exemplo, que os itens de 2 a 4, que envolvem a tarefa de completar figura concreta, tivessem correlação com o subteste Completar Figuras; entretanto, nenhuma associação significativa foi observada. Os itens 6, 8, 9, 10, 11, 12, 14, 18, 22, 27 e 28, que envolvem raciocínio de identidade, analogia de espelho, completamento de fundo, alternância de posição, figura geométrica, correlacionaram-se com o subteste Cubos, que envolve visualização espacial e integração visomotora, sugerindo construtos comuns.

CONSIDERAÇÕES FINAIS

O instrumento R-2, por ser de fácil e rápida aplicação, tem sido amplamente utilizado para a estimativa da capacidade geral do raciocínio de crianças entre cinco e onze anos. O estudo apresentado teve por objetivo investigar se o teste pode ser eficaz como instrumento de rastreio avaliando habilidades similares às do WISC-III. Os dados demonstraram certa equivalência entre os dois instrumentos, principalmente em crianças acima dos oito anos de idade, sugerindo que ambos avaliam alguns aspectos comuns da inteligência.

Apesar de o teste R-2 ser composto por itens com estímulos não verbais, em aparente contradição correlacionou-se, principalmente, com as escalas Verbal e Total do WISC-III, que envolvem processamento de linguagem verbal (relacionado com a inteligência cristalizada) e capacidade geral de raciocínio. As mais altas correlações foram com os subtestes verbais Semelhanças, Informação e Aritmética e não verbais Arranjo de Figuras e Cubos. Em relação aos índices fatoriais, as correlações mais altas foram com Compreensão Verbal e Resistência à Distração, enquanto a menor foi com Velocidade de Processamento.

Os resultados concordam com outras pesquisas, como as de Purl e Curtis (1970), Kluever et al. (1995), Seagle e Rust (1996), Curran, Elkerton e Steinberg (1996), Bracken e McCallum (1998), Borghese e Gronau (2005) e Silva, Thomaz e Nascimento (2008), e reforçam a opinião de que as medidas da capacidade não verbal normalmente possuem, também, elementos verbais na resposta do sujeito. Os resultados são indicativos de que um teste com formato não verbal não necessariamente contém uma medida pura de seu construto.

O estudo evidenciou a correlação entre os dois instrumentos, fornecendo evidências em níveis satisfatórios de validade. Também mostrou que o teste R-2, por ser um instrumento de aplicação rápida que avalia alguns aspectos semelhantes ao WISC-III, pode ser útil para ensaios educacionais em crianças entre oito e onze anos. Entretanto, estimativas aproximadas não devem eliminar o uso de medidas mais abrangentes.

Uma limitação identificada no estudo foi a falta de contrabalançar a aplicação dos instrumentos, já que o teste R-2 foi administrado sempre depois do WISC-III, podendo ter interferência do viés de cansaço por parte dos examinandos. Outros estudos devem ser replicados, analisando a associação do WISC-III ao R-2 mediante amostras clínicas.

Este estudo propôs-se oferecer aos psicólogos que utilizam as técnicas psicométricas na investigação da capacidade intelectual maior conhecimento a respeito das comunalidades dos testes WISC-III e R-2, e proporcionar maior confiança na utilização de cada instrumento. Pode-se concluir que, apesar de o R-2 e WISC-III apresentarem diversos conteúdos e diferentes estímulos e de exigirem diversos modos de respostas, alguns processos ativos de resolver os problemas são comuns.

REFERÊNCIAS BIBLIOGRÁFICAS

Borghese, P., & Gronau, R. C. (2005). Convergent and discriminant validity of the Universal Nonverbal Intelligence Test with limited English proficient Mexican-American elementary students. *Journal of Psychoeducational Assessment, 23*(2), 128-139.

Brepohl, K., Cazura, M., & Marco, P. (2005). Correlação entre teste R2 de Inteligência Não Verbal e TDE – Teste de Desempenho Acadêmico – subteste Matemática e Predição de Desempenho Acadêmico [resumos]. *IX Seminário de pesquisa da UTP e IV Iniciação Científica.* (Trabalho apresentado na Universidade Tuiuti, Curitiba, PR)

Chiodi, M. G. (2007). *Escala de Inteligência Wechsler para Crianças e Bateria de Habilidades Cognitivas Woodcock-Johnson-III: comparação de instrumentos.* Dissertação de Mestrado, Pontifícia Universidade Católica. Campinas, SP.

Curran, L., Elkerton, D., & Steinberg, M. (1996). Assessment of American Indian Children as measured by the SON-R and WISC-III. *Paper presentation at the National Association of School Psychologist 28th annual National Convention.* Atlanta, GA. Recuperado em 11 de janeiro de 2009, de http://www.eric.ed.gov

Figueiredo, V. L. M. (2001). *Uma adaptação brasileira do teste de inteligência WISC-III.* Tese de Doutorado, Instituto de Psicologia, Universidade de Brasília.

Kluever, R. C., Smith, D. K., Green, K. E., Holm, C. B., & Dimson, C. (1995). The WISC-III and Raven Coloured Progressive Matrices Test: a pilot study of relationships. *Paper presented at the Annual Meeting of the American Educational Research Association.* San Francisco, CA. Recuperado em 09 de janeiro de 2009, de http://www.eric.ed.gov

Lopes, R. F. F., Moreira, A. P. G., Guimarães, C. A., & Lopes, E. J. (2006). Características psicométricas da Bateria Padrão do Universal Nonverbal Intelligence Test (UNIT): um estudo preliminar. *Psicologia Escolar e Educacional, 10*(2), 273-282.

Nascimento, E. (2000). *Validação e adaptação do teste WAIS-III para um contexto brasileiro.* Tese de Doutorado [não publicada], Instituto de Psicologia, Universidade de Brasília.

Pasquali, L. (2003). *Psicometria: teoria dos testes na psicologia e na educação.* Petrópolis: Vozes.

Pasquali, L. (2007). Validades dos testes psicológicos: será possível reencontrar o caminho?. *Psicologia: Teoria e pesquisa, 23* (especial), 99-107.

Primi, R. (2003). Inteligência: avanços nos modelos teóricos e nos instrumentos de medida. *Avaliação psicológica, 2*(1), 67-77.

Purl, M. C. & Curtis, J. (1970). *Raven's Progressives Matrices Test correlation with measures of Lorge-Thordike and Wechsler Intelligence Tests.* Recuperado em 17 de dezembro de 2008, http://www.eric.ed.gov

Rosa, H. R., & Alves, I. C. B. (2000). *R-2: Teste Não Verbal de Inteligência para Crianças Manual.* São Paulo: Vetor.

Seagle, D. & Rust, J. O. (1996). Concurrent validity of K-BIT using the WISC-III as the criterion. Recuperado em 17 de dezembro de 2008 de http://www.eric.ed.gov

Silva, D. R., Thomaz, R. A., & Nascimento, E. N. (2008). Correlação entre os testes WAIS-III e Raven (Escala Geral) em uma amostra de pessoas com retardo mental [resumos]. Sociedade Brasileira de Psicologia (Org.), *Anais da XXXVIII Reunião Anual da Sociedade Brasileira de Psicologia* (p. 34). Uberlândia, MG.

Urbina, S. (2007). Fundamentos em validade. In S. Urbina, *Fundamentos da Testagem Psicológica* (pp. 155- 212). Porto Alegre: Artmed.

Wechsler, D. (1944). *The measurement of adult intelligence*. Baltimore: Williams and Wilkins.

Wechsler, D. (1991). *Wechesler Intelligence Scale for Children – Third Edition (WISC-III): Manual*. San Antonio: Psychological Corporation.

Wechsler, D. (2002). WISC-III: *Escalas de Inteligência Wechsler para Crianças – Terceira Edição: Manual*. (V. L. M. Figueiredo, adaptação e padronização brasileira). São Paulo: Casa do Psicólogo.

CAPÍTULO 15

REFINAMENTO DAS NORMAS DE INTERPRETAÇÃO DO TESTE WISC-III PARA O CONTEXTO BRASILEIRO

Vera L. M. de Figueiredo
Viviane L. D. de Mattos
Jaciana M. G. Araújo

No estudo de validação e adaptação do WISC-III para o Brasil foram estabelecidas normas preliminares para interpretação do teste, organizadas para seis grupos etários: seis anos, sete anos, oito e nove anos, dez e onze anos, doze e treze anos e catorze a dezesseis anos, a partir de uma amostra de 801 sujeitos. O trabalho não estabeleceu critérios para cada uma das onze faixas etárias (de seis a dezesseis anos), como foi feito para a amostra de padronização americana, devido à falta de uma representação amostral maior. Por esta razão, a autora alertou para a necessidade de cautela na interpretação dos dados a partir das referidas normas preliminares (Figueiredo, 2001).

Entretanto, dando continuidade ao estudo de validação, a pesquisadora desenvolveu o projeto *"Ampliação das normas de interpretação do WISC-III adaptado ao contexto brasileiro"* financiado pelo CNPq[1]. Neste novo estudo, foram testados mais sujeitos, possibilitando a elaboração de normas para as onze faixas etárias. As normas foram, então, refeitas, transformando os escores brutos dos doze subtestes em escores ponderados. As escalas de QIs foram recalculadas, assim como os percentis e os intervalos de confiança.

DESCRIÇÃO DA AMOSTRA DE REFINAMENTO

A amostra de refinamento foi composta pelos sujeitos que participaram do estudo que estabeleceu as normas preliminares (N = 801), selecionados na cidade de Pelotas (RS), e foi acrescida de 448 sujeitos da cidade de Rio Grande (RS), ampliando, assim, a representatividade regional. As análises foram, então,

---

1 O Conselho Nacional de Desenvolvimento Científico e Tecnológico (conhecido pela sigla de seu antigo nome até 1971, Conselho Nacional de Pesquisa) é um órgão do Ministério da Ciência e Tecnologia, cujo fim é incentivar a pesquisa no Brasil.

refeitas para um grupo total de 1249 sujeitos, cujas características estão apresentadas na Tabela 15.1.

Tabela 15.1   Características sociodemográficas da amostra de refinamento (N = 1249)

Característica		n	% de sujeitos
Sexo	Masculino	613	49,1
	Feminino	636	50,9
Vínculo da escola	Pública	1034	82,8
	Particular	215	17,2
Localização da escola	Centro	614	49,2
	Periferia	635	50,8
Cidade	Pelotas	801	64,1
	Rio Grande	448	35,9

Na composição desta amostra de refinamento, houve a preocupação com o emparelhamento da quantidade de sujeitos em cada uma das onze faixas etárias. Para tal, foi considerado que o maior desvio padrão nas diversas escalas de QI, por faixa etária, não deveria ultrapassar dezessete pontos. Adotando-se $\alpha = 0,05$, $\beta = 0,15$ e erro amostral máximo de cinco pontos, estimou-se que a quantidade mínima de sujeitos em cada faixa etária seria de 104. Os excedentes não foram, entretanto, desconsiderados.

A Figura 15.1 apresenta a distribuição dos sujeitos na amostra de padronização e na amostra de refinamento.

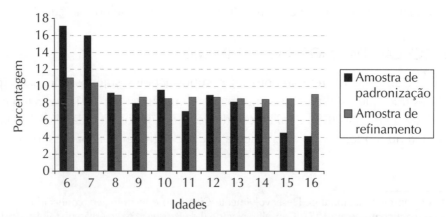

Figura 15.1   Distribuição dos sujeitos nas duas amostras segundo a idade

ANÁLISE EXPLORATÓRIA DE DADOS

Esta análise foi realizada com os dados brutos, considerando-se os doze subtestes individualmente. Teve por objetivo investigar algumas de suas propriedades, tais como: assimetria, curtose e normalidade da distribuição e presença de *outliers* (valores distantes). Foram considerados os 1249 sujeitos e as onze faixas etárias.

Após a construção de tabelas com frequências absolutas e percentuais, foram calculadas as principais medidas descritivas (média aritmética, desvio padrão, mediana, quartil inferior, quartil superior, desvio interquartílico, valor mínimo, valor máximo, coeficiente de assimetria e coeficiente de curtose). Também foram traçados alguns gráficos, tais como histograma, *box plot* e gráfico de probabilidade normal.

Tabela 15.2 Medidas descritivas dos escores brutos obtidos nos subtestes

Subteste	Escore máximo esperado	Escores observados			
		Menor escore	Maior escore	Média	DP
Completar Figuras	30	0	30	16,05	5,55
Informação	30	1	30	14,31	6,21
Código	65(A)/ 119 (B)	0	98	42,91	16,45
Semelhanças	33	0	32	12,63	6,31
Arranjo de Figuras	64	0	56	23,78	13,17
Aritmética	30	0	28	14,93	4,32
Cubos	69	0	69	32,29	18,77
Vocabulário	60	0	54	24,11	9,72
Armar Objetos	45	0	45	26,77	11,45
Compreensão	36	0	31	15,43	5,96
Procurar Símbolos	45	2	45	22,80	8,04
Dígitos	30	1	25	11,47	3,94

A Tabela 15.2 apresenta algumas medidas descritivas de cada um dos doze subtestes, evidenciando a grande variabilidade dos resultados na amostra, uma propriedade desejada. Sendo zero a pontuação mínima de cada subteste, esta somente não foi registrada em três deles (Informação,

Procurar Símbolos e Dígitos). Entretanto, em cinco subtestes (Completar Figuras, Informação, Cubos, Armar Objetos e Procurar Símbolos) as pontuações atingiram o valor máximo de cada prova. A menor variabilidade absoluta foi a do subteste Dígitos, enquanto que a maior foi em Cubos. Quando analisado em termos de valores relativos, o menor coeficiente de variabilidade foi no subteste Aritmética (28,94%), enquanto que as maiores foram em Cubos (58,13%) e Armar Objetos (55,43%). Já os escores médios variaram muito em função de grandes diferenças nos escores máximos permitidos em cada subteste. Entretanto, a menor pontuação central relativa (razão entre a média observada e o escore máximo esperado) ocorreu nos subtestes Semelhanças, Arranjo de Figuras e Dígitos (em torno de 38%) enquanto que a maior foi encontrada em Armar Objetos (em torno de 60%). Tais valores sugerem que os primeiros subtestes contêm itens mais difíceis, e o último, itens mais fáceis.

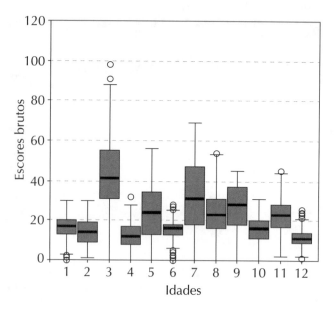

Legenda: 1 = Completar Figuras; 2 = Informação; 3 = Código; 4 = Semelhanças; 5 = Arranjo de Figuras; 6 = Aritmética; 7 = Cubos; 8 = Vocabulário; 9 = Armar Objetos; 10 = Compreensão; 11 = Procurar Símbolos; 12 = Dígitos.

Figura 15.2   Box plot dos escores brutos dos doze subtestes

A Figura 15.2 apresenta *box plots* para os escores brutos de todos os subtestes, nos quais é possível constatar a não existência de assimetria muito acentuada, bem como a presença, em sete dos doze subtestes, de valores que poderiam ser considerados *outliers*. Neste gráfico, é possível observar que Semelhanças (4) apresenta apenas um possível *outlier* superior e, junto com Arranjo de Figuras (5), uma concentração um pouco maior de escores abaixo da média, sugerindo que as duas provas exigem maior capacidade intelectual dos examinados. Em Dígitos (12), os escores mais altos sugerem a presença de *outliers* que, se desconsiderados, diminuiriam ainda mais as medidas de tendência central, indicando a dificuldade do subteste. Também no gráfico fica evidenciado que em Armar Objetos (9) há uma concentração um pouco maior de escores acima da média, sugerindo se tratar de uma prova fácil.

Histogramas e gráficos de probabilidade normal reforçam os resultados já apresentados. O histograma possibilitou, também, visualizar um problema de curtose nos subtestes Armar Objetos (9) e Cubos (7), confirmando maior variabilidade de escores nestas provas.

NORMAS DE REFINAMENTO

As tabelas de normas e conversões da amostra de refinamento são apresentadas no Apêndice A. As primeiras tabelas (15.A.1.1 – 15.A.1.11) estão apresentadas para as onze faixas etárias, oferecendo os pontos ponderados equivalentes para os escores brutos obtidos em cada subteste. As demais tabelas (15.A.2 a 15.A.8) apresentam escores para as sete escalas em QI. As tabelas oportunizarão escores ponderados mais representativos da idade da criança e, consequentemente, interpretações mais precisas.

REFERÊNCIAS BIBLIOGRÁFICAS

Figueiredo, V. L. M. (2001). *Uma adaptação brasileira do teste de inteligência WISC-III*. Tese de Doutorado. Instituto de Psicologia, Universidade de Brasília.

APÊNDICE – TABELAS DE NORMAS E CONVERSÕES DA AMOSTRA DE REFINAMENTO

Tabela 15.A.1.1   Escores ponderados equivalentes aos resultados brutos   6a, 0 m 0 d – 6a, 11m, 29 d

Escores Ponderados	Subtestes Verbais						Escores Ponderados
	Informação	Semelhanças	Aritmética	Vocabulário	Compreensão	Dígitos	
1	–	-	-	0-1	-	-	1
2	-	-	-	2	-	-	2
3	1	-	0	3	0	0-1	3
4	-	0	1	4	1	2	4
5	2	1	2	5-6	2	3	5
6	3	2	3	7	3	4	6
7	-	3	4	8-9	4	-	7
8	4	4	5-6	10	5	5	8
9	5	5	7	11	6-7	6	9
10	-	-	8	12-13	8	7	10
11	6	6	9	14	9	8	11
12	7	7	10	15-16	10	9	12
13	-	8	11	17	11	-	13
14	8	9	12-13	18	12	10	14
15	9	10	14	19	13-14	11	15
16	-	11	15	20-21	15	12	16
17	10	12	16	22	16	13	17
18	-	13	17	23	-	14	18
19	11-30	14-33	18-30	24-60	18-36	15-30	19

Subtestes de Execução

Escores Ponderados	Completar Figuras	Código	Arranjo de Figuras	Cubos	Armar Objetos	Procurar Símbolos	Escores Ponderados
1	-	-	-	-	-	-	1
2	-	-	-	-	-	-	2
3	-	-	-	-	-	0-1	3
4	0-1	0-3	-	-	-	-	4
5	2	4-7	-	-	0-1	2-3	5
6	3	8-11	0	0-1	2-4	4-6	6
7	4-5	12-15	1-2	2-3	5-7	7-8	7
8	6	16-19	3-4	4-6	8-10	9-10	8
9	7	20-23	5-6	7-8	11-12	11-12	9
10	8-9	24-27	7-8	9-10	13-15	13-14	10
11	10	28-31	9-10	11-13	16-18	15-17	11
12	11	32-35	11-12	14-15	19-21	18-19	12
13	12-13	36-39	13-14	16-18	22-24	20-21	13
14	14	40-44	15-16	19-20	25-27	22-23	14
15	15	45-47	17-18	21-23	28-30	24-25	15
16	16-17	48-50	19-21	24-25	31-34	26-28	16
17	18	51-62	22	26-29	35	29-30	17
18	19	-	23	30	36	31	18
19	20-30	63-119	24-64	31-69	37-45	32-45	19

Tabela 15.A.1.2   Escores ponderados equivalentes aos resultados brutos   7a, 0 m 0 d – 7a, 11m, 29 d

	Subtestes Verbais						
Escores Ponderados	Informação	Semelhanças	Aritmética	Vocabulário	Compreensão	Dígitos	Escores Ponderados
1	-	-	0-1	0-2	-	0-1	1
2	0-1	-	2	3-4	0-1	-	2
3	-	0-1	3	5	-	2	3
4	2	-	4	6	2	3	4
5	-	-	5	7-8	3	4	5
6	3	2	6	9	4-5	-	6
7	4	3	7	10-11	6	5	7
8	5	4	8	12	7	6	8
9	6	5-6	9	13-14	8	7	9
10	7	7	10	15	9	8	10
11	8	8	11	16	10-11	9	11
12	9	9	12	17-18	12	10	12
13	10	10	13	19	13	11	13
14	11	11	14	20-21	14	-	14
15	12	12	15	22	15	12	15
16	13	13	16	23-24	16-17	13	16
17	14	14	17	25	18	14	17
18	15	15	18	26-27	19	15	18
19	16-30	16-33	19-30	28-60	20-36	16-30	19

Escores Ponderados	Completar Figuras	Código	Arranjo de Figuras	Cubos	Armar Objetos	Procurar Símbolos	Escores Ponderados
			Subtestes de Execução				
1	-	0-2	-	-	-	0-2	1
2	-	3	-	-	-	3	2
3	0-1	4-6	-	-	0-1	4	3
4	2	7-8	-	-	-	5	4
5	3-4	9-15	-	-	2-3	6-7	5
6	5	16-19	0-1	0-2	4-6	8-10	6
7	6	20-22	2-4	3-5	7-9	11-12	7
8	7-8	23-26	5-7	6-8	10-12	13-14	8
9	9	27-30	8-9	9-11	13-14	15-17	9
10	10	31-34	10-12	12-14	15-17	18-19	10
11	11-12	35-37	13-15	15-18	18-20	20-21	11
12	13	38-41	16-17	19-20	21-22	22-24	12
13	14	42-45	18-20	21-24	23-25	25-26	13
14	15-16	46-49	21-23	25-27	26-27	27-28	14
15	17	50-54	24-25	28-30	28-31	29-30	15
16	18	55-57	26-28	31-33	32-33	31-32	16
17	19-20	58-60	29-31	34-69	34	33-34	17
18	21	61-119	32-33	-	35-38	35-45	18
19	22-30	-	34-64	-	41-45	-	19

Tabela 15.A.1.3   Escores ponderados equivalentes aos resultados brutos   8a, 0 m 0 d – 8a, 11m, 29 d

	Subtestes Verbais						
Escores Ponderados	Informação	Semelhanças	Aritmética	Vocabulário	Compreensão	Dígitos	Escores Ponderados
1	0-1	-	0-2	0-1	0-1	0-2	1
2	2	-	3-8	3-4	2	3	2
3	3	0-1	-	5-6	3	4	3
4	4	2	9	7-8	4-5	5	4
5	5	3-4	10	9-10	6	6	5
6	6	5	11	11-12	7	7	6
7	7	6	-	13-14	8	-	7
8	8	7	12	15-16	9	8	8
9	9	8	13	17	10-11	9	9
10	10	9	-	18-19	12	10	10
11	11	10	14	20-21	13	-	11
12	12	11	15	22-23	14	11	12
13	13	12	16	24	15-16	12	13
14	14-15	13	-	25-26	17	13	14
15	16	14	17	27-28	18	-	15
16	17	15-16	18	29-31	19	14	16
17	18	17	-	32	20-21	15	17
18	19	18	19	33	22	16	18
19	20-30	19-33	20-30	34-60	23-36	17-30	19

			Subtestes de Execução				
Escores Ponderados	Completar Figuras	Código	Arranjo de Figuras	Cubos	Armar Objetos	Procurar Símbolos	Escores Ponderados
1	0-2	0-9	-	-	-	0-1	1
2	3	10-13	-	0-2	0-1	3-4	2
3	4-5	-	-	2	-	5	3
4	6	14-16	0-2	3	2-4	6-7	4
5	7	17-18	3-4	4	5-6	8-9	5
6	8-9	19-21	5-7	5-8	7-9	10	6
7	10	22-23	8-10	9-12	10-12	11-12	7
8	11	24-25	11-12	13-15	13-16	13-14	8
9	12-13	26-27	13-15	16-19	17-19	15	9
10	14	28-30	16-17	20-23	20-22	16-17	10
11	15	31-32	18-20	24-27	23-25	18-19	11
12	16	33-34	21-23	28-31	26-28	20	12
13	17-18	35-37	24-25	32-34	29-31	21-22	13
14	19	38-39	26-28	35-38	32-36	23	14
15	20	40-41	29-30	39-42	37-38	24-25	15
16	21	42-47	31-33	43-44	39-41	26-27	16
17	22-23	-	34-40	45-69	42-45	28	17
18	24	48-119	-	-	-	29-30	18
19	25-30	-	41-64	-	-	31-45	19

Tabela 15.A.1.4   Escores ponderados equivalentes aos resultados brutos

9a, 0 m 0 d 9–a, 11m, 29 d

Escores Ponderados	Subtestes Verbais						Escores Ponderados
	Informação	Semelhanças	Aritmética	Vocabulário	Compreensão	Dígitos	
1	0-2	0-1	0-8	0-2	0-2	0-1	1
2	3-4	-	9	3-4	3	3-4	2
3	5	2	-	5-6	4-5	5	3
4	6	-	10	7-9	6	6	4
5	7	3	11	10-11	7	-	5
6	8	4-5	-	12-13	8-9	7	6
7	9	6	12	14-15	10	8	7
8	10	7	13	16-17	11	9	8
9	11	8-9	-	18-19	12-13	-	9
10	12	10	14	20-21	14	10	10
11	13	11	15	22-23	15	11	11
12	14	12	16	24-25	16-17	-	12
13	15	13-14	-	26-27	18	12	13
14	16	15	17	28-29	19	13	14
15	17	16	18	30	20	14	15
16	18	17-18	19	31-32	21-22	-	16
17	19	19	20	33-34	23	15	17
18	20	20	21	35-36	24	16	18
19	21-30	21-33	22-30	37-60	25-36	17-30	19

Escores Ponderados	Completar Figuras	Código	Arranjo de Figuras	Cubos	Armar Objetos	Procurar Símbolos	Escores Ponderados
			Subtestes de Execução				
1	0-4	0-2	-	-	0-1	0-1	1
2	5	3-14	0-1	0-1	2	3-4	2
3	6	-	2	2	3	5-9	3
4	7-8	15-19	-	3	4-5	-	4
5	9	20-22	3-5	4-7	6-8	10-12	5
6	10	23	6-9	8-10	9-11	13	6
7	11	24-27	10-11	11-14	12-14	14	7
8	12-13	28-29	12-14	15-18	15-17	15-16	8
9	14	30-32	15-17	19-21	18-20	17	9
10	15	33-34	19-20	22-25	21-23	18-19	10
11	16	35-37	21-23	26-29	24-26	20	11
12	17-18	38-39	24-26	30-33	27-29	21-22	12
13	19	40-42	27-29	34-35	30-32	23	13
14	20	43-44	30-31	36-40	33-36	24	14
15	21-22	45-47	32-35	41-44	37-38	25-26	15
16	23	-	36	45-46	39-45	27-28	16
17	24	48-50	37-64	47-52	-	29	17
18	25	-	-	53-69	-	30	18
19	26-30	51-119	-	-	-	31-45	19

Tabela 15.A.1.5   Escores ponderados equivalentes aos resultados brutos

10a, 0 m 0 d – 10a, 11m, 29 d

Subtestes Verbais							
Escores Ponderados	Informação	Semelhanças	Aritmética	Vocabulário	Compreensão	Dígitos	Escores Ponderados
1	0-2	-	0-10	0-2	0-2	0-2	1
2	3-4	0	-	3-4	3-7	3	2
3	5-6	1-2	-	5-6	8	4	3
4	7-8	-	11	7-12	9	5	4
5	9	3-5	12	13-14	10	6	5
6	10	6	13	15-16	11	7	6
7	11	7-8		17-18	12	8	7
8	12	9	14	19-20	13	9	8
9	13-14	10	15	21-22	14-15	10	9
10	15	11-12	-	23-24	16	11	10
11	16	13	16	25	17	12	11
12	17	14-15	17	26-27	18	13	12
13	18	16	18	28-29	19	14	13
14	19	17-18	-	30-31	20	15	14
15	20	19	19	32-33	21	16	15
16	21	20-21	20	34	22-23	17	16
17	22	22	-	35-37	24	18	17
18	23	23	21	-	25	19	18
19	24-30	24-33	22-30	39-60	26-36	20-30	19

Escores Ponderados	Completar Figuras	Código	Arranjo de Figuras	Cubos	Armar Objetos	Procurar Símbolos	Escores Ponderados
			Subtestes de Execução				
1	0-2	0-2	0-2	0-2	0-2	0-2	1
2	3-4	3-14	3-4	3	3-4	3-4	2
3	5-6	-	5-6	4	5-10	5-11	3
4	7-10	15-22	7-11	5-8	11	12	4
5	11	23-24	12-13	9-10	12-15	13-14	5
6	12	25-27	14-16	11-16	16-18	15	6
7	13	28-30	17-18	17-20	19-20	16-17	7
8	14	31-33	19-21	21-24	21-23	18	8
9	15	34-36	22-24	25-28	24-26	19-20	9
10	16-17	37-39	25-27	29-31	27-28	21	10
11	18	40-42	28-30	32-35	29-31	22-23	11
12	19	43-45	31-32	36-39	32-34	24	12
13	20	46-48	33-35	40-43	35-36	25-26	13
14	21	49-52	36-38	44-46	37-38	27	14
15	22	53-54	39-42	47-50	39-42	28-29	15
16	23	55-57	43	51-54	43-44	30	16
17	24	58-59	44-45	-	45	31	17
18	25	60-119	46-47	55-69	-	32	18
19	26-30	-	48-64	-	-	33-45	19

Tabela 15.A.1.6   **Escores ponderados equivalentes aos resultados brutos**   11a, 0 m 0 d –11a, 11m, 29 d

Escores Ponderados	Informação	Semelhanças	Aritmética	Vocabulário	Compreensão	Dígitos	Escores Ponderados
1	0-2	-	0-2	0-2	0-2	0-2	1
2	3-4	-	3-4	3-4	3-4	3-4	2
3	5-6	0-3	5-6	5-9	5-8	5-6	3
4	7-8	4	7-12	10-11	9	7	4
5	9	5	13	12-13	10	8	5
6	10-11	6-7	-	14-17	11	-	6
7	12	8	14	18-19	12-13	9	7
8	13	9-10	15	20-21	14	10	8
9	14	11-12	-	22-23	15	11	9
10	15-16	13	16	24-25	16-17	12	10
11	17	14-15	17	26-28	18	13	11
12	18	16-17	-	29-30	19	14	12
13	19-20	18	18	31-32	20	15	13
14	21	19-20	19	33-34	21-22	16	14
15	22	21-22	-	35	23	17	15
16	23-24	23	20	36-38	24	18	16
17	25	24	21	-	25	19	17
18	26	25	22	39-60	26-27	20	18
19	27-30	26-33	23-30	-	28-36	21-30	19

Escores Ponderados	Completar Figuras	Código	Arranjo de Figuras	Cubos	Armar Objetos	Procurar Símbolos	Escores Ponderados
			Subtestes de Execução				
1	0-2	0-2	0-2	0-2	0-1	0-2	1
2	3-8	3-4	3-4	3-4	2-4	3-4	2
3	-	5-24	5-6	5	5-9	5-6	3
4	9-10	-	7-8	6-8	10-13	7-14	4
5	-	25-30	9-11	9-13	14-15	15-16	5
6	11-13	31-33	12-14	14-18	16-18	-	6
7	14	34-36	15-18	19-22	19-21	17-19	7
8	15	37-39	19-21	23-27	22-24	20	8
9	16	40-41	22-24	28-32	25-27	21-22	9
10	17	42-44	25-27	33-36	28-30	23-24	10
11	18-19	45-47	28-31	37-41	31-32	25	11
12	20	48-49	32-34	42-46	33-36	26-27	12
13	21	50-53	35-37	47-49	37-39	28-29	13
14	22	54-56	38-40	50-53	40-42	30	14
15	23-24	57-59	41-50	54-59	43-45	31	15
16	25	60-62	-	60-64	-	32	16
17	26	-	-	65-69	-	33-45	17
18	27	63-67	51-53	-	-	-	18
19	28-30	68-119	54-64	-	-	-	19

Tabela 15.A.1.7   Escores ponderados equivalentes aos resultados brutos

12a, 0 m 0 d – 12a, 11m, 29 d

	Subtestes Verbais						
Escores Ponderados	Informação	Semelhanças	Aritmética	Vocabulário	Compreensão	Dígitos	Escores Ponderados
1	0-2	-	0-2	0-2	0-2	0-2	1
2	3-4	0-1	3-11	3-4	3-4	3-4	2
3	5-8	-	-	5-11	5-8	5	3
4	9	2-4	12	12	-	6	4
5	10	5-6	13	13-16	9-11	7	5
6	11-12	7-8	14	17-18	12	8	6
7	13	9	15	19-21	13-14	9	7
8	14	10-11	-	22-23	15	10-11	8
9	15	12-13	16	24-25	16	12	9
10	16-17	14-15	17	26-28	17-18	13	10
11	18	16	18	29-30	19	14	11
12	19	17-18	-	31-33	20	15	12
13	20	19-20	19	34-35	21-22	16	13
14	21-22	21-22	20	36-37	23	17	14
15	23	23	21	38-40	24	18	15
16	24	24-25	22	41-42	25	19	16
17	25-26	26-27	-	43-60	26-27	20	17
18	27	28	23	-	28	21	18
19	28-30	29-33	24-30	-	29-36	22-30	19

Escores Ponderados	Completar Figuras	Código	Arranjo de Figuras	Cubos	Armar Objetos	Procurar Símbolos	Escores Ponderados
Subtestes de Execução							
1	0-9	0-15	0-1	0-2	0-2	0-2	1
2	-	-	2-7	3-4	3-5	3-4	2
3	10	-	8	5-6	6-9	5-6	3
4	11-12	16-27	9-11	7-14	10-11	7-14	4
5	13	28-31	12-15	15-17	12-15	15-16	5
6	14	32-34	16-18	18-23	16-18	17-18	6
7	15	35-38	19-21	24-27	19-21	19-20	7
8	16	39-42	22-25	28-32	22-24	21-22	8
9	17	43-46	26-28	33-36	25-27	23-24	9
10	18	47-50	29-31	37-41	28-31	25-26	10
11	19	51-54	32-35	42-45	32-34	27-28	11
12	20	55-57	36-38	46-50	35-37	29	12
13	21	58-61	39-42	51-54	38-40	30-31	13
14	22	62-65	43-45	55-58	41-43	32-33	14
15	23	66-69	46-52	59-62	44-45	34-35	15
16	24-25	70-73	53-64	63-69	-	36	16
17	26	74	-	-	-	37-38	17
18	27	75-79	-	-	-	39-45	18
19	28-30	80-119	-	-	-	-	19

Tabela 15.A.1.8   Escores ponderados equivalentes aos resultados brutos   13a, 0 m 0 d – 13a, 11m, 29 d

Escores Ponderados	Informação	Semelhanças	Aritmética	Vocabulário	Compreensão	Dígitos	Escores Ponderados
			Subtestes Verbais				
1	0-2	0-2	0-2	0-2	0-2	0-2	1
2	3-10	3-4	3-4	3-4	3-4	3-4	2
3	-	5-6	5-6	5-11	5-11	5-6	3
4	11	7	7-13	12-15	12	7	4
5	12	8-9	14	16-17	13	8	5
6	13-14	10	-	18+20	14	9	6
7	15	11-12	15	21-22	15	10	7
8	16	13	16	23-25	16-17	11	8
9	17	14-15	-	26-27	18	12	9
10	18	16	17	28-30	19	13	10
11	19	17-18	18	31-32	20	14	11
12	20-21	19	-	33-35	21	15	12
13	22	20-21	19	36-37	22	16	13
14	23	22	20	38-39	23-24	17	14
15	24	23-24	-	40-42	25	18	15
16	25	25	21	43-60	26	19	16
17	26	26-27	22	-	27	20	17
18	27	28	23	-	28	21	18
19	28-30	29-33	24-30	-	29-36	22-30	19

Subtestes de Execução

Escores Ponderados	Completar Figuras	Código	Arranjo de Figuras	Cubos	Armar Objetos	Procurar Símbolos	Escores Ponderados
1	0-9	0-2	0-2	0-2	0-2	0-2	1
2	10-11	3-4	3-4	3-4	3-4	3-14	2
3	-	5-28	5-6	5-6	5-12	15-16	3
4	-	29-30	7-13	7-16	13-15	-	4
5	12-13	31-35	14-15	17-20	16-17	17-19	5
6	14	36-39	16-18	21-25	18-21	20-21	6
7	15	40-42	19-21	26-30	22-24	22-23	7
8	16	43-46	22-25	31-34	25-27	24	8
9	17-18	47-49	26-28	35-39	28-30	25-26	9
10	19	50-53	29-31	40-43	31-33	27-28	10
11	20	54-56	32-35	44-47	36-36	29	11
12	21	57-59	36-38	48-52	37-39	30-31	12
13	22	60-63	39-41	53-56	40-42	32-33	13
14	23	64-65	42-44	57-60	43-45	34-35	14
15	24	66-68	45-48	61-65	-	36	15
16	25	69-72	49-54	66-69	-	37-38	16
17	26	73-77	-	-	-	-	17
18	27	78-119	55-64	-	-	39-41	18
19	28-30	-	-	-	-	42-45	19

Tabela 15.A.1.9 Escores ponderados equivalentes aos resultados brutos   14a, 0 m 0 d –14a, 11m, 29 d

Escores Ponderados	Informação	Semelhanças	Aritmética	Vocabulário	Compreensão	Dígitos	Escores Ponderados
			Subtestes Verbais				
1	0-5	0-2	0-9	0-8	0-7	0-2	1
2	6-11	3-4	10-11	9-11	8-9	3-4	2
3	-	5-6	12	-	10-11	5-6	3
4	12-13	7-9	-	12-16	12	7	4
5	14	10	-	17-18	13	8	5
6	15	11-12	13-14	19-21	14	9	6
7	16	13	15	22-24	15-16	10-11	7
8	17	14-15	16	25-26	17	12	8
9	18	16	17	27-29	18	13	9
10	19	17	18	30-31	19-20	14-15	10
11	20	18-19	19	32-34	21	16	11
12	21-22	20	-	35-37	22	17	12
13	23	21-22	20	38-39	23	18	13
14	24	23	21	40-42	24-25	19-20	14
15	25	24-25	22	43-44	26	21	15
16	26	26	23	-	27	22	16
17	27	27	24	45-60	28	23-24	17
18	28	28	25	-	29	25	18
19	29-30	29-33	26-30	-	30-36	26-30	19

Subtestes de Execução							
Escores Ponderados	Completar Figuras	Código	Arranjo de Figuras	Cubos	Armar Objetos	Procurar Símbolos	Escores Ponderados
1	0-2	0-19	0-2	0-2	0-2	0-2	1
2	3-4	-	3-4	3-4	3-14	3-4	2
3	5-12	-	5-6	5-14	15-20	5-6	3
4	13-14	20-35	7-10	15-22	21	7-18	4
5	15	36-39	11-14	23-26	22-23	19	5
6	16	40-43	15-18	27-30	24-26	20-21	6
7	17	44-47	19-21	31-36	27-28	22-23	7
8	18	48-50	22-25	37-40	29-31	24-25	8
9	19	51-54	26-29	41-45	32-33	26-27	9
10	20	55-58	30-34	46-50	34-36	28-29	10
11	21	59-62	35-36	51-54	37-39	30-31	11
12	22	63-66	37-40	55-59	40-41	32	12
13	23	67-70	41-43	60-64	42-44	33-34	13
14	24	71	44-47	65-68	45	35-36	14
15	25	72-78	48-53	69	-	37-38	15
16	26	79	54	-	-	39-40	16
17	27	80-86	55-57	-	-	41	17
18	28	87-119	58-64	-	-	42-45	18
19	29-30	-	-	-	-	-	19

Tabela 15.A.1.10 Escores ponderados equivalentes aos resultados brutos

15a, 0 m 0 d – 15a, 11m, 29 d

Escores Ponderados	Informação	Semelhanças	Aritmética	Vocabulário	Compreensão	Dígitos	Escores Ponderados
			Subtestes Verbais				
1	0-2	0-2	0-11	0-2	-	0-6	1
2	3-4	3-4	-	3-12	0-9	-	2
3	5-12	5-6	-	13	-	-	3
4	13	7-11	12-13	14-18	10-12	7-9	4
5	14	12	14	19-21	13	10	5
6	15-16	13	15	22-24	14-15	11	6
7	17	14-15	16	25-26	16	12	7
8	18	16	17	27-29	17-18	13	8
9	19-20	17-18	18	30-32	19-20	14	9
10	21	19	19	33-35	21	15	10
11	22	20-21	20	36-38	22-23	16	11
12	23	22	21	39-40	24	17	12
13	24-25	23-24	-	41-43	25-26	18	13
14	26	25	22	44-46	27	19	14
15	27	26-27	23	47-49	28-29	20	15
16	28-29	28	24	50-60	30	21	16
17	30	29	25	-	31	22	17
18	-	30-32	26	-	32	23	18
19	-	33	27-30	-	33-36	24-30	19

Escores Ponderados	Completar Figuras	Código	Arranjo de Figuras	Cubos	Armar Objetos	Procurar Símbolos	Escores Ponderados
			Subtestes de Execução				
1	0-2	0-15	0-2	0-10	0-2	0-2	1
2	3-11	-	3-11	-	3-4	3-13	2
3	-	16-27	12-14	11-19	5-19	14	3
4	-	28-33	15-16	20-21	20-22	-	4
5	12-14	34-35	17-19	22-29	23-25	15-20	5
6	15	36-42	20-23	30-34	26-27	21-22	6
7	16-17	43-47	24-26	35-38	28-30	23-25	7
8	18	48-52	27-30	39-43	31-32	26-27	8
9	19	53-57	31-33	44-48	33-35	28-29	9
10	20-21	58-61	34-37	49-52	36-37	30-31	10
11	22	62-66	38-40	53-57	38-40	32-34	11
12	23	67-71	41-44	58-62	41-42	35-36	12
13	24-25	72-76	45-47	63-66	43-45	37-38	13
14	26	77-80	48-52	67-69	-	39-41	14
15	27-28	81-85	53-55	-	-	42	15
16	29	86	56-64	-	-	43-45	16
17	30	87-119	-	-	-	-	17
18	-	-	-	-	-	-	18
19	-	-	-	-	-	-	19

Tabela 15.A.1.11   Escores ponderados equivalentes aos resultados brutos

16a, 0 m 0 d – 16a, 11m, 29 d

			Subtestes Verbais				
Escores Ponderados	Informação	Semelhanças	Aritmética	Vocabulário	Compreensão	Dígitos	Escores Ponderados
1	0-10	0-2	0-2	0-2	0-2	0-2	1
2	11-13	3-11	3-4	3-4	3-4	3-4	2
3	-	12	5-14	5-18	5-6	5-6	3
4	14	13	-	19-20	7-14	7-8	4
5	15	14	15	21-23	15-16	9	5
6	16-17	15	-	24-26	17	10	6
7	18	16-17	16	27	18	11-12	7
8	19	18	17	28-31	19	13	8
9	20	19	18	32-33	20-21	14	9
10	21	20	19	34-36	22	15	10
11	22-23	21	-	37-38	23	16	11
12	24	22-23	20	39-41	24-25	17	12
13	25	24	21	42-44	26	18	13
14	26	25	22	45-46	27	19	14
15	27	26	23	47-48	28-29	20	15
16	28-29	27-28	24	-	30	21-22	16
17	30	29	-	49-60	31	23	17
18	-	30	25	-	32	24	18
19	-	31-33	26-30	-	33-36	25-30	19

Capítulo 15 — Refinamento das normas de interpretação do...

Subtestes de Execução

Escores Ponderados	Completar Figuras	Código	Arranjo de Figuras	Cubos	Armar Objetos	Procurar Símbolos	Escores Ponderados
1	0-2	0-19	0-2	0-2	0-2	0-2	1
2	3-12	-	3-4	3-4	3-19	3-14	2
3	13-15	20-30	5-10	5-25	20	15-17	3
4	-	31-35	11-15	26-30	21-23	18-19	4
5	16	36-40	16-18	31-34	24-26	20-21	5
6	17	41-45	19-22	35-38	27	22-23	6
7	18	46-48	23-25	39-42	28-30	24-25	7
8	19	49-54	26-29	43-46	31-33	26-27	8
9	20	55-59	30-33	47-50	34-35	28-29	9
10	21	60-63	34-37	51-54	36-37	30-31	10
11	22-23	64-68	38-41	55-58	38-39	32-33	11
12	24	69-72	42-44	59-62	40-42	34-35	12
13	25	73-77	45-50	63-67	43-44	36-37	13
14	26	78-79	51-52	68-69	45	38-39	14
15	27	80-86	53-56	-	-	40-41	15
16	28	87-91	57-64	-	-	42-45	16
17	29	92-97	-	-	-	-	17
18	30	98-103	-	-	-	-	18
19	-	104-119	-	-	-	-	19

ESCORES EM QIS E ÍNDICES FATORIAIS PARA A AMOSTRA BRASILEIRA

Tabela 15.A.2   QIs equivalentes à soma dos escores ponderados: Escala Verbal

Soma dos escores ponderados	QI	Percentil	IC	
			90%	95%
5	44	0,1	42-56	41-57
6	45	0,1	43-57	42-58
7	46	0,2	44-58	43-59
8	47	0,2	45-59	44-60
9	49	0,2	47-61	46-62
10	50	0,2	48-62	47-63
11	51	0,2	49-62	47-64
12	52	0,3	50-63	48-65
13	53	0,3	51-64	49-66
14	55	0,4	52-66	51-67
15	56	0,5	53-67	52-68
16	57	0,5	54-68	53-69
17	57	0,5	54-68	53-69
18	60	0,7	57-71	56-72
19	61	0,7	58-72	56-73
20	63	0,8	60-73	58-75
21	64	0,9	61-74	59-76
22	65	1	61-75	60-76
23	66	1	62-76	61-77
24	67	1	63-77	62-78
25	68	1	64-78	63-79
26	70	2	66-80	65-81
27	71	2	67-81	66-82
28	72	3	68-81	66-83
29	73	3	69-82	67-84
30	74	3	70-83	68-85
31	76	5	71-85	70-86
32	77	6	72-86	71-87
33	78	7	73-87	72-88
34	80	8	75-89	74-90
35	81	10	76-90	75-91

Continua

Continuação

Soma dos escores ponderados	QI	Percentil	IC	
			90%	95%
36	82	11	77-91	76-92
37	83	12	78-91	76-93
38	85	15	80-93	78-95
39	86	17	80-94	79-95
40	87	20	81-95	80-96
41	89	24	83-97	82-98
42	90	26	84-98	83-99
43	91	29	85-99	84-100
44	93	34	87-100	85-102
45	94	36	88-101	86-103
46	95	38	89-102	87-104
47	96	40	90-103	88-105
48	98	45	91-105	90-106
49	99	49	92-106	91-107
50	100	51	93-107	92-108
51	102	56	95-109	94-110
52	103	58	96-110	95-111
53	104	61	97-110	95-112
54	105	64	98-111	96-113
55	106	66	99-112	97-114
56	108	71	100-114	99-115
57	108	71	100-114	99-115
58	110	75	102-116	101-117
59	111	77	103-117	102-118
60	113	81	105-119	104-120
61	114	83	106-120	105-121
62	115	84	107-120	105-122
63	116	85	108-121	106-123
64	117	87	109-122	107-124
65	119	90	110-124	109-125
66	120	91	111-125	110-126
67	122	93	113-127	112-128
68	123	94	114-128	113-129
69	124	94	115-129	114-130
70	125	95	116-129	114-131

Continua

Continuação

Soma dos escores ponderados	QI	Percentil	IC	
			90%	95%
71	126	96	117-130	115-132
72	127	97	118-131	116-133
73	129	97	119-133	118-134
74	130	98	120-134	119-135
75	132	98	122-136	121-137
76	133	99	123-137	122-138
77	134	99	124-138	123-139
78	135	99	125-139	124-140
79	136	99	126-139	124-141
80	138	99	128-141	126-143
81	139	99	128-142	127-144
82	140	99,5	129-143	128-144
83	142	99,7	131-145	130-146
84	143	99,8	132-146	131-147
85	144	99,8	133-147	132-148
86	146	99,8	135-149	133-150

Tabela 15.A.3   QIs equivalentes à soma dos escores ponderados: Escala de Execução

Soma dos escores ponderados	QI	Percentil	IC	
			90%	95%
5	37	0,1	42-60	40-61
6	39	0,2	43-61	42-63
7	40	0,2	44-62	42-64
8	41	0,2	45-63	43-65
9	43	0,2	46-64	45-66
10	44	0,2	47-64	45-67
11	46	0,2	49-67	47-69
12	47	0,2	50-68	48-69
13	49	0,2	51-69	49-71
14	50	0,2	52-70	50-72
15	52	0,3	53-71	52-73

Continua

Continuação

Soma dos escores ponderados	QI	Percentil	IC 90%	IC 95%
16	53	0,3	54-72	53-74
17	54	0,3	55-73	53-75
18	56	0,3	57-75	55-76
19	57	0,3	57-75	56-77
20	58	0,4	58-76	56-78
21	60	0,5	60-78	58-79
22	61	0,5	61-78	59-80
23	62	0,5	61-79	60-81
24	63	0,5	62-80	60-82
25	65	1	64-82	62-83
26	66	1	64-82	63-84
27	67	1	65-83	63-85
28	69	2	67-85	65-87
29	71	2	68-86	67-88
30	72	3	69-87	67-89
31	73	3	70-88	69-90
32	74	4	71-89	69-90
33	76	6	72-90	71-92
34	77	7	73-91	71-93
35	78	8	74-92	72-94
36	80	10	75-93	74-95
37	81	11	76-94	74-96
38	83	13	78-96	76-97
39	84	14	79-96	77-98
40	85	16	79-97	78-99
41	87	19	81-99	79-101
42	88	21	82-100	80-101
43	90	26	83-101	81-103
44	91	28	84-102	82-104
45	92	30	85-103	83-104
46	94	35	86-104	85-106
47	95	37	87-105	85-107

Continua

Continuação

Soma dos escores ponderados	QI	Percentil	IC	
			90%	95%
48	97	41	89-107	87-108
49	98	43	89-107	88-109
50	99	46	90-108	88-110
51	101	51	92-110	90-112
52	102	54	93-111	91-112
53	103	57	93-111	92-113
54	105	63	95-113	93-115
55	106	65	96-114	94-115
56	108	70	97-115	96-117
57	109	73	98-116	96-118
58	111	77	100-118	98-119
59	112	79	100-118	99-120
60	114	82	102-120	100-122
61	115	83	103-121	101-122
62	116	86	104-121	102-123
63	118	89	105-123	103-125
64	119	90	106-124	104-126
65	121	93	107-125	106-127
66	122	93	108-126	106-128
67	124	95	110-128	108-129
68	126	96	111-129	110-131
69	127	97	112-130	110-132
70	128	97	113-131	111-133
71	129	98	114-132	112-133
72	130	98	114-132	113-134
73	132	99	116-134	114-136
74	133	99,5	117-135	115-137
75	135	99,6	118-136	117-138
76	136	99,6	119-137	117-139
77	138	99,7	121-139	119-140
78	139	99,7	122-139	120-141
79	140	99,8	122-140	121-142
80	141	99,8	123-141	121-143
81	143	99,8	125-143	123-144
82	144	99,8	125-143	124-145

Tabela 15.A.4   QIs equivalentes à soma dos escores ponderados: Escala Total

Soma dos escores ponderados	QI	Percentil	IC	
			90%	95%
10	35	0,1	35-50	34-51
11	36	0,1	36-51	35-52
12	37	0,1	37-52	35-53
13	38	0,1	38-53	36-54
14	39	0,1	39-54	37-55
15	39	0,1	39-54	37-55
16	40	0,2	40-54	38-56
17	40	0,2	40-54	38-56
18	41	0,2	40-55	39-57
19	42	0,2	41-56	40-58
20	43	0,2	42-57	41-59
21	43	0,2	42-57	41-59
22	44	0,2	43-58	42-59
23	45	0,2	44-59	43-60
24	46	0,2	45-60	43-61
25	46	0,2	45-60	43-61
26	46	0,2	45-60	43-61
27	47	0,2	46-61	44-62
28	48	0,2	47-62	45-63
29	48	0,2	47-62	45-63
30	49	0,2	48-62	46-64
31	50	0,2	48-63	47-65
32	51	0,3	49-64	48-66
33	51	0,3	49-64	48-66
34	52	0,3	50-65	49-66
35	53	0,3	51-66	50-67
36	54	0,3	52-67	51-68
37	54	0,3	52-67	51-68
38	55	0,3	53-68	51-69
39	56	0,3	54-69	52-70
40	57	0,3	55-69	53-71

Continua

Continuação

Soma dos escores ponderados	QI	Percentil	IC	
			90%	95%
41	58	0,4	55-70	54-72
42	58	0,4	55-70	54-72
43	59	0,5	56-71	55-73
44	60	0,5	57-72	56-74
45	60	0,5	57-72	56-74
46	61	0,5	58-73	57-74
47	62	1	59-74	58-75
48	62	1	59-74	58-75
49	63	1	60-75	58-76
50	63	1	60-75	58-76
51	64	1	61-76	59-77
52	65	1	62-77	60-78
53	66	1	63-77	61-79
54	67	1	63-78	62-80
55	68	1	64-79	63-81
56	69	1	65-80	64-82
57	69	1	65-80	64-82
58	69	1	65-80	64-82
59	70	2	66-81	65-82
60	71	2	67-82	66-83
61	72	3	68-83	66-84
62	73	3	69-84	67-85
63	74	3	70-84	68-86
64	74	3	70-84	68-86
65	75	4	70-85	69-87
66	76	5	71-86	70-88
67	76	5	71-86	70-88
68	77	6	72-87	71-89
69	78	7	73-88	72-89
70	79	8	74-89	73-90
71	80	9	75-90	73-91

Continua

Continuação

Soma dos escores ponderados	QI	Percentil	IC	
			90%	95%
72	80	9	75-90	73-91
73	81	10	76-91	74-92
74	82	11	77-92	75-93
75	82	11	77-92	75-93
76	83	12	78-92	76-94
77	84	14	78-93	77-95
78	84	14	78-93	77-95
79	85	16	79-94	78-96
80	86	18	80-95	79-97
81	87	20	81-96	80-97
82	88	22	82-97	81-98
83	88	22	82-97	81-98
84	89	24	83-98	81-99
85	89	24	83-98	81-99
86	90	25	84-99	82-100
87	91	28	85-99	83-101
88	92	30	86-100	84-102
89	92	30	86-100	84-102
90	93	33	86-101	85-103
91	94	34	87-102	86-104
92	94	34	87-102	86-104
93	95	37	88-103	87-104
94	96	39	89-104	88-105
95	97	41	90-105	88-106
96	97	41	90-105	88-106
97	98	44	91-106	89-107
98	99	46	92-107	90-108
99	100	49	93-107	91-109
100	100	49	93-107	91-109
101	101	51	93-108	92-110
102	102	54	94-109	93-111

Continua

Capítulo 15 — Refinamento das normas de interpretação do....

Continuação

Soma dos escores ponderados	QI	Percentil	IC	
			90%	95%
103	102	54	94-109	93-111
104	103	57	95-110	94-112
105	104	60	96-111	95-112
106	105	63	97-112	96-113
107	105	63	97-112	96-113
108	106	66	98-113	96-114
109	107	68	99-114	97-115
110	108	71	100-114	98-116
111	108	71	100-114	98-116
112	109	73	101-115	99-117
113	110	74	101-116	100-118
114	110	74	101-116	100-118
115	111	77	102-117	101-119
116	112	79	103-118	102-119
117	113	81	104-119	103-120
118	113	81	104-119	103-120
119	114	83	105-120	103-121
120	115	85	106-121	104-122
121	115	85	106-121	104-122
122	116	86	107-122	105-123
123	117	88	108-122	106-124
124	118	89	108-123	107-125
125	118	89	108-123	107-125
126	119	90	109-124	108-126
127	120	91	110-125	109-127
128	121	92	111-126	110-127
129	121	92	111-126	110-127
130	122	93	112-127	111-128
131	122	93	112-127	111-128
132	123	94	113-128	111-129
133	124	95	114-129	112-130

Continua

Continuação

Soma dos escores ponderados	QI	Percentil	IC	
			90%	95%
134	125	95	115-130	113-131
135	125	95	115-130	113-131
136	126	96	116-130	114-132
137	127	96	116-131	115-133
138	127	96	116-131	115-133
139	128	97	117-132	116-134
140	129	98	118-133	117-134
141	130	98	119-134	118-135
142	131	98	120-135	118-136
143	131	98	120-135	118-136
144	132	98	121-136	119-137
145	133	99	122-137	120-138
146	133	99	122-137	120-138
147	134	99	123-137	121-139
148	135	99	123-138	122-140
149	135	99	123-138	122-140
150	136	99,5	124-139	123-141
151	137	99,6	125-140	124-142
152	138	99,6	126-141	125-142
153	139	99,7	127-142	126-143
154	139	99,7	127-142	126-143
155	140	99,8	128-143	126-144
156	141	99,8	129-144	127-145
157	142	99,8	130-145	128-146
158	143	99,8	131-145	129-147
159	144	99,8	131-146	130-148
160	145	99,8	132-147	131-149
161	145	99,8	132-147	131-149
162	146	99,8	133-148	132-149
163	146	99,9	133-148	132-149
164	147	99,9	134-149	133-150

Tabela 15.A.5 QIs equivalentes à soma dos escores ponderados: Escala de Compreensão Verbal

Soma dos escores ponderados	QI	Percentil	IC	
			90%	95%
4	45	0,1	45-61	43-63
5	47	0,1	47-63	45-64
6	49	0,1	48-65	47-66
7	50	0,1	49-65	48-67
8	52	0,2	51-67	49-69
9	54	0,2	53-69	51-70
10	55	0,2	54-70	52-71
11	57	0,2	55-71	54-73
12	58	0,3	56-72	55-74
13	59	0,3	57-73	55-75
14	60	0,4	58-74	56-76
15	63	0,5	60-77	59-78
16	64	1	61-77	60-79
17	65	1	62-78	61-80
18	67	1	64-80	62-81
19	68	1	65-81	63-82
20	70	1	66-82	65-84
21	72	2	68-84	67-86
22	73	2	69-85	67-87
23	74	3	70-86	68-87
24	75	4	71-87	69-88
25	77	6	72-88	71-90
26	78	7	73-89	72-91
27	80	9	75-91	73-93
28	81	10	76-92	74-93
29	83	13	77-94	76-95
30	84	14	78-94	77-96
31	86	17	80-96	78-98
32	87	20	81-97	79-99

Continua

Continuação

Soma dos escores ponderados	QI	Percentil	IC	
			90%	95%
33	89	24	83-99	81-100
34	90	26	83-100	82-101
35	92	31	85-101	84-103
36	93	33	86-102	84-104
37	95	38	88-104	86-105
38	96	39	89-105	87-106
39	98	47	90-106	89-108
40	99	49	91-107	90-109
41	101	53	93-109	91-110
42	102	56	94-110	92-111
43	104	61	95-111	94-113
44	105	63	96-112	95-114
45	107	67	98-114	96-116
46	108	70	99-115	97-116
47	110	75	100-117	99-118
48	111	76	101-117	100-119
49	113	81	103-119	101-121
50	114	83	104-120	102-122
51	116	85	106-122	104-123
52	118	88	107-123	106-125
53	119	89	108-124	107-126
54	120	90	109-125	107-127
55	122	92	111-127	109-128
56	124	94	112-129	111-130
57	125	95	113-129	112-131
58	127	96	115-131	113-133
59	128	97	116-132	114-133
60	130	98	118-134	116-135
61	131	98	118-134	117-136
62	133	98	120-136	119-138

Continua

Continuação

Soma dos escores ponderados	QI	Percentil	IC	
			90%	95%
63	134	99	121-137	119-139
64	136	99	123-137	121-140
65	138	99	124-140	123-142
66	140	99,5	126-142	124-144
67	141	99,6	127-143	125-145
68	142	99,7	128-144	126-145
69	144	99,7	129-146	128-147
70	145	99,8	130-146	129-148
71	147	99,8	132-148	130-150
72	148	99,8	133-149	131-151
73	150	99,9	135-151	133-152

Tabela 15.A.6   QIs equivalentes à soma dos escores ponderados: Escala de Organização Perceptual

Soma dos escores ponderados	QI	Percentil	IC	
			90%	95%
4	42	0,1	47-65	
5	44	0,2	48-66	
6	46	0,2	50-68	
7	48	0,2	51-69	
8	49	0,2	52-70	
9	51	0,3	53-72	
10	52	0,3	54-72	
11	54	0,3	56-74	
12	55	0,3	57-75	
13	56	0,4	57-76	
14	59	0,5	60-78	
15	60	0,5	60-79	

Continua

Continuação

Soma dos escores ponderados	QI	Percentil	IC	
			90%	95%
16	61	0,5	61-79	
17	62	0,5	62-80	
18	65	1	64-82	
19	66	1	65-83	
20	68	1	66-85	
21	70	2	68-86	
22	71	2	69-87	
23	72	3	69-88	
24	74	4	71-89	
25	76	5	73-91	
26	77	6	73-92	
27	79	8	75-93	
28	81	10	76-95	
29	82	11	77-95	
30	84	14	79-97	
31	85	16	79-98	
32	87	19	81-99	
33	89	23	82-101	
34	90	26	83-101	
35	92	31	85-103	
36	94	36	86-105	
37	95	38	87-105	
38	97	41	89-107	
39	98	43	89-108	88-109
40	100	49	91-109	89-111
41	102	54	92-111	91-112
42	103	56	93-111	91-113
43	105	63	95-113	93-115
44	106	65	95-114	94-115

Continua

Continuação

Soma dos escores ponderados	QI	Percentil	IC	
			90%	95%
45	108	70	97-115	95-117
46	109	72	98-116	96-118
47	112	78	100-118	98-120
48	113	81	101-119	99-121
49	114	82	102-120	100-122
50	116	85	103-121	101-123
51	118	89	105-123	103-125
52	119	90	105-124	104-125
53	121	92	107-125	105-127
54	122	93	108-126	106-128
55	124	95	109-127	107-129
56	126	96	111-129	109-131
57	128	97	112-131	110-132
58	129	98	113-131	111-133
59	130	98	114-132	112-134
60	132	98	115-134	114-135
61	134	99	117-135	115-137
62	135	99	118-136	116-138
63	138	99	120-138	118-140
64	140	99,7	121-140	120-141
65	141	99,7	122-140	120-142
66	143	99,8	124-142	122-144
67	144	99,9	124-143	123-145
68	146	>99,9	126-144	124-146
69	147	>99,9	127-145	125-147
70	149	>99,9	128-147	126-148
71	151	>99,9	130-148	128-150
72	153	>99,9	131-150	130-151

Tabela 15.A.7 QIs equivalentes à soma dos escores ponderados: Escala de Resistência à Distração

Soma dos escores ponderados	QI	Percentil	IC	
			90%	95%
2	47	0,1	50-68	48-70
3	48	0,2	51-69	49-70
4	51	0,3	53-71	51-73
5	56	0,5	57-75	55-77
6	59	2	59-77	57-79
7	61	2	61-79	59-80
8	64	4	63-81	61-83
9	67	5	65-83	64-85
10	70	6	68-86	66-87
11	73	7	70-88	68-90
12	77	8	73-91	71-93
13	79	9	75-93	73-94
14	83	11	78-96	76-98
15	86	16	80-98	78-100
16	89	21	82-100	81-102
17	91	28	84-102	82-104
18	95	38	87-105	85-107
19	96	41	88-106	86-108
20	100	52	91-109	89-111
21	103	61	93-111	92-113
22	106	67	96-114	94-115
23	110	77	99-117	97-119
24	111	79	100-118	98-119
25	115	86	103-121	101-122
26	118	89	105-123	103-125
27	122	93	108-126	106-128
28	123	94	109-127	107-129
29	126	96	111-129	109-131

Continua

Continuação

Soma dos escores ponderados	QI	Percentil	IC	
			90%	95%
30	129	97	114-132	112-133
31	132	97	116-134	114-136
32	135	98	118-136	116-138
33	138	99	121-139	119-140
34	143	99	124-142	123-144
35	146	99,6	127-145	125-147
36	147	99,6	128-146	126-147
37	149	99,7	129-147	127-149
38	154	99,8	133-151	131-153

Tabela 15.A.8   QIs equivalentes à soma dos escores ponderados: Escala de Velocidade de Processamento

Soma dos escores ponderados	QI	Percentil	IC	
			90%	95%
2	49	0,2	50-68	48-70
3	53	0,2	51-69	49-70
4	56	0,3	53-71	51-73
5	59	0,4	57-75	55-77
6	61	0,4	59-77	57-79
7	64	0,5	61-79	59-80
8	66	1	63-81	61-83
9	69	1	65-83	64-85
10	73	3	68-86	66-87
11	75	4	70-88	68-90
12	78	6	73-91	71-93
13	80	8	75-93	73-94
14	83	13	78-96	76-98

Continua

Continuação

Soma dos escores ponderados	QI	Percentil	IC	
			90%	95%
15	86	18	80-98	78-100
16	90	26	82-100	81-102
17	92	31	84-102	82-104
18	95	36	87-105	85-107
19	97	41	88-106	86-108
20	100	50	91-109	89-111
21	103	59	93-111	92-113
22	105	64	96-114	94-115
23	108	72	99-117	97-119
24	111	77	100-118	98-119
25	114	83	103-121	101-122
26	117	88	105-123	103-125
27	120	91	108-126	106-128
28	123	94	109-127	107-129
29	125	96	111-129	109-131
30	129	97	114-132	112-133
31	132	98	116-134	114-136
32	134	98	118-136	116-138
33	137	98	121-139	119-140
34	139	99	124-142	123-144
35	143	99	127-145	125-147
36	145	99,5	128-146	126-147
37	149	99,7	129-147	127-149
38	152	99,7	133-151	131-153
39	155	99,8		
40	155	99,8		

SOBRE OS AUTORES

Caroline Ferreira Schüler <carolfschuler@hotmail.com>
Psicóloga graduada pela Universidade Católica de Pelotas (UCPel) em 2010.

Cíntia de Souza Serpa <cintia-serpa@hotmail.com>
Psicóloga graduada pela Universidade Católica de Pelotas (UCPel) em 2010.

Francisco Antonio Soto Vidal (Organizador) <sotovidal@yahoo.com.br>
Psicólogo graduado pela Universidad de Chile e pós-graduado no Mestrado em Saúde e Comportamento da Universidade Católica de Pelotas (UCPel).

Jaciana Marlova Gonçalves Araújo (Organizadora) <jacianamga@hotmail.com>
Psicóloga, mestre em Saúde e Comportamento, doutoranda bolsista do Programa de Pós-Graduação em Saúde e Comportamento da Universidade Católica de Pelotas (UCPel).

Josiane Puchalski Sousa <josipuchalski@hotmail.com>
Psicóloga graduada pela Universidade Católica de Pelotas (UCPel) em 2011.

Luciana de Avila Quevedo <lu.quevedo@bol.com.br>
Psicóloga, Mestre e Doutora em Saúde e Comportamento pela Universidade Católica de Pelotas (UCPel). Atualmente, é bolsista do Programa Nacional de Pós-Doutorado (PNPD).

Michele Beatriz Oliveira da Conceição <michelebeatrizc@bol.com.br>
Graduada em Psicologia pela Universidade Católica de Pelotas (UCPel). Pós Graduação em Interação Pais-Bebê pela Universidade do Bebê, Pelotas (RS).

Nilmar Carlos Gatto, <gattopsic@hotmail.com>
Graduado em Teologia pela Pontifícia Universidade Católica do Rio Grande Sul (PUC-RS) e em Psicologia pela Universidade Católica de Pelotas (UCPel). É sacerdote da Igreja Católica e faz parte da Ordem dos Frades Menores Capuchinhos do Rio Grande do Sul.

Roberta Damasceno Fonseca, <damasceno_roberta@hotmail.com>
Psicóloga clínica de crianças e adolescentes, graduada pela Universidade Católica de Pelotas (UCPel) em 2010. Sócia-fundadora do Centro de Atendimento Familiar (CAF) de Pelotas (RS).

Tharso de Souza Meyer <tharso.psico@gmail.com>.
Psicólogo graduado pela Universidade Católica de Pelotas (UCPel), mestrando (bolsista CAPES) do Programa de Pós-Graduação em Saúde e Comportamento da UCPel.

Vera Lúcia Marques de Figueiredo (Organizadora) <verafig@terra.com.br>

Psicóloga graduada pela Universidade Católica de Pelotas (UCPel) e pós-graduada no Mestrado em Psicologia da Pontifícia Universidade Católica do Rio Grande do Sul (PUC-RS) e no Doutorado em Psicologia da Universidade de Brasília (UnB). Atua como docente de graduação e de pós-graduação na UCPel desde 1980. Trabalha com avaliação psicológica infantil em um centro especializado em atendimento a crianças com dificuldades de aprendizagem provenientes da rede pública de ensino da cidade de Rio Grande (RS).

Viviane Leite de Dias Mattos <viviane.leite.mattos@gmail.com>

Graduada em Engenharia Civil pela Universidade Católica de Pelotas (UCPel) com mestrado e doutorado em Engenharia de Produção pela Universidade Federal de Santa Catarina (UFSC). É professora adjunta do Instituto de Matemática, Estatística e Física da Universidade Federal do Rio Grande (IMEF/FURG), e atua no Programa de Pós-graduação em Modelagem Computacional.

Zélia R. Melo de Almeida <z.elia.almeida@hotmail.com>

Psicóloga graduada pela Universidade Católica de Pelotas (UCPel) em 2010. Cursa Especialização em Psicopedagogia clínica e Institucional e em Estratégia de Saúde da Família no Instituto Educar Brasil (IEB). Atua na área clínica e na educacional no Espaço Psicológico Família Dinâmica. É membro da diretoria do Centro de Atendimento Familiar. Também coordena o grupo de estudos Família, Indivíduo e Sociedade em Pelotas (RS).

COLABORADORES

Lorena Lima Pinheiro Souza Leão <limapinheiro2010@gmail.com>.

Acadêmica do curso de Psicologia da Universidade Católica de Pelotas (UCPel). Proficiência em língua inglesa pela Notre Dame University, Baltimore, Estados Unidos.

Patrick Tedesco <patricktedesco@gmail.com>.

Psicólogo graduado pela Universidade Católica de Pelotas (UCPel). Cursa graduação em Design Digital na Universidade Federal de Pelotas (UFPel), especialização em Artes Visuais: Terminalidade Ensino e Percursos poéticos (UFPel) e Mestrado em Literatura Comparada (UFPel) com bolsa CNPq (Conselho Nacional de Desenvolvimento Científico e Tecnológico). Mantém o *site* <www.patricktedesco.com> utilizado como portfólio digital.

Impresso por:

Gráfica e editora

Tel: (11) 2769-9056